AV

Bielefelder Schriften zu Linguistik und Literaturwissenschaft

Im Auftrag der Fakultät
für Linguistik und Literaturwissenschaft
der Universität Bielefeld
herausgegeben von Jörg Drews und Dieter Metzing

Band 11

Jan Wirrer (Hg.)

Phraseologismen in Text und Kontext

Phrasemata I

AISTHESIS VERLAG
Bielefeld 1998

Abbildung auf dem Umschlag:
Der Bock als Gärtner
Ausschnitt aus einer Karikatur von Luis Murschetz (München),
Süddeutsche Zeitung vom 8.7.1995

Gedruckt mit Unterstützung der Universität Bielefeld

Die Deutsche Bibliothek – CIP-Einheitsaufnahme

Phraseologismen / Jan Wirrer (Hg.). - Bielefeld :
Aisthesis-Verl.

Phrasemata 1 (1998)
ISBN 3-89528-217-0

© Aisthesis Verlag, Bielefeld 1998
Postfach 10 04 27, D-33504 Bielefeld
Gesamtherstellung: Digital-Druck GmbH, Frensdorf

ISBN 3-89528-217-0

Inhalt

Vorwort

Die Phraseologieforschung der letzten Jahre ist stark geprägt durch eine Erweiterung ihres Problemspektrums. Während zuvor Phraseologismen vor allem unter mikrostrukturellen Aspekten mit Bezug auf ihre internen syntaktischen und semantischen Strukturen, ihre Varianten und okkasionellen Variationen untersucht wurden und darüber hinaus Klassifizierungsfragen sowie Fragen des interlingualen Vergleichs im Mittelpunkt des Interesses standen, hat sich die Phraseologieforschung besonders seit Beginn der 90er Jahre zunehmend Problemen der Funktion von Phraseologismen und der Frage nach ihrer meso- und makrostrukturellen sowie pragmatischen Einbettung in mündlichen und schriftlichen Texten und Diskursen zugewandt. Hinzu kommt ein weiterer Gesichtspunkt. Wenn man in Betracht zieht, daß sich sprachliche Formelhaftigkeit bzw. Vorgeformtheit nicht auf die Mikroebene beschränkt und zahlreiche Textsorten – von Gebrauchsanweisungen über Abstracts zu wissenschaftlichen Publikationen bis hin zu Todesanzeigen – als makrostrukturell formelhaft bzw. vorgeformt anzusehen sind, dann können Phraseologismen als ein auf der Mikroebene zu situierender Sonderfall von sprachlicher Formelhaftigkeit begriffen werden.

Dieser Problemlage entsprechend, setzen sich Elisabeth Gülich und Ulrich Krafft mit sprachlicher Formelhaftigkeit in einem umfassenden Sinne auseinander. Unter dem Term *vorgeformte Strukturen* subsumieren sie Phraseologismen (unter Einschluß von Sprichwörtern und Gemeinplätzen), Routineformeln, formelhafte Texte sowie vorgeformte Texte, die ein geringeres Maß an Verbindlichkeit aufweisen als die vorgenannten. In ihrer Analyse konzentrieren sich die Autoren auf vorgeformte Texte und untersuchen diese vor allem unter dem Gesichtspunkt der Textproduktion. Dabei kommen sie zu dem Schluß, daß vorgeformte sprachliche Strukturen als von einer sozialen Gruppe ausgearbeitete Lösungsmuster zur Bewältigung rekurrenter kommunikativer Aufgaben anzusehen sind.

Die makrostrukturelle Formelhaftigkeit steht insbesondere in dem Beitrag von Käthe Henke-Brown im Mittelpunkt des Interesses. Angesichts der Feststellung, derzufolge formelhafte Texte und die in ihnen üblichen formelhaften Wendungen selbst bei noch so guten lexikalischen und syntaktischen Kenntnissen in einer Fremdsprache von Nicht-Muttersprachlern nicht verfaßt werden können, entwickelt sie den Plan eines Textlexikons für das britische Englisch, den sie in ihrem Beitrag kurz skizziert.

Mit der Funktion von Redensarten in gesprochener Sprache befaßt sich Martina Drescher in ihrem Beitrag. Dabei steht deren emotional-wertende Funktion im Zentrum ihrer Untersuchung. Wie die von Drescher durchgeführten Gesprächsanalysen zeigen, sind Redensarten ein privilegiertes sprachliches Mittel zum Ausdruck von Haltungen und Einstellungen emotionaler Art. In einem gegebenen Kontext können sie darüber hinaus mehrere Funktionen zugleich erfüllen wie die der argumentativen Plausibilisierung und der expressiven Veranschaulichung.

Annette Sabban beschäftigt sich in ihrem Beitrag mit einem erst in jüngerer Zeit beobachtbaren Phänomen: der *inszenierten Negativität in der Werbung.* Dabei unterscheidet sie zwischen *produzentenbezogener, konsumentenbezogener* und *produktbezogener Negativität.* Zu den bevorzugten Mitteln dieser Werbestrategie gehört der Einsatz negativ konnotierter Phraseologismen bzw. okkasioneller Variationen derselben. Die in den einschlägigen Anzeigen und Werbeplakaten verfolgte Strategie ist zu umreißen als ein Verfahren der Indirektheit, wie man es z.B. bei verschiedenen Formen der Höflichkeit oder bei der Anwendung des klassischen Tropos der Ironie kennt. Im Fall der Negativwerbung handelt es sich um ein Spiel mit den Basiskoordinaten einer spezifischen, innerhalb der modernen Dienstleistungsgesellschaft weit verbreiteten und allseits bekannten Kommunikationsform.

Mit einer in der linguistischen Forschung bislang wenig beachteten, gerade für die Phraseologie jedoch äußerst ergiebigen Textsorte, nämlich Horoskopen, setzt sich Lutz Köster auseinander. In Horoskopen sind Phraseologismen nicht nur besonders frequent, sie kommen dort auch in recht unterschiedlicher Funktion vor. Das von Köster zugrundegelegte Textkorpus entstammt im wesentlichen gängigen Unterhaltungsillustrierten. Die Zielgruppen dieser Medien lassen vermuten, daß die in den Horoskopen verwendeten Phraseologismen als generell bekannt und daher als Kern eines phraseologischen Minimums anzusehen sind. Bereits deshalb sollten Horoskope im Unterricht des Faches *Deutsch als Fremdsprache* in der Phraseodidaktik eingesetzt werden, zumal sich anhand dieser meist recht kurzen und einfach strukturierten Texte der authentische Gebrauch von Phraseologismen leicht herausarbeiten läßt.

Jan Wirrer beabsichtigt, mit seinem Beitrag eine Brücke zwischen Phraseologie und Rhetorik zu schlagen. Ausgehend vom aristotelischen Begriff der *Sentenz,* stellt er einen engen Zusammenhang zwischen formalen Topoi, wie sie Aristoteles in seiner Rhetorik entwickelt, und bestimmten Phraseologismen her. Unter dieser Prämisse gelten ihm einschlägige Phraseologismen als spezialisierte Repräsentanten formaler Topoi. Dabei können zwar – je nach Kontext – verschiedene Phraseologismen durchaus auf verschiedene Topoi laden, dennoch sind die Möglichkeiten der Zuordnung nicht zuletzt wegen der denotativen sowie der phraseologischen Gesamtbedeutung dieser Phraseologismen begrenzt. Anhand zweier argumentativer Texte versucht Wirrer seine Hypothesen zu erhärten.

Die jeweiligen Funktionen von Phraseologismen in gegebenen Texten sind von höchster Relevanz nicht zuletzt für das Übersetzen. Welche Schwierigkeiten sich angesichts der syntaktischen, semantischen und pragmatischen Spezifika von Phraseologismen für den Übersetzer ergeben und welche Strategien er bei der Lösung der daraus resultierenden Probleme anwenden kann, diskutiert Lew Zybatow in seinem Beitrag. Anknüpfend an die einschlägigen Arbeiten von Dobrovol'skij, spricht er sich dafür aus, die Phraseologie im Sinne kognitiv-lin-

guistischer Überlegungen zu fundieren. Auf dieser Grundlage vermittels Deskrip-
toren-Cluster erstellte phraseologische Thesauri sind nach Zybatow für den
Übersetzer ein wesentlich effektiveres Hilfsmittel als herkömmliche phraseologische Wörterbücher.

Probleme der Übersetzung spielen auch in dem Beitrag von Michael Pätzold
eine wichtige Rolle. Pätzold analysiert eine Reihe von Englisch-Deutschen Wörterbüchern mit Hinblick auf die Behandlung von englischen Sprichwörtern.
Dabei ergeben sich eine Reihe von charakteristischen Kritikpunkten wie z.b. die
Nicht-Berücksichtigung kanonisierter Varianten oder der fehlende Hinweis auf
den Status der deutschen Übertragung, also ob es sich ebenfalls um ein Sprichwort handelt, welcher Stilebene die Übertragung zuzuordnen ist u.a.m. Im letzten
Teil seines Beitrages stellt Pätzold eigene Vorschläge für eine adäquate und
benutzerfreundliche deutsche Wiedergabe englischer Sprichwörter zur Diskussion.

Gertrud Gréciano befaßt sich in ihrem Beitrag mit spezifischen Phraseologismen aus dem Wissensbereich der Medizin und tangiert dabei Übersetzungspro-
bleme ganz anderer Art. Wie andere wissenschaftliche Bereiche ist der Bereich
der Medizin sprachlich nicht nur durch Fachtermini im engen Sinne, sondern
auch durch eine spezifische Phraseologie gekennzeichnet. Diese wiederum läßt
sich nach spezifischen Klassen von Kommunikationssituationen untergliedern
wie z.b. die fachinterne Expertenkommunikation oder die fachexterne Kommunikation in der Öffentlichkeit. Es zeigt sich, daß diesen Klassen von Kommunikationssituationen trotz zahlreicher Überschneidungen ausgezeichnete Mengen
von Phraseologismen zuzuordnen sind. Wird eine bestimmte u.a. mit Phraseologismen umschriebene Information von einer Klasse von Kommunikationssituationen in eine andere überführt – also z.b. von der Expertenkommunikation in die
fachexterne Öffentlichkeit –, so kommt es auch zu einem entsprechenden Aus-
tausch von Phraseologismen.

Ausgehend von einem Symbolbegriff, wie ihn de Saussure im Cours de Linguistique Générale umreißt, befaßt sich Elisabeth Piirainen mit dem Zusammenhang von Phraseologie und Symbolik. Dabei steht der Bezug zwischen der Phraseologie und anderen kulturrelevanten Symbolsystemen im Mittelpunkt ihres
Beitrags. Am Beispiel einzelner Symbole wie z.B. WOLF, ROSA oder NEUN
untersucht sie deren Repräsentanz und Bedeutung in der Phraseologie von sieben
verschiedenen Sprachen (Niederländisch, Standarddeutsch, Englisch und West-
münsterländisch, einer Varietät des Niederdeutschen, sowie Russisch, Finnisch
und Japanisch). Der Vergleich zwischen den jeweiligen Beständen an Phraseologismen ergibt ein weites Spektrum verschiedenartiger Beziehungen zwischen
Phraseologie und Kultursymbolik, beginnend bei einer vollständigen Äquivalenz
und endend bei einer weitgehenden Disparatheit zwischen beiden.

Die enge Verflechtung zwischen Phraseologie und anderen kulturrelevanten
Symbolsystemen wird auch in dem Beitrag von Ratsaranirina Oiliarisoa Ferran-

dine, Bianca-Maria Stühmeier und Jan Wirrer thematisiert. Anhand dreier madagassischer Sprichwörter wird gezeigt, wie eng diese Sprichwörter sowohl in ihrer denotativen als auch in ihrer phraseologischen Gesamtbedeutung mit ihrem kulturellen Hintergrund verknüpft sind, und es wird deutlich, daß nur eine solide Kenntnis dieses Hintergrundes ein adäquates Verständnis der infrage stehenden Phraseologismen erlaubt. Indem die Autoren ein besonderes Gewicht auf die Gebrauchsregeln bzw. -restriktionen der betroffenen Sprichwörter legen, tangieren sie einen Problembereich, der in der Phraseologieforschung bislang stark vernachlässigt worden ist. Um zu verdeutlichen, wie schwer es ist, phraseologische Daten aus relativ weit entfernten Kulturen zu elizitieren und welchen Irrtümern man aufsitzen kann, wenn man sich der Mühe einer empirischen Erhebung entzieht, haben die Autoren für den Hauptteil ihres Beitrages mit der Form des Interviews eine für einen wissenschaftlichen Sammelband eher ungewöhnliche Art der Repräsentation gewählt.

Der Kern der hier veröffentlichten Aufsätze basiert auf Vorträgen, die anläßlich eines im Dezember 1995 an der Fakultät für Linguistik und Literaturwissenschaft der Universität Bielefeld durchgeführten Kolloquiums zur Phraseologie gehalten wurden. Die Beiträge von Michael Pätzold, Ratsaranirina Oiliarisoa Ferrandine et al. sowie Lew Zybatow wurden später eigens für diesen Sammelband verfaßt, der Beitrag von Elisabeth Gülich und Ulrich Krafft ist die überarbeitete Version eines bereits zuvor veröffentlichten Aufsatzes.

Spenge-Wallenbrück, im Februar 1998   Jan Wirrer

Elisabeth Gülich/Ulrich Krafft

Zur Rolle des Vorgeformten in Textproduktionsprozessen[1]

1. Vom Phraseologismus zur vorgeformten Struktur

Die Entwicklung der Phraseologie-Forschung in den letzten ca. 25 Jahren ist durch eine zunehmende Erweiterung des Gegenstandsbereichs gekennzeichnet: Diese hat mit der Einbeziehung der 'pragmatischen Idiome' durch Burger (1973) begonnen (vgl. auch die 'pragmatischen Phraseologismen' in Burger et al. 1982), setzte sich mit der systematischen Untersuchung der 'Routineformeln' durch Coulmas (1981) fort, der seinerseits eine Erweiterung auf 'diskursive Routinen' (1985) vornahm, und führte schließlich zu dem Vorschlag, Formelhaftigkeit auch auf Textebene anzunehmen und im Rahmen der Phraseologie auch 'formelhafte Texte' zu untersuchen (Gülich 1988/1997). Diese Erweiterung läßt sich am deutlichsten an der Untersuchung Steins zur 'formelhaften Sprache' (1995) nachvollziehen. [2]

Mit den folgenden Überlegungen zur Vorgeformtheit gehen wir noch einen Schritt weiter, indem wir formelhafte Ausdrücke in den umfassenderen Kontext des Rekurrierens auf vorgeformte Elemente bei der Textproduktion einzuordnen versuchen. Damit wollen wir zugleich einen systematischen Zusammenhang zwischen zwei Themenbereichen herstellen, die in der Linguistik bisher im allgemeinen unabhängig voneinander bearbeitet worden sind und für die sich unterschiedliche Forschungstraditionen herausgebildet haben: [3] Wir interessieren uns einerseits für phraseologische Ausdrücke und ihr Funktionieren in der Alltagskommunikation, andererseits für Formulierungsverfahren, von denen die Interaktanten Gebrauch machen, wenn sie mündliche oder schriftliche Äußerungen produzieren. Die Verknüpfung dieser beiden Interessengebiete ist motiviert durch die Beobachtung, daß feste Ausdrücke in der Alltagskommunikation eine wichtige Rolle spielen. Dies sieht man bei der Untersuchung der verschiedensten Corpora, in schriftlichen ebenso wie in mündlichen, in literarischen ebenso wie in nicht-literarischen Texten, in alltäglichen ebenso wie in institutionellen Zusammenhängen. Dabei geht es allerdings weniger um phraseologische Ausdrücke im

---

[1] Der vorliegende Beitrag ist die überarbeitete und erweiterte Version eines in französischer Sprache veröffentlichten Aufsatzes (vgl. Gülich/Krafft 1997 b); der deutschen Version liegt eine Übersetzung des französischen Textes von Maria Sargianidis zugrunde.
[2] Zur Entwicklung der Phraseologie-Forschung s. ausführlicher Gülich 1988/1997, besonders Kap. 3.1, umfassend Stein 1994.
[3] Insofern setzt der vorliegende Beitrag da an, wo die Arbeit von Gülich 1988/97 aufhört, in der eine solche Beziehung zwischen Formelhaftigkeit und Formulierungstheorie nur am Schluß (Gülich 1988/97 164 f.) angedeutet wurde. Wir führen damit zugleich auch Überlegungen von Gülich/Krafft 1992 weiter.

engeren Sinne wie *Eulen nach Athen tragen, auf des Messers Schneide* oder *mit Mann und Maus,* oder um Sprichwörter wie *Eine Schwalbe macht noch keinen Sommer* oder *Wie man sich bettet, so liegt man*; denn auf solche Ausdrücke trifft man nur sehr sporadisch. Wesentlich häufiger finden sich diskursive Routinen wie Höflichkeitsformeln (vgl. Gülich/Henke 1979/80) oder Gemeinplätze wie z.B. *Was sein muß, muß sein, So ist das Leben, Morgen ist auch noch ein Tag* (vgl. Gülich 1981).

Die Wichtigkeit solcher fester Ausdrücke, die keine Phraseologismen im engeren Sinn des Wortes sind, kann man sich z.B. recht gut an Gesprächen zwischen Muttersprachlern und Nicht-Muttersprachlern klarmachen (vgl. Gülich/ Krafft 1992): Häufig resultieren Verständigungs- und Produktionsschwierigkeiten nämlich gerade aus dem vorgeformten Charakter bestimmter Ausdrücke wie z.B. *Abschied nehmen, Bescheid sagen, was ich noch sagen wollte* oder auch komplexerer Einheiten wie *Zu Risiken und Nebenwirkungen lesen Sie die Packungsbeilage oder fragen Sie Ihren Arzt oder Apotheker.* Auch bei der Untersuchung von Formulierungsverfahren und insbesondere bei der Beschäftigung mit interaktiven Textproduktionsprozessen wie 'konversationellen Schreibinteraktionen' (vgl. Dausendschön-Gay et al. 1992) stößt man immer wieder auf die Bedeutung vorgeformter Ausdrücke: Kommunikationspartner, die gemeinsam im Gespräch einen schriftlichen Text – einen amtlichen Brief, eine Seminararbeit o.ä. – verfassen, greifen oft auf formelhafte Elemente zurück, um den Normen einer bestimmten Textsorte zu entsprechen, und sie thematisieren oder diskutieren häufig diese Normen im Gespräch (s. u. 2.4.).

Der Bereich des Vorgeformten umfaßt also neben idiomatischen Ausdrücken (*phraseologischen Ganzheiten*) eine Vielfalt anderer Formen, zu denen nicht nur die bereits erwähnten Höflichkeitsformeln, Gemeinplätze, diskursiven Routinen usw. gehören, sondern auch alle möglichen Arten von Ritualen ebenso wie bestimmte Texttypen (Geburts- und Todesanzeigen, Heiratsanzeigen, Glückwunschrituale, Reiseführer, Résumés von wissenschaftlichen Artikeln etc.). Unsere bisherigen Corpusanalysen[4] haben daher zu einem weiten Begriff von Vorgeformtheit[5] geführt, den wir im folgenden skizzieren wollen. Dabei ist es hier

---

[4] Vgl. Gülich 1988/1997; Gülich/Krafft 1992, 1997 a und b; Dausendschön-Gay/ Gülich/Krafft 1992; Krafft 1997. Weiterhin sind an der Universität Bielefeld in den letzten Jahren eine ganze Reihe von – z.T. sprachvergleichenden – Examensarbeiten mit empirischen Untersuchungen zu formelhaften Texten entstanden, z.B. über Glückwunschtexte (Harms 1990), Anweisungen und Verbote (Aschentrup 1990), Todesanzeigen (Baksmeier 1996), Abstracts (Möller 1996), Bewerbungsschreiben (Hempelmann 1997); andere Untersuchungen galten Phraseologismen in literarischen Texten von Proust (Mickenbecker 1993) und Gary/Ajar (Höke 1995). Diesen Arbeiten verdanken wir viele Anregungen, ohne sie immer im einzelnen dokumentieren zu können.
[5] In der deutschen Phraseologie-Forschung wird in zunehmendem Maße für eine Erweiterung in diesem Sinne plädiert, wie z.B. schon in dem Forschungsbericht von Stein (1994) und dann vor allem in Steins eigener Untersuchung zur „formelhaften Sprache" (1995)

natürlich nicht möglich, unser Konzept von Vorgeformtheit so aus der Arbeit an sprachlichem Material heraus zu entwickeln, wie es tatsächlich entstanden ist – *eine solche Darstellung würde* – um gleich ein Beispiel für einen vorgeformten Ausdruck zu geben – *den Rahmen dieses Aufsatzes sprengen.* Wir können hier lediglich den derzeitigen Stand unserer Überlegungen zur Diskussion stellen.

Unsere Hauptthese zur Beziehung zwischen Phraseologismus, Vorgeformtheit und Formulierungsverfahren lautet: Der Rekurs auf vorgeformte Ausdrücke stellt ein Formulierungsverfahren dar; Phraseologismen sind ein Typ vorgeformter Ausdrücke unter anderen.

Für uns besteht die wesentliche Eigenschaft von Phraseologismen oder idiomatischen bzw. phraseologischen Ausdrücken darin, vorfabriziert oder vorgeformt[6] zu sein. Merkmale wie z.B. Idiomatizität oder Stabilität, die oft als Definitionskriterien gebraucht werden, ergeben sich aus eben dieser Eigenschaft: Daß ein Ausdruck vorgeformt ist, erkennt man daran, daß er syntaktische, lexikalische oder semantische Besonderheiten aufweist oder daß sein Gebrauch mit Restriktionen verbunden ist (z.B. Verzicht auf bestimmte Variationen oder Transformationen). Bestimmte offensichtliche „Unregelmäßigkeiten" in der Wortstellung (*auf des Messers Schneide, Alter schützt vor Torheit nicht*) oder im Vokabular (z.B. Archaismen wie *etwas auf dem Kerbholz haben, mit Kind und Kegel*)[7] entsprechen grammatikalischen oder lexikalischen Regeln älterer Sprachstufen, die heute nicht mehr gelten.[8]

Wenn wir von 'vorgeformten Ausdrücken' im Zusammenhang mit Formulierungsverfahren sprechen, so erweist sich dieser Begriff allerdings als zu eng, da es sich nicht unbedingt immer nur um Ausdrücke handelt, sondern oft auch um komplexere Strukturen, die für die Produktion eines bestimmten Textes oder Textteils vorgegeben sind. Wir werden daher im folgenden den Ausdruck 'vorgeformte Struktur' als übergreifenden Terminus verwenden. Solche Struktu-

---

deutlich wird. In eine ähnliche Richtung weisen die Arbeiten von Antos zu Grußworten (1986, 1987), von Fix zur politischen Sprache (z.B. 1994; vgl. auch die dort zitierten Arbeiten), von Kjaer (z.B. 1994 und die dort zitierten Arbeiten), Feilke (1993). Der Zusammenhang mit Formulierungsverfahren wird vor allem bei Antos (vgl. bes. 1986), Stein (1995, Kap. 6) und Kallmeyer/Keim (1994) deutlich.

[6] Zur Diskussion der Terminologie vgl. Stein (1995, Kap. 1). Wir ziehen – im Unterschied zu Gülich (1988/97) und Stein (1995) – den Terminus 'vorgeformt' dem Terminus 'formelhaft' vor, einerseits um den Aspekt des Vorgegebenen hervorzuheben, andererseits um negative Konnotationen des Begriffs 'Formel' zu vermeiden. Dabei orientieren wir uns an dem französischen Terminus 'séquence préformée' (vgl. Moreau 1986) und nehmen (wie Moreau 1986) verschiedene Grade von Vorgeformtheit an (und nicht eine scharfe Grenze zwischen 'vorgeformt' und 'frei').

[7] Zu den „Phraseologisch gebundenen Formativen" – und dazu zählen ja auch Archaismen dieser Art – vgl. Dobrovol'skij/Piirainen 1994.

[8] Vgl. Fiala (1987, 31): „La notion la plus importante pour le repérage des unités phraséologiques est celle d'archaïsme".

ren kommen in sehr unterschiedlichen Kontexten vor und weisen sehr unterschiedliche Komplexität auf, d.h. sie können nur einige Wörter umfassen, einen Satz oder einen vollständigen Text. Wir nehmen nun an, daß es Formulierungsverfahren gibt, die darin bestehen, vorgeformte Strukturen zu gebrauchen. Wir werden zunächst eine grobe Systematisierung der vorgeformten Strukturen vorschlagen (Abschnitt 2) und sie unter dem Gesichtspunkt der Formulierungserleichterung betrachten (Abschnitt 3); dann werden wir uns nach einer Zwischenbilanz (Abschnitt 4) ihren Quellen zuwenden (Abschnitt 5) und sie schließlich im Hinblick auf ihren Gebrauch und ihre Funktionen untersuchen (Abschnitt 6).

Eine solche Untersuchung stellt im Grunde ein ziemlich komplexes Forschungsprogramm dar, das wir hier allenfalls andeuten können. Wir werden uns darauf beschränken, einige Überlegungen zu skizzieren, die uns für die Beschreibung des Formulierungsverfahrens „Rekurrieren auf Vorgeformtes" wesentlich erscheinen.

2. Systematisierung vorgeformter Strukturen

2.1 Klassifizierung vorgeformter Strukturen nach ihren Komponenten

Vorgeformte Strukturen, die wir als Produkte vorfinden, lassen sich zunächst nach den Komponenten, aus denen sie bestehen, systematisieren. Eine solche Klassifikation führt zur Unterscheidung der folgenden drei Typen:

1. Sequenzen, die aus mindestens zwei Wörtern bestehen: Phraseologismen (*Maulaffen feilhalten, bei jemandem einen Stein im Brett haben*), Sprichwörter (*Morgenstund hat Gold im Mund, Eine Schwalbe macht noch keinen Sommer*), feste Phrasen (*Das ist nicht mein Bier, Jetzt schlägts dreizehn*), Gemeinplätze (*Von nichts kommt nichts, Wer hat, der hat*) usw.;

2. Ausdrücke, die an eine bestimmte Situation oder einen bestimmten Kontext gebunden sind, also 'pragmatische Idiome' oder 'Routineformeln'; das sind insbesondere Höflichkeitsformeln aller Art. Sie können aus nur einem einzigen Wort bestehen (*Danke, Verzeihung*) oder aus mehreren Wörtern (*Das tut mir leid, Guten Morgen, Ich begrüße Sie herzlich zu...*);

3. vorgeformte Texte, die z.T. als „formelhaft" beschrieben werden, wie beispielsweise Geburts- und Todesanzeigen, Begrüßungsreden, Kochrezepte, Abstracts von wissenschaftlichen Artikeln, Danksagungen etc.

Die Phraseologie-Forschung hat sich bisher hauptsächlich mit dem ersten Typ befaßt, den Phraseologismen oder Idiomen im engeren Sinne (den 'polylexikalen Sequenzen' nach Gréciano 1983), die den Kernbereich der Phraseologie bilden. Die Einbeziehung des zweiten Typs geht auf Burgers „Idiomatik des Deutschen" (1973) zurück, in der dafür plädiert wird, Höflichkeitsformeln wie Grußformeln, Dankes- oder Entschuldigungsformeln etc. als 'pragmatische Idiome' zu betrachten. Später wurden sie unter der Bezeichnung 'pragmatische Phraseologismen' in das „Handbuch der Phraseologie" (Burger et al. 1982) aufgenommen, und sie werden seitdem allgemein als phraseologische Ausdrücke behandelt. Sie genauer untersucht zu haben – auch unter interkulturellen Aspekten –, ist vor allem das Verdienst von Coulmas (besonders 1981), der auch auf die Bedeutung dieser 'Routineformeln' oder 'diskursiven Routinen' für das Lehren und Lernen einer Fremdsprache hingewiesen hat (Coulmas 1985).

Der dritte Typ von vorgeformten Strukturen, vorgeformte und formelhafte Texte (vgl. Gülich 1988/1997), wurde bis jetzt kaum in Betracht gezogen. Man findet gelegentlich Überlegungen, die sich mit den hier vorgetragenen berühren; hier ist vor allem auf die umfassende Untersuchung zur formelhaften Sprache von Stein (1995) hinzuweisen. Erwähnenswert sind in diesem Zusammenhang auch die Bemerkungen zu 'Phraseoschablonen' bei Fleischer (1982, Kap. 3.4) und zu 'Modellbildungen' bei Burger et al. (1982, 2.3.3); gemeint sind vorgegebene Schemata, die Leerstellen enthalten, die in verschiedener Weise ausgefüllt werden können; z.B. lassen sich nach Modellen wie von *Hand zu Hand*, *Geschenkt ist geschenkt* oder *Doof bleibt doof* zahlreiche weitere Ausdrücke bilden (darauf wurde schon in Gülich 1981 und 1988/97 hingewiesen).

Über mehr oder weniger stereotype oder formelhafte Texte wurde eher in anderen Forschungszusammenhängen gearbeitet als in der Phraseologie-Forschung. So lassen sich Anregungen aus Forschungen über rituelle Kommunikation (vgl. z.B. Paul 1989) entnehmen oder aus Untersuchungen über bestimmte Texttypen, z.B. Heiratsanzeigen, (vgl. Privat 1987, Stolt/Trost 1976), Spielanleitungen (vgl. Brixhe/Retornaz 1988, Hausendorf 1995), Grußworte (vgl. Antos 1986, 1987). Ebenso gibt es neuerdings eine Reihe linguistischer Untersuchungen zum 'Abstract' (vgl. Endres-Niggemeyer/Schott 1992, Ventola 1994, Kaplan et al. 1994), in denen jedoch vor allem versucht wird, die Charakteristika dieser Texte zu beschreiben, ohne daß die Aufmerksamkeit auf den vorgeformten Charakter gelenkt würde, obwohl dieser für jeden, der solche Texte liest oder schreibt, offensichtlich ist. [9]

Im folgenden wollen wir auf diese vorgeformten Texte näher eingehen; dabei werden wir u. a. das Abstract als Beispiel wählen (s. u. 6).

2.2 Zur Erkennbarkeit vorgeformter Strukturen

Man kann vorgeformte Strukturen an den Produkten, also den Texten, untersuchen oder an den Produktionsprozessen. Wenn wir die vorgeformten Strukturen anhand der Produkte erkennen wollen, stehen uns folgende Techniken zur Ver-

---

[9] Nur Bittencourt dos Santos (1996) beschreibt den Abstract als eine Textsorte, in der eine definierbare und daher lehrbare Textstruktur realisiert wird.

fügung:

– Zunächst einmal erkennen wir formelhafte Ausdrücke ganz einfach deshalb wieder, weil wir sie schon kennen, d.h. weil sie zum Wortschatz einer bestimmten Sprache gehören. Dies ist der Fall bei Redewendungen, pragmatischen Idiomen, diskursiven Routinen etc. Beispiele: *sich die Haare raufen, guten Appetit, Ende gut, alles gut,* usw. Außerdem kann der Ausdruck im Vergleich zu anderen Ausdrücken Abweichungen aufweisen, so daß er aus der sprachlichen Umgebung herausfällt wie z.b. idiomatische Wendungen wie *auf des Messers Schneide, Zeter und Mordio schreien* oder *klipp und klar.*

– Die Häufigkeit bestimmter Strukturen kann ein Indiz für ihre Vorgeformtheit sein: Bestimmte Ausdrücke oder Strukturen fallen dadurch auf, daß sie in identischer oder ähnlicher Form häufig wiederkehren. Dies gilt z.B. für Kollokationen, wie *plötzlich und unerwartet, sich die Zähne putzen, Witwen und Waisen* u.ä., aber auch für vorgeformte bzw. formelhafte Texte wie Geburtsanzeigen, Abstracts, Begrüßungsansprachen usw.

– Schließlich kann ein Ausdruck oder eine Struktur auch durch den Sprecher als vorgeformt definiert oder präsentiert werden. Dabei sind die beiden folgenden Fälle häufig zu beobachten:

(1) der Sprecher weist darauf hin, daß er einen Ausdruck von einem anderen Sprecher übernimmt, daß er also 'mit den Worten eines anderen' spricht (Authier-Revuz 1985); dies ist der Fall bei Redewiedergabe und bei Zitaten, unabhängig davon, ob der Sprecher einen bestimmten Autor namentlich erwähnt;

(2) der Sprecher kennzeichnet explizit eine Struktur als vorgeformt (vgl. Quasthoff 1981), z.B. als Cliché oder Formel, mit Hilfe eines metadiskursiven Kommentars, in Form von Anführungszeichen oder in mündlicher Rede mit Hilfe prosodischer Markierung.

Auch bei der Untersuchung von Textproduktionsprozessen zeigt sich, daß diese metadiskursiven Kommentare eine wichtige Rolle spielen (vgl. Authier-Revuz 1993, Gülich 1994). Während textlinguistische Forschungen sich bislang meistens mit dem Text als Produkt beschäftigt haben, war der Produktionsprozeß eher Untersuchungsgegenstand der Psycholinguistik, die allerdings den vorgeformten Strukturen wenig Aufmerksamkeit geschenkt hat. Eine der wenigen Ausnahmen (*die selbstverständlich die Regel bestätigt*) ist Keselings Untersuchung (1993 und frühere Arbeiten), in der unter anderem die Produktion von schriftlichen Wegbeschreibungen und Zusammenfassungen von wissenschaftlichen Artikeln jeweils von den gleichen Personen miteinander verglichen wird. Dabei stellt er wichtige Unterschiede fest, so z.B. in der Länge der Pausen, die den Formulierungsfluß unterbrechen. Diese Beobachtung führt zu der Unterscheidung von einerseits „Rahmenausdrücken", Ausdrücken mit Leerstellen, auf die die Versuchspersonen beim Produzieren eines Textes rekurrieren, und andererseits „Deskriptionen", die die spezifischen Informationen liefern, mit denen die Rahmenausdrücke bzw. die Leerstellen, die sie enthalten, aufgefüllt werden. Es fällt nun auf, daß die Versuchspersonen häufig zögern und nachdenken, bevor sie solche Deskriptionen produzieren, während sie die Rahmenausdrücke schnell und ohne zu zögern produzieren. Was nun die mündliche Formulierungsarbeit angeht, so könnte das Zurückgreifen auf vorgeformte Strukturen schnelleres und flüssigeres Sprechen erlauben. Diese plausible Hypothese ist allerdings noch nicht durch entsprechende Untersuchungen belegt. Unsere eigenen Beobachtungen zeigen vor allem, daß die Sprecher häufig Sequenzen als vorgeformt kennzeichnen, und daß sie sich dazu verschiedener Mittel bedienen: prosodischer Verfahren (Akzentuierung, Intonation, Rhythmus) und der bereits erwähnten metadiskursiven Kommentare. Solche Kommentare können Sequenzen als vorgeformt ankündigen (*Sowas nennt man...*) oder retroaktiv markieren (*...wie man so sagt*). Sie zeigen, daß die Sprecher sehr wohl wissen, daß sie vorgeformte Sequenzen benutzen, und daß sie den vorgeformten Charakter der Sequenz kommentierenswert finden.

3. Vorgeformte Strukturen als Formulierungshilfe?

Das Markieren und Kommentieren vorgeformter Strukturen findet man häufig in konversationellen Schreibinteraktionen, also Situationen, in denen zwei (oder mehrere) Personen gemeinsam einen Text verfassen, wobei sie sich über ihre Formulierungsarbeit verständigen müssen.

Beispiel 1: „Carte de voeux"[10]

An : Ah ben d(e) toute faÇON ça a pas besoin d'être <SEUFZEND> euh : @
Ma : <SCHNELL> NON: juste pour dire qu(e) je/ par poliTESSe voilà' & c'est c/
      c'est poli/ la moindre des choses' c'est la moind(re) des poliTESSes quand
      même,@ . faut réPONdre, tu crois pas'
An : . <LEISE> ouais, @
Ma : . c'est surtout çA (?(en)fin moi j(e) veux pas ......)
An : <LIEST; SCHNELL> je vous remercie très sincèrement pour votre envoi'@ Et:
      euh:: vous souhAItE en retou:r' . . <SCHREIBT> une bonne et heureuse
      année' . quatre-vingt-dix'@ . non' . tu sais d(e) toute façON euh:, . . . j/ & tu
      voulais mettre autre chose'
Ma : oh non:' . non & non
An : ça a pas besoin d'être très: <Ma: non> très sophistiqué'
Ma : NON:,

Maryse will sich für ein Weihnachtsgeschenk bedanken, das man ihr zugeschickt hat, und die Studentin Andrée, ihre Enkelin, hilft ihr dabei. Die beiden sind sich

---

[10] Die Beispiele 1-4 stammen aus dem Bielfelder Korpus zum gesprochenen Französisch. Transkriptionskonventionen s. Anhang.

über den rein rituellen Charakter des Briefs völlig einig (*c'est poli/ la moindre des choses' c'est la moind(re) des poliTESSes*), und Andrée findet schnell eine konventionelle Formel (*je vous remercie très sincèrement pour votre envoi* usw.), mit der die Großmutter sofort einverstanden ist. Formulierungsalternativen werden nicht ernsthaft erwogen, weder für einzelne Lexeme (z.B. *envoi* vs *colis*) noch für die Dankes- und Neujahrswunsch-Formeln: Es braucht wirklich nicht besonders elaboriert zu sein (*ça a pas besoin d'être très: très sophistiqué'*). Andrées diskursive Kompetenz erlaubt ihr, diese Aufgabe mühelos zu bewältigen. [11]

Beispiel 2: „C'est vraiment du blabla"

Na :   euhm: : MOI'* c(e) quE je ferais' euh : ÇA je mettrais plutôt' . (?tiens) en
        france il faut faire des paragraphes,
La :   oui oui . oui
Na :   et ÇA je mettrais dans/ dans le: . dEUxième paragraphE,
La :   oui . oui

Die französische Studentin Nathalie korrigiert den Anfang eines offiziellen Briefes, den die Deutsche Laura nach Frankreich schicken will. Nathalie äußert sich zur Reihenfolge der Informationen, unterbricht sich aber und formuliert eine allgemeine Regel zur Struktur dieses Texttyps, deren Gültigkeit sie ausdrücklich auf Frankreich bezieht: *en france il faut faire des paragraphes.* Dann nimmt sie ihren Korrekturvorschlag wieder auf und vervollständigt ihn: *Ça je mettrais dans/ dans le: . dEUxième paragraphE.* Sie rechtfertigt also ihre Korrektur, indem sie auf ein verpflichtendes Muster verweist. Kurze Zeit später formuliert Nathalie übrigens eine zweite Regel des gleichen Typs: *normalement il faut faire référence à quelque chose dans le premier paragraphe.* Ihre Korrekturen bzw. Kommentare zeigen, daß ihr das Muster bewußt ist und daß sie ihre Produktionen nach diesem Muster ausrichtet.

Beispiel 3: „C'est vraiment du blabla"

Na :   euh:: . . formule finale' . . en vous remerciant par avance
La :   oui . oui . <LACHT LEISE> c'est ÇA les : . belles formules que je connais pas
        @
Na :   <RIRE> @ <SCHREIBGERÄUSCH> <4 SEC> en vous remerciant par
        avance' . virgule' . recevez . virgule' . monsieur'
La :   <LACHT>
Na :   <LACHEND> virgule'@ <LACHT>@
La :   <LACHT>@ oui

---

[11] Alber (1985) beschreibt ein Grundmuster solcher hochkonventionalisierten Texte am Beispiel von Ferienpostkarten.

Na : c'est compliqué . l'expression'
La : <3 SEC> de mes sentiments
Na : salutations,
La : ah salutaTIONs . sincères' ou qu'est-ce qu'on
Na : Distinguées,
La : ah <LACHT LEISE> @
Na : c'est vraiment du blabla <LACHT> @ voilà . ET signature
La : bon ET mon nom, oui à gauche

Am Schluß der Überarbeitung kündigt Nathalie eine Schlußformel an (*formule finale*), die sie dann sofort und ohne Zögern produziert (*en vous remerciant par avance*). Laura, die Nicht-Muttersprachlerin, unterbricht sie mit einem metadiskursiven Kommentar, der zeigt, daß die Existenz solcher Konventionen ihr völlig bewußt ist, sie sich aber in diesem Bereich nicht kompetent fühlt: *c'est ça les:* . *belles formules que je connais pas*. Nathalie fährt mit der Formulierung der Formel fort, und zwar diktiert sie sie, wobei sie auf die Zeichensetzung achtet. Laura ratifiziert die einzelnen Schritte des Formulierungsprozesses (*oui*) und versucht schließlich, an der Formulierung mitzuwirken: Als Ergänzung zu *l'expression*, schlägt sie *de mes sentiments* vor, wird aber von Nathalie korrigiert durch *salutations*. Daraufhin bietet Laura das Adjektiv *sincères* an, fügt jedoch leise den Anfang eines Kommentars hinzu, der ihre Unsicherheit verrät (*ou qu'est-ce qu'on*) und wird tatsächlich erneut von Nathalie korrigiert: *distinguées*. Wie man sieht, kennt auch Laura bestimmte Formeln; sie akzeptiert jedoch widerspruchslos die Korrekturen der Muttersprachlerin und zeigt damit, daß sie ihr in diesem Bereich die diskursive Kompetenz zuspricht. Mit Nathalies abschließender Bemerkung: *c'est vraiment du blabla* und dem gemeinsamen Lachen wird der stereotype und damit auch leicht lächerliche Charakter der Formeln unterstrichen; vielleicht wird hier auch das Kompetenzgefälle bearbeitet und minimisiert.

Das letzte Beispiel soll andeuten, wie unterschiedlich und vielfältig die Faktoren sind, die bei der Formulierung nach einem Muster eine Rolle spielen können:

Beispiel 4 : „Contentieux"

Ja : euh : :m . avec qui au printemps les entretiens sur les modalités du séjour'
FUrent menés,
Be : c'est pas français ça' <LACHT>
Ja : ooh (?..) c'est tellement LOU:RD
Be : oui oui . oui oui   <LACHT>
Ja : qu'on écraserait n'importe quoi . . avec qui <LACHEND> au printemps les entretiens furent menés, . on voit que c'est une . ça c'est une traduction littérAle' hein' . parce que le verbe est à /ouuuh/
Be : oui oui oui & oui bien sûr bien sûr

Der französische Muttersprachler Janick kritisiert hier einen Brief, den seine deutsche Gesprächspartnerin Berthe, die übrigens sehr gut Französisch spricht, nach einer deutschen Vorlage verfaßt hat. Und zwar wirft er ihr vor, daß ihre Formulierungen nicht den französischen Konventionen entsprechen. Als Berthe fragt, ob das kein französisches Französisch sei (*c'est pas francais ça*'), antwortet er mit einem Hinweis auf die Schwerfälligkeit der Formulierung: *c'est tellement LOU:RD..qu'on écraserait n'importe quoi*. Diese Schwerfälligkeit erklärt sich offenbar daraus, daß hier eine wörtliche Übersetzung aus dem Deutschen vorliegt (*traduction littérAle*). Dieser Typ von Korrekturen, der im Verlauf der Überarbeitung immer wieder auftaucht, verweist auf ein spezifisch französisches Produktionsmuster. Dieses Muster enthält sicherlich vorgeformte Strukturen, legt aber auch andere, z.B. stilistische Charakteristika französischer Geschäftsbriefe, fest. Und dieses Muster unterscheidet sich vom deutschen Muster.

Die zitierten Beispiele stammen aus einem umfangreichen Korpus, in dem wir immer wieder sehen können, daß die Partner redaktionelle Varianten ausgiebig bearbeiten: Sie zögern, reformulieren, korrigieren sich selbst und den Partner (s. Dausendschön-Gay/Gülich/Krafft 1992). Betrachtet man die Beispiele in ihrem Kontext, so zeigt sich, daß die Produktion sich beschleunigt, wenn auf vorgeformte Strukturen rekurriert wird. Selbst Sprecher, die sich mit sehr geringer Kompetenz in einer Fremdsprache bewegen, sind imstande, Sequenzen ohne zu zögern, fast ohne nachzudenken zu produzieren, und solche meist formelhafte Sequenzen werden oft kommentarlos notiert.

Die vorangehenden Beispiele zeigen vor allem, daß die Gesprächspartner beim Produzieren eines Textes bewußt auf vorgeformte Strukturen rekurrieren. Im ersten Beispiel haben wir gesehen, daß diese Formeln die Formulierungsarbeit erleichtern können. In den anderen Beispielen behandeln die Sprecher diese Strukturen als Normen, die man kennen und respektieren muß. Für Sprecher, die diese Normen nicht kennen oder nicht genügend beherrschen, wird das Formulieren erschwert (was die deutsche Sprecherin in Beispiel 3 unterstreicht). Die Tatsache, daß den Sprechern das Vorhandensein und die Wichtigkeit vorgeformter Strukturen bewußt ist, und zwar in der Fremdsprache ebenso wie in der Muttersprache, scheint uns ein wichtiges Argument dafür, sich mit diesen Phänomenen zu befassen.

4. Zwischenbilanz

Aus der bisherigen Forschung halten wir zusammenfassend die folgenden – hier als Thesen formulierten – Ergebnisse fest, die die Grundlage für unsere eigenen Überlegungen bilden:

(1) Der Bereich des Vorgeformten läßt sich nicht auf phraseologische Ausdrücke im engeren Sinne (Redewendungen, Sprichwörter, Routineformeln)

begrenzen, sondern umfaßt eine Fülle ganz verschieden gearteter Ausdrücke und Strukturen in den verschiedensten Zusammenhängen.

(2) Vorgeformtheit läßt sich auf verschiedenen Ebenen syntaktischer Komplexität beobachten; es gibt nicht nur vorgeformte Syntagmen oder Sätze, auch komplexere Einheiten bis hin zu ganzen Texten können vorgeformt sein.

(3) Der Rekurs auf Vorgeformtes spielt eine wichtige Rolle bei der Textproduktion. Um bestimmte häufig wiederkehrende kommunikative Aufgaben zu lösen, haben sich konventionalisierte oder standardisierte Verfahren herausgebildet, die ihren Niederschlag in vorgeformten Ausdrücken bzw. Strukturen finden.

(4) Vorgeformte Ausdrücke/Strukturen können in exolingualer Kommunikation zu erheblichen Problemen führen: zu Formulierungs- und Verständigungsschwierigkeiten in der Kommunikation zwischen Muttersprachlern und Nicht-Muttersprachlern, zu Problemen der Übersetzung, oft auch zur Frage des Äquivalents auf pragmatischer Ebene.

(5) Vorgeformte Ausdrücke/Strukturen sind in hohem Maße kulturspezifisch, d.h. an bestimmte kulturelle Kontexte gebunden. Man kann erwarten, daß nicht nur die Ausdrücke von einer Kultur zur anderen variieren, sondern auch die kommunikativen Aufgaben, die durch vorgeformte Ausdrücke gelöst werden.

5. Quellen, Reichweite und soziale Funktion der vorgeformten Strukturen

Für vorgeformte Strukturen kann man zwei Arten von Quellen unterscheiden. Dies können erstens Äußerungen oder Texte (im weitesten Sinne des Wortes) sein, spezifische oder individuelle Produkte. Zu dieser Gruppe gehören frühere eigene Produktionen des Sprechers ebenso wie die anderer Sprecher. Das Formulierungsverfahren, das darin besteht, daß man auf eine solche individuelle Quelle zurückgreift, bezeichnet man als *anführen, anspielen auf, deklamieren, karikieren, kopieren, nachbeten, nachplappern, nachsprechen, nachsagen, parodieren, plagieren, rephrasieren, rezitieren, (sich) wiederholen, zitieren* etc. Die Fülle dieses Vokabulars ist vielleicht ein Hinweis auf die Häufigkeit und die Bedeutung dieses Formulierungsverfahrens.

Vorgeformte Strukturen können zweitens zum kollektiven Wissen einer Gruppe gehören. Bei der Untersuchung von Phraseologismen wurden bisher meist sehr große Gruppen unterstellt wie z.B. die Gruppe der Frankophonen oder die der jugendlichen Sprecher des Deutschen usw. Uns scheint es wichtig, die quantitative und qualitative Diversität der Gruppen stärker zu berücksichtigen. Dazu nun einige Beispiele.

Eine Minimalgruppe besteht aus zwei Personen. Um Beispiele aus dem alltäglichen Leben zu geben, müßte man die kommunikativen Gewohnheiten eines Paares im Detail kennen und dokumentieren können. Wir werden uns mit einem von Marcel Proust erdachten – oder beobachteten – literarischen Paar zufrieden-geben, Swann und Odette. Sie verwenden, wenn sie von ihrer physischen Liebes-beziehung sprechen, den merkwürdigen Ausdruck *faire catleya* (bei Proust mit einem „t"), womit sie euphemistisch auf die Orchideen anspielen, die Odette am ersten Abend am Gürtel trug und die von da an die Rolle eines rituellen Kataly-sators gespielt haben (Proust, 233 f). Dieser Ausdruck gehört zu dem Paar, seiner Geschichte und seinem geteilten Wissen; keine andere Figur der „Recherche" kennt ihn. Wenn aber Swann oder Odette diese Wendung benutzen, dann verweisen sie damit auf ihre gemeinsame Geschichte und auf ihr geteiltes Wissen. Der Ausdruck dient dann, über seinen unmittelbaren kommunikativen Wert hinaus, dazu, das Paar und seine Beziehung zu bestätigen.

Neben Swann und Odette gibt es eine zweite Gruppe von potentiellen Anwen-dern des Ausdrucks *faire cattleya*, und zwar die Gruppe der Leser der „Recher-che", deren gemeinsames Wissen eben aus dieser Lektüre resultiert. Hier kann man den Ausdruck z.B. als Schiboleth benutzen, um seinen Gesprächspartner als Gruppenmitglied zu identifizieren oder ihn im Gegenteil aus der Gruppe auszu-schließen.

Die soziale Funktion vorgeformter Strukturen beschreiben auch Werner Kall-meyer und Inken Keim in ihrer Studie zum „Formelhaften Sprechen in der Filsbachwelt" (1994). Es geht dort um die kommunikative Geschichte einer Frauengruppe, die allwöchentlich in einem Begegnungszentrum in einem popu-lären Mannheimer Stadtviertel zusammenkommt, Kaffee trinkt und schwatzt. Diese Gruppe hat sich nach und nach einen Vorrat an Redensarten zugelegt, die den Gruppenmitgliedern als Redensarten der Gruppe bekannt und bewußt sind und die insbesondere dazu benutzt werden, bekannte Personen und deren Ver-halten zu beschreiben und zu beurteilen. Außerdem dienen diese Formeln als Modelle, nach deren Vorbild man ad hoc neue Formeln erfinden kann, die dann in das kollektive Inventar aufgenommen oder auch sofort wieder vergessen werden. Wenn nun eine solche vorgeformte Formulierung in das Gespräch eingebracht wird, kann sie eine ebenso stereotype Antwort auslösen. Solche Folgen stereotyper Äußerungen, die sich unter Umständen über viele Turns erstrecken, nennen Kallmeyer und Keim „formelhaftes Sprechen". Sie definieren seine soziale Funktion als „Form demonstrativer Gemeinschaft, d.h. als Symboli-sierung der eigenen Welt und der sozialen Zusammengehörigkeit" (1994, 301). Umgekehrt kann formelhaftes Sprechen ein Instrument zur Ausgrenzung von Personen werden, die, da sie nicht zur Gruppe gehören, nicht über das geteilte Wissen des Formelrepertoires verfügen und daher manche Äußerungen oder Sequenzen nicht verstehen. Nachfragen kann man beantworten – oder auch nicht, womit der Nachfragende dann ausdrücklich ausgegrenzt wäre (1994, 301 ff). [12]

---

[12] Ein literarisches Parallelbeispiel findet sich wiederum bei Proust, der die Gespräche im Salon Verdurin u.a. dadurch beschreibt, daß er die dort üblichen Redensarten anführt (Gü-lich 1990).

Vorgeformte Ausdrücke können also eine soziale Funktion erfüllen, wenn man mit ihnen auf geteiltes Wissen verweist und so die Existenz und Kohäsion einer Gruppe bestätigt und verstärkt. Um diese Rolle spielen zu können, müssen die Ausdrücke zwei Bedingungen erfüllen, nämlich spezifisch und auffällig sein. Spezifisch ist eine vorgeformte Struktur, wenn die Mitglieder einer Gruppe sie als Teil des gemeinsamen Wissens wahrnehmen, das die Gruppe konstituiert. Dazu muß den Gesprächspartnern die Existenz dieser Gruppe bewußt sein, was allgemein der Fall ist bei gut definierten Gruppen (Familie, Freundeskreis, Grass-Kenner usw.). Bei den großen Gruppen, wie z.B. den Sprechern einer Mundart, nehmen die Mitglieder die Spezifizität formelhafter Ausdrücke vermutlich erst im Kontakt mit Fremden wahr, die gerade bestimmte vorgeformte Strukturen nicht kennen oder nicht benutzen. Kokemohr (1994) analysiert ein interessantes Beispiel für eine solche Verwendung des Vorgeformten, wenn er den Gebrauch des Gemeinplatzes *c'est la crise* in Kamerun beschreibt. Er interpretiert diesen Ausdruck als ein Element der Alltagsrhetorik, das eine integrierende Funktion für die soziale Gruppe der Schwarzen erfüllt, und zwar besonders im interkulturellen Kontakt mit den Weißen.

Die "langue de bois" (im engeren Sinn des offiziellen Jargons der kommunistischen Partei) verdient in mehrerer Hinsicht eine besondere Erwähnung. Zunächst weil es hier nicht mehr um ein einfaches Inventar an formelhaften Ausdrücken geht, sondern um ein komplexes System, das seinen Benutzern für jede Art von offiziellen Äußerungen Modelle zur Verfügung stellt; weiterhin aufgrund des verpflichtenden Charakters dieses Formulierungs-Systems,[13] aus dem auszubrechen ein hohes politisches Risiko bedeutet; und schließlich weil es zu den vorgeformten Strukturen, die man z.B. in der deutschen Parteisprache findet, im Französischen, im Russischen usw. Parallelformen gibt. Die einzelsprachlichen Ausdrücke wären dann lediglich nationale Versionen von Strukturen, die an keine einzelne Sprache gebunden sind. Die Parteisprache greift auf das kollektive Wissen einer Gruppe zurück, die sich international definiert.

---

[13] Linguistisch gesehen läßt sich der verpflichtende Charakter der „langue de bois" als Verlust von Wahlfreiheit bei der Kombination sprachlicher Zeichen beschreiben: „Pour tout signe linguistique, Jakobson distingue deux modes d'arrangement, la combinaison et la sélection, c'est-à-dire la possibilité de substituer l'un des termes à l'autre. Toujours selon Jakobson, 'le pouvoir contraignant du modèle grammatical (...) contraste avec la liberté relative qui règne dans le choix des mots'. On s'aperçoit immédiatement que cette constatation ne s'applique pas à la langue de bois où les syntagmes sont souvent énormes, un mot amenant fatalement le suivant, une phrase entraînant souvent une autre phrase. La liberté de combinaison n'est donc pas seulement limitée par les contraintes de la phonologie et de la syntaxe, elle l'est aussi au niveau du mot et même de la phrase. Quant à la liberté de sélection, elle est pratiquement nulle en langue de bois." (Thom 1987, 94-95). Der verpflichtende Charakter dieses sprachlichen Sytems macht es zu einem Herrschaftsinstrument. S. dazu auch die Analysen des politischen Diskurses in kommunistischen Ländern in Wodak / Kirsch (1995).

Wenn wir eine Sequenz als spezifisch für eine Gruppe wahrnehmen, dann weisen wir ihr im Rahmen der Sprache dieser Gruppe (*langue*) einen besonderen Status zu. Dagegen ist das Merkmal der Auffälligkeit ein Phänomen des Gebrauchs (*parole*). Eine spezifische Sequenz fällt auf, sobald der Sprecher sie aufgrund ihrer Spezifizität gebraucht und dabei anzeigt, daß er auf ein besonderes kollektives Wissen verweist. Nun besitzen verschiedene Ausdrücke offenbar verschiedene Auffälligkeitspotentiale; so scheint es ziemlich schwierig, den Ausdruck *faire cattleya* unauffällig zu benutzen. [14] In den Gesprächen in der Filsbachwelt wird die Auffälligkeit des formelhaften Ausdrucks oft durch die formelhafte Antwort, also interaktiv, hergestellt. In anderen Fällen wird der Sprecher den formelhaften Charakter eines Ausdrucks durch mimische oder gestische Mittel oder durch deren diskursive Äquivalente (prosodische Anführungszeichen, metadiskursive Kommentare etc.) auffällig machen.

6. Gebrauch und Funktionen: Formelhafte Texte und Textmuster

6.1 Textmuster und vorgeformter Text

Unter Textmustern verstehen wir vorgeformte Strukturen, deren man sich bedient, wenn man einen Text produzieren will, der einer bestimmten Textsorte angehören soll. Textmuster gehören zum geteilten Wissen von Gruppen. Wird ein Text anhand eines Musters produziert, dann verweist er auf dieses Muster.

Wenn man einen Text produzieren will, der einer bestimmten Textsorte angehören soll (z.B. Neujahrsgruß, Lebenslauf, Kochrezept, Geburtsanzeige, Bewerbungsschreiben), dann kann man auf einen bestimmten Typ von kollektivem Wissen zurückgreifen. Es gibt nämlich für manche der dabei zu lösenden Formulierungsaufgaben vorgefertigte Lösungen. Die Gesamtmenge der zu einer Textsorte vorliegenden Lösungen nennen wir hier ein „Textmuster". Dabei soll „Muster" ähnlich verstanden werden wie in „Strickmuster", nämlich im Sinne einer Anleitung zur Produktion.[15] Ein Textmuster ist also eine Anleitung zur Produkti-

---

[14] Dies gilt sicherlich für die Gruppe der Leser. Zu Swann und Odette aber vermerkt Proust: „bien plus tard, quand l'arrangement (ou le simulacre rituel d'arrangement) des catleyas fut depuis lontemps tombé en désuétude, la métaphore „faire catleya", *devenue un simple vocable qu'ils employaient sans y penser* quand ils voulaient signifier l'acte de la possession physique (...), survécut dans leur langage, où elle le commémorait, à cet usage oublié" (Proust , À la recherche du temps perdu, S. 234). Anders gesagt: Swann und Odette müßten nun eine zusätzliche Anstrengung unternehmen, um den Ausdruck wieder auffällig zu machen und ihm so seinen gemeinschaftsbildenden Wert zurückzugeben.

[15] Der Terminus „Muster" ist im Zusammenhang mit der Beschreibung von Texten bereits häufig gebraucht worden, so z.B. von Ehlich/Rehbein (1986) und Heinemann/Viehweger (1991). Wir verzichten hier auf eine Diskussion der Unterschiede zwischen den Muster-Begriffen.

on von Texten. Es enthält eine Menge von Instruktionen, insbesondere Angaben zu den Verwendungsbedingungen des Textes (Wo? Wann? Unter welchen Umständen?) und zu seiner Struktur (Welche Informationen? In welcher Reihenfolge? Gibt es bei der Auswahl und der Anordnung Prioritäten?) und oft auch Inventare vorgeformter Ausdrücke.

Einige dieser Textmuster werden als Muster besprochen und den Sprechern mit Beispielen zur Verfügung gestellt, so z.b. in Briefstellern, Handreichungen zum Verfassen von Schulaufsätzen, Anleitungen für Bewerbungen, Musterbögen für Geburtsanzeigen. Für andere Textsorten gibt es keine derartigen Beschreibungen. Dies bedeutet aber nicht, daß das Muster nicht existiert, sondern nur, daß es nicht aufgezeichnet ist, so daß man auf anderen Wegen zu diesem Wissen kommen muß. Will man z.b. für eine Doktorarbeit eine Danksagung schreiben (für Betreuer, Kollegen, Sekretärin, Ehefrau...), dann wird man einfach einige dieser Texte lesen und so mehr oder weniger intuitiv ein Modell rekonstruieren, das Gülich (1988/1997) nach einer detaillierten Korpusanalyse beschreibt und aus dem sie verallgemeinernd folgende Merkmale zur Definition der „formelhaften Texte" ableitet: „Konstante inhaltliche Komponenten, relativ feste Reihenfolge, formelhafte Realisierung der Komponenten, Bindung des ganzen Textes an eine bestimmte Situation, aus der sich eine Hauptfunktion ergibt."[16]

Nun gibt es aber Texte, für die man zeigen kann, daß sie durchaus einer vorgeformten Struktur – einem Textmuster – folgen, die aber nicht allen drei in Gülich (1988/1997) genannten Kriterien entsprechen. Solche Texte wären „vorgeformte Texte", während wir den Terminus „formelhaft" für Texte reservieren, die allen definitorischen Kriterien genügen. Als Beispiel für „nur" vorgeformte Texte sollen im folgenden Abstracts wissenschaftlicher Artikel vorgestellt werden. [17]

6.2 Das Abstract als vorgeformter Text

Es gibt kein einheitliches Muster für Abstracts. So kann man ein Abstract einfach dadurch produzieren, daß man die Hauptthesen zusammenfaßt und ihren Zusammenhang darstellt. Man erhält dann ein nicht-stereotypes Abstract wie das folgende:

Abstract 1:

Erziehung in Israel

---

[16] Gülich 1988/97, 154. Drescher (1994) geht von diesem Konzept aus, um ein Korpus von Absagebriefen auf Bewerbungsschreiben als in ihren inhaltlichen Komponenten, im Aufbau und in der Formulierung „formelhafte Texte" zu analysieren.

[17] Wir folgen hier weitgehend den Ausführungen von Clas Möller (1995).

Das israelische Bildungswesen ist älter als der Staat Israel, zu dessen wichtigsten institutionellen Grundlagen es zählt. Von anderen nationalen Bildungssystemen unterschied es sich in seiner Entstehungsphase vor allem in Folgendem:
1) Es geht auf eine charismatische Schulbewegung zurück, der
2) die Verbindung von Arbeit und Bildung wichtig war.
Diese Besonderheiten sind verblaßt. Die charismatische Schulbewegung ist staatlicher Bildungspolitik gewichen, die gegen die Kultur vor allem der orientalischen Einwanderer auf Modernisierung zielt. Die Schulen gleichen sich dem weltweit verbreiteten Muster der Schulorganisation an, in dem Arbeit keinen Platz hat. Nationalistische Gemeinschaftsideologie weicht der Kultur des Fachwissens und dem modernen Individualismus. Das ergibt sich als Resumé einer Sammlung bildungssoziologischer Studien, die in diesem Beitrag diskutiert werden. (Zeitschrift für Pädagogik 36, 1990, S. 205)

Solche – sieht man einmal vom letzten Satz ab – nicht-stereotypen Abstracts sind sehr selten. Viel häufiger wird mit Hilfe von „Rahmenausdrücken" (nach Keseling; s.o. 2.2) ein Textgerüst erstellt, in dessen Leerstellen mit den „Deskriptionen" die inhaltlichen Informationen eingebracht werden können. [18] Das nachfolgende Beispiel zeigt, wie die Rahmenausdrücke (im Beispiel kursiv) für die Deskriptionen einen Raum eröffnen. Gleichzeitig geben sie für jede Deskription an, welche Funktion sie im Abstract hat (wir kommentieren in Großbuchstaben die strukturierende Funktion der Rahmenausdrücke).

Abstract 2 :

Prosodische und nonverbale Signale für Parenthesen

In diesem Aufsatz wird am Beispiel der Parenthesen *die Frage untersucht, wie* THEMA suprasegmentale und nonverbale Ausdrucksmittel zur Syntax gesprochener Sprache in Beziehung stehen. *Aufbauend auf* METHODE der empirischen Analyse eines Corpus natürlicher Daten aus Fernsehdiskussionssendungen *wird gezeigt, daß* ERGEBNIS: BEOBACHTUNGEN Prosodie, Gestik und Blickverhalten die Grenzen von Parenthesen markieren und die Wiederaufnahme des Trägersatzes anzeigen können. Sie unterstützen *also* ERGEBNIS: THEORIE syntaktische Strukturen, sind aber andererseits nicht von der Syntax determiniert, sondern stellen autonome Signalisierungssysteme dar. (Deutsche Sprache 21, 1993, S. 223)

Ihren strukturierenden Charakter erhalten die Rahmenausdrücke insbesondere von den Verben, die im allgemeinen die Forschungsaktivitäten (*untersuchen, betrachten...*) bezeichnen oder den Aussagen einen Status im Forschungsprozeß (*annehmen, beweisen, daß...*) oder in der Argumentation (*behaupten, folgern...*) zuweisen. Die Rahmenausdrücke strukturieren das Abstract, indem sie auf den Forschungs- oder den Argumentationsprozeß verweisen.
Ein weiteres Merkmal der Textstruktur ist das, was Möller (1995) „Perspektive"

---

[18] Bittencourt dos Santos (1996) beschreibt dieses Gerüst als „a five-move pattern".

nennt: Perspektive des Autors oder Perspektive des Artikels. Stellt man die (verbalen) Rahmenausdrücke nach ihren Subjekten zusammen, dann erhält man zwei Felder: Was tut der Autor? Was tut der Artikel?

Der Autor (oder *der Verfasser* oder *wir*) *untersucht* : Er *analysiert, betrachtet, legt eine Analyse vor, beschäftigt sich mit, wendet sich zu* etc.; er *denkt: vermutet, unterstellt, geht von... aus, formuliert die Hypothese, daß..., vertritt eine Theorie, derzufolge, kommt zu dem Ergebnis, daß* etc.; er *zeigt: er stellt dar, unterstreicht, richtet die Aufmerksamkeit auf, legt dar, arbeitet heraus* etc.

Abstract 3 – Autorenperspektive :

Sprache der Nähe – Sprache der Distanz: eine relevante Kategorie für den DaF-Unterricht?

Mit einem varietätenlinguistischen Modell *versucht die Verf'in*, das Spannungsfeld von Mündlichkeit und Schriftlichkeit begrifflich *zu klären und in neue Zusammenhänge zu bringen*, die zu einer konzeptionellen Variation der entsprechenden Äußerungen führen. *Ein Ansatz* aus der Romanistik *wird* für den DaF-Unterricht sowohl für Lehrende als auch Lernende *nutzbar gemacht. Die Verf'in erhofft sich* von diesem Ansatz Impulse für eine neue Beschreibung des gesprochenen Deutsch. (DaF 1/1996, 3-9)

Wenn anstelle der Autorenperspektive die Artikelperspektive gewählt wird, spielt der Artikel im wesentlichen die gleiche Rolle wie vorher der Autor. *Der Artikel* (oder *Beitrag* oder *Studie* oder *Untersuchung ...*) *kann zum Gegenstand haben / machen, zu zeigen versuchen, einen Gedankengang vorstellen* usw.

Abstract 4 – Artikelperspektive:

Äußerungsform oder Äußerungsfunktion? Zu den Bedingungen für das Auftreten von Modalpartikeln

Der vorliegende Beitrag beschäftigt sich mit der Frage, ob die Distribution von Modalpartikeln im Deutschen von der Form oder der Funktion einer Äußerung abhängt. *Aufgrund einer Diskussion* der für die Fragestellung relevanten Fakten *wird gezeigt, daß* – durchaus einheitlich – *von* einer Steuerung durch den Formtyp *ausgegangen werden kann*. (Deutsche Sprache 21, 1993, S. 22)

Die Artikel-Perspektive findet sich im Deutschen weit häufiger als die Autoren-Perspektive. Vielleicht noch häufiger ist die Neutralisierung der Perspektiven durch Passiv-Formen, wie sie bereits in den Beispielen 2, 3 und 4 zu beobachten ist: In diesem Aufsatz *wird* (...) *die Frage untersucht, wie...*; aufbauend auf *wird gezeigt, daß...*; ein Ansatz *(...) wird* (...) *nutzbar gemacht*; aufgrund einer Diskussion (...) *wird gezeigt, daß* (...) von einer Steuerung durch den Formtyp *ausgegangen werden kann*. Ein äußerst nützliches Verb für das Formulieren von

Textpassagen mit neutralisierter Perspektive ist das Verb *erlauben*, das es *er-laubt*, zwei Analyseschritte miteinander zu verbinden, ohne daß dabei der Autor eingreifen müßte.

Die letzten Beobachtungen zum Textmuster für das Abstract betreffen sequentielle Präferenzen. Wenn der Verfasser sich zu Beginn des Abstracts für die Autoren- oder die Artikel-Perspektive entscheidet, dann scheint diese Wahl für den Rest des Abstracts bestimmend zu sein; nur sehr selten werden in einem Abstract die beiden Perspektiven kombiniert. Nun kann die zu Beginn gewählte Perspektive bis zum Ende beibehalten werden. Häufiger findet man eine Progression, von einer markierten Perspektive (*Verf.*, *Dieser Beitrag*) zu einer neutralisierten Perspektive (Beispiel 4) und sogar zu nicht-perspektivischen Sequenzen (Beispiel 2) führt. Das Muster begünstigt nicht die umgekehrte Progression, die von einer neutralisierten zu einer markierten Perspektive führte.[19]

Das Textmuster des Abstracts ist also eine komplexe Struktur. Sie kombiniert unterschiedliche Textmerkmale wie den Textinhalt (das Abstract informiert über den Untersuchungsgegenstand, die Methode, das Forschungsergebnis), seine Form (perspektivische Anlage), bevorzugte sprachliche Formen (Rahmenausdrücke). Das Muster enthält aber keine Hinweise zur Reihenfolge der Komponenten; der Autor kann die Struktur seines Beitrags reproduzieren, oder sich an die Chronologie seiner Forschung halten, oder einen logischen oder systematischen Aufbau wählen usw. In dieser Hinsicht sind Abstracts weniger formelhafte Texte als die von Gülich (1988/1997) untersuchten Danksagungen; deswegen haben wir sie als „nur" vorgeformt verbucht. Man sollte aus diesem Befund den allgemeineren Schluß ziehen, daß Textmuster nicht alle dieselben Eigenschaften haben.

6.3 Zur Wirksamkeit von Textmustern

Ein wesentlicher Unterschied zwischen Textmustern besteht darin, daß sie ihre Benutzer in unterschiedlichem Grad verpflichten. Liturgische Texte z.B. dulden keine Abweichung; die Muster der Todesanzeigen sind sehr verpflichtend;

---

[19] Die Bemerkungen zu strukturellen und lexikalischen Regularitäten kann man ergänzen durch zwei Bescheidenheitsregeln, die allerdings nicht nur für Abstracts, sondern für wissenschaftliches Schreiben insgesamt gelten:
a) Anstatt einfach zu zeigen und zu beweisen *will* man zeigen, *versucht* man zu beweisen usw.
b) Wenn man dennoch seine Leistung ein wenig hervorheben will, dann wird man eher von der Menge Arbeit sprechen (*umfangreiches Korpus*, *mehrere hundert Vorkommen* usw.) als von der Scharfsinnigkeit der Überlegungen oder der Relevanz der Ergebnisse (umgekehrt dürften dem Autor die Kritiken angenehmer sein, die z.B. die Vollständigkeit des Korpus anzweifeln, als die, die ihm Denkfehler oder Epigonentum vorwerfen).

Kochrezepte fordern ein genaues Beachten der Terminologie, weil sie sonst mißverständlich werden; für die Eröffnungsansprache eines Kongresses lädt das Muster eher dazu ein, Varianten und originelle Lösungen zu finden, etc. Tatsächlich kann das Vorhandensein eines Musters sich darin manifestieren, daß ein Text als abweichend formuliert und rezipiert wird. Hierzu ein Beispiel, und zwar Danksagungen, wie man sie häufig als Anmerkung zu Beginn von Aufsätzen findet. Alle Beispiele stammen aus Erving Goffman: „Forms of Talk", in der französischen Übersetzung („Façons de parler") von Alain Khim.

Das erste Beispiel – „La position" (S. 133) – enthält eine einfache Danksagung für die Erlaubnis, einen bereits veröffentlichten Text zu übernehmen:

„Je remercie *Semiotica* (25, 1-29) où ce chapitre est d'abord paru sous forme d'article."

Im zweiten Beispiel – „Répliques et réponses" (S. 11) – enthält der Text zwei zusätzliche Elemente: Der Autor bedankt sich bescheiden bei den Kollegen für deren Hilfe (was ihm im übrigen erlaubt, sich in einen bestimmten Forschungskontext einzuordnen), und er übernimmt die Verantwortung für alle Mängel, die trotz dieser Unterstützung in seinem Text zu finden wären.

„Je remercie *Language in Society* où ce chapitre est d'abord paru sous forme d'article (1976, 5, 257-313). [...] Je remercie Theresa Labov, William Labov, Susan Philips et Lee Ann Draud pour leurs suggestions critiques, dont beaucoup ont été reprises sans plus de mention. Je suis par conséquent seul responsable des insuffisances. „

Das dritte Beispiel – „Exclamations" (S. 85) – besteht aus den gleichen Komponenten wie das vorherige: Dank an die Zeitschrift „Language", die die Erstveröffentlichung publiziert hatte, Erwähnung der Kollegen, die den Artikel diskutiert haben. Der letzte Teil jedoch weicht spielerisch vom üblichen Schema ab:

„(...) Je remercie cette communauté d'assistance : grâce à elle, j'ai pu progresser du vol au pillage."

Daß dies tatsächlich eine Variante ist, und zwar eine scherzhafte, kann nur der Leser wahrnehmen, der die „normale" oder neutrale Version, also das Muster kennt.

Das nächste Beispiel – „Replies and responses" (Forms of Talk, S. 5) – ist einfach die Originalversion des zweiten Beispiels. Sie enthält ebenfalls eine scherzhafte Variante: Nachdem sich Goffman bei allen Kollegen für ihre hilfreichen Bemerkungen bedankt hat, schließt er:

„(...) I alone, therefore, am not responsible for all of the paper's shortcomings".

Wenn nun der Übersetzer schreibt: „Je suis par conséquent seul responsable des

insuffisances", übernimmt er nicht die Negation, sondern gibt die übliche Be-
scheidenheitsformel. Er rechnet offenbar so fest mit der Standardformel, daß er
die Abweichung – drei kleine Buchstaben – gar nicht wahrnimmt. Er übersetzt
anders gesagt nicht den Originaltext, sondern das Textmuster.

Das Beispiel der Danksagungen zeigt, daß die Textmuster, genau wie die anderen vorgeformten Strukturen, zum geteilten Wissen von Gruppen gehören. In
diesem Fall besteht die Gruppe aus den Verfassern und Lesern von wissenschaftlichen Artikeln. Dies ist eine internationale Gruppe, und das Danksagungsmuster
ist hinsichtlich seiner Anwendungsbedingungen, Inhalte und Anordnung von
Textteilen ein internationales Muster. Andere Muster wiederum gelten in anderen
Gruppen, die nationalsprachliche Gruppen sein können. So richtet sich ein
offizieller Brief in französischer Sprache nach einem genau spezifizierten und
streng geltenden Muster, das außer stereotypen Formeln bestimmte Anforderun-
gen an Struktur und Inhalte zwingend vorgibt: Man soll an vorhergehende
Kontakte anknüpfen, den Brief in Abschnitte gliedern („faire des paragraphes"),
auf die Übergänge achten usw. (s.o. 3, Beispiele 2 und 3). Ein weiteres Beispiel
wären Geburts- und Todesanzeigen. Ein Blick in eine Zeitung zeigt, daß für die
Auswahl und Reihenfolge der Informationen, die Formulierung (stereotype
Formeln) und das Layout in der französischen, deutschen und englischen Sprach-
gemeinschaft jeweils unterschiedliche Modelle gelten. [20,21]
Letzte Bemerkung zu den Texmustern: Die anhand von Mustern hergestellten
Texte verweisen mehr oder weniger explizit auf diese Muster zurück. Ein

---

[20] Französische Familienanzeigen bestehen aus einem Satz :
– Todesanzeige: „M. / Mme XY a / ont la (très grande, immense) tristesse d'annoncer le
décès de Z survenu le ... à ..."; es gibt manchmal einen zweiten Satz, der über die Beerdi-
gung informiert.
– Geburtsanzeige: „M. / Mme XY ont la (très grande) joie de faire part de la naissance de
(leur fille / petite fille / petite soeur de A...) N".
Deutsche Familienanzeigen sind dagegen angelegt als Menge von stereotypen (Todesanzeigen) oder möglichst originellen (Geburtsanzeigen) Elementen, die insgesamt die notwendigen Informationen weitergeben und die auf der durch den Rahmen der Anzeige definierten Fläche als graphische Elemente angeordnet werden (wobei für die Todesanzeige
das Vorbild des Grabsteins wirksam wird). Vgl. Baksmeier 1996.
[21] Psycholinguistisch gesehen sind Textmuster „frames", die es bei der Textrezeption erlauben, Textinformationen wahrzunehmen und ihre Bearbeitung zu steuern. Diese
Funktion der Textmuster ist ganz offensichtlich im Fall der Abweichungen: Nur auf dem
Hintergrund des jeweiligen Musters wird man Goffmans Scherze als Danksagungen und
die so lustigen Zeichnungen in deutschen Zeitungen als Geburtsanzeigen verstehen
können. Auf der Produktionsseite haben die Textmuster einerseits den Status von „semi-
sprachlichem Wissen" (Quasthoff 1986), insofern sie im Planungsprozeß zur Herstellung
einer semantischen Repräsentation benutzt werden, auf deren Grundlage dann die Formulierungsarbeit im engeren Sinne unternommen werden kann. Andererseits enthalten aber
Textmuster auch sprachliche Komponenten in Gestalt von Formelinventaren oder,
allgemeiner, von bewährten oder vorgeschriebenen Lösungen von Formulierungsaufgaben.

formelhafter Ausdruck wie *plötzlich und unerwartet* beispielsweise trägt dazu bei, eine Todesanzeige zu einer „richtigen" Todesanzeige zu machen, d.h. zu einer Anzeige, die dem Muster entspricht. Diese Formel kann aber auch in anderen Kontexten verwendet werden, z.B. im Rahmen einer Erzählung. Die Spezifizität der Wendung steht außer Zweifel, und sie wird in einem fremden Kontext als fremd auffällig. Daraus ergibt sich ein vielleicht geschmackloser, aber jedenfalls deutlicher Effekt.

7. Schlußbemerkung: Von der „vorgeformten Struktur" zum „Phraseologismus"

Die Analyse des „Vorgeformten" unter dem Gesichtspunkt seiner Rolle bei der Textproduktion zwingt dazu, eine größere Vielfalt vorgeformter Strukturen zu berücksichtigen. Unser Überblick über diese Strukturen war bei weitem nicht erschöpfend; nicht einmal erwähnt haben wir z.B. den Vorrat an Sprechweisen und Redensarten, über den jeder einzelne Sprecher verfügt und auf den er rekurrieren kann, wenn die Situation es erfordert. Diese Formulierungsressourcen werden im Zuge des Erstspracherwerbs angelegt. Wie wichtig sie sind, nimmt ein erwachsener Sprecher erst wahr, wenn sie versagen, was ihm z.B. widerfahren kann, wenn er sich in einer Fremdsprache mitteilen oder sich zu einem ungewohnten Thema äußern muß. Dem Sprecher wird dann bewußt, daß er nicht nur die entsprechende Terminologie, sondern auch die üblichen Kontexte, Formen und Formeln kennen müßte, anders gesagt: Er muß, will er flüssig über dieses neue Thema sprechen, sich einen Vorrat an vorgeformten Strukturen zulegen. Die vorgeformten Strukturen sind offenbar allgegenwärtig, und ihr Gebrauch ist nicht die Ausnahme, sondern die Regel.[22]

Die Phraseologismen im engeren Sinn des Wortes bilden eine Sub-Kategorie im weiten Bereich der vorgeformten Strukturen. Es sind vorgeformte Sequenzen, die ausschließlich aus sprachlichen Elementen bestehen, die sehr stabil sind, die oft den üblichen syntaktischen und semantischen Regularitäten nicht folgen und die von sehr großen Sprechergruppen benutzt werden. Diese Merkmale, insbesondere die rein verbale Zusammensetzung und die Anomalien, machen die Phraseologismen zu einem für die Linguistik besonders interessanten Gegenstand, der außerdem der Forschung leicht zugänglich ist; denn um sie zu erfassen braucht der Forscher weiter nichts als Papier und Bleistift. Mit dieser Bequemlichkeit sind aber auch einige Gefahren verbunden. Wenn man nur das notiert

---

[22] Deborah Tannen (1990, 189) verallgemeinert diesen Gedanken mit der Hypothese, daß „any utterance echoes prior utterances. That is, individuals say particular things in particular ways because they have heard others say similar things in the same or similar way".

und bearbeitet, was man aufschreiben kann, dann wird man schließlich nicht-sprachliche (und damit nicht leicht aufschreibbare) Phänomene gar nicht erst wahrnehmen. Weiterhin zwingt einen die Schrift dazu, Formen präzise zu fixieren, also sich für bestimmte Formen zu entscheiden, vielleicht mit einigen wieder genau definierten Varianten. Dieses Vorgehen begünstigt normative An-sätze und verschleiert, daß Phraseologismen auf Variation angelegt sind, was man sofort sieht, wenn man die in Korpora tatsächlich realisierten, oft in keiner Auflistung erfaßten Formen betrachtet. Und wenn man schließlich den Phraseo-logismus als die Sequenz definiert, die man aufschreibt, dann übersieht man leicht, daß bei der Textproduktion der Phraseologismus ein Muster ist, an dem der Sprecher seine Produktion ausrichtet, was zu „fehlerhaften" Varianten führen kann, aber auch zu allerlei Bearbeitungen, Analogbildungen, Wortspielen usw.

Auffälligstes Merkmal von Phraseologismen ist, daß man sie mit den üblichen syntaktischen und semantischen Regularitäten nicht beschreiben kann. Das hat dazu geführt, daß man sie als Anomalien begriffen und vor allem unter dem Gesichtspunkt der Differenz untersucht hat (indem man z.B. eine genaue Grenz-linie zwischen Idiomen und „bloßen" Kollokationen zu ziehen sucht). Unsere Beobachtungen regen dazu an, vor allem die Kontinuitäten zu sehen und die Phraseme nicht als Ausnahmen, sondern als extreme und damit prototypische Fälle von vorgeformten Strukturen zu verstehen. Dann könnte die Analyse der Phraseme zu einem genaueren Verstehen des Formulierungsverfahrens „Rekurs auf Vorgeformtes" führen, seiner Funktionsweise, seiner spezifischen Leistung und seiner Probleme.

Wir betrachten die vorgeformten Strukturen als Lösungen für wiederkehrende kommunikative Aufgaben, die in und durch eine soziale Gruppe ausgearbeitet worden sind. Der Rekurs auf diese im kollektiven Wissen aufgehobenen Lösun-gen kann zu einem präferierten Verfahren werden und sogar den Status einer Norm erhalten. Wenn man nun vorgeformte Strukturen als präferierte Lösungen rekurrenter Aufgaben versteht, dann muß man vor allem diese Aufgaben rekon-struieren. Diese Rekonstruktion läßt sich nur mit Hilfe der Analyse mündlicher und schriftlicher Korpora bewerkstelligen. Eine Typologie vorgeformter Aus-drücke auf einer solchen empirischen Grundlage wäre zweifellos ein Novum in der Phraseologie-Forschung.

Transkriptionskonventionen

Generell werden bei den Transkriptionen die Orthographieregeln der jeweiligen Sprache respektiert, jedoch mit den folgenden Ausnahmen:
- es gibt nur Kleinschreibung, da Großbuchstaben zur Intensitätsmarkierung benutzt werden;
- Interpunktionszeichen haben nie ihre in schriftsprachlichen Texten übliche Bedeutung, sondern sie sind diakritische Symbole;
- artikulatorische Besonderheiten können durch Abweichungen von der üblichen Orthographie wiedergegeben werden.

/	hörbarer Abbruch ohne Pause
(.)	sehr kurze Pause
.	sehr kurze Unterbrechung in der Äußerung eines Sprechers oder zwischen den Äußerungen von zwei Sprechern
..	kurze Pause
...	mittlere Pause
<x sec>	Pause von x Sekunden Dauer
&	auffällig schneller Anschluß
=	auffällige Bindung / Abwesenheit von Grenzsignal
≠	auffälliger Bruch
haut' 'haut	steigende Intonationskurve; hoher Einsatz
malade, ‚malade	fallende Intonationskurve; tiefer Einsatz
malade!	implikative Intonation
MARI ROsé Bar	dynamische Hervorhebung eines Wortes; einer Silbe; eines Lautes
oui: et::: n:on	Dehnung einer Silbe; eines Lautes
(en)fin a(l)ors	verschliffene Artikulation
(?toi aussi)	unsichere Transkription
(?.........)	unverständliche Passage
<KURZ> @	Kommentar der Transkribenden; geht dem entsprechenden Segment
<LACHEND> @	vorauf und gilt bis zum Zeichen „@"
/pf/ /da--koa/	phonetische Transkription

Literaturverzeichnis

1. Primärtexte

Goffman, Erving 1981: Forms of talk. Philadelphia: University of Pennsylvania Press.

Goffman, Erving 1987 : Façons de parler. Traduit par Alain Khim. Paris: Minuit.

Proust, Marcel : Du côté de chez Swann. In: Clarac, Pierre; Ferré, André (Hgg.) : À la recherche du temps perdu. Paris: Gallimard 1954. Band 1. (= Editions de la Pléiade)

2. Untersuchungen

Alber, Jean-Luc 1985: 'Bonjour de Neuchâtel où il fait beau et chaud'. Essai d'interprétation d'un corpus de cartes postales de vacances. In : TRANEL Travaux Neuchâtelois de Linguistique 8. 69-94.

Antos, Gerd 1986: Zur Stilistik von Grußworten. In : Zeitschrift für Germanistische Linguistik 14. 50-81.

Antos, Gerd 1987: Grußworte in Festschriften als "institutionalisierte Rituale". Zur Geschichte einer Textsorte. In LiLi. Zeitschrift für Literaturwissenschaft und Linguistik 65. 9-40.

Aschentrup, Elke 1990: Die Formulierung von Regelungen und Bedingungen in öffentlicher Kommunikation. Ein Beitrag zur Beschreibung formelhafter Texte im Französischen. Staatsexamensarbeit. Bielefeld.

Authier-Revuz, Jacqueline 1985: La représentation de la parole dans un débat radiophonique: figures de dialogue et de dialogisme. In: Langue Française 65. 92-102.

Authier-Revuz, Jacqueline 1993 : Du je de l'intention au jeu de hasard : figures méta-énonciatives du "bien dire". In: Cahiers de Praxématique 20. 87-113.

Authier-Revuz, Jacqueline 1995: Méta-énonciation et (dé)figement. In: Cahiers du Français Contemporain 2. 17-39.

Baksmeier, Katrin 1996: Europäische Traueranzeigen. Staatsexamensarbeit. Bielefeld.

Bittencourt Dos Santos, Mauro 1996: The textual organization of research paper abstracts in applied linguistics. In: Text 16, 4. 481-499.

Brixhe, Daniel / Retornaz, Annick 1988: Les avatars d'un discours d'instruction de jeu. In: Pratiques 58. 74-97.

Burger, Harald (unter Mitarbeit von Jaksche, Harald) 1973: Idiomatik des Deutschen. Tübingen: Niemeyer.

Burger, Harald et al. 1982: Handbuch der Phraseologie. Berlin, NewYork: Walter de Gruyter.

Coulmas, Florian 1981: Routine im Gespräch. Zur pragmatischen Fundierung der Idiomatik. Wiesbaden: Athenaion.

Coulmas, Florian 1985: Diskursive Routine im Fremdsprachenerwerb. In: Sprache und Literatur in Wissenschaft und Unterricht 16. 47-66.

Dausendschön-Gay, Ulrich; Gülich, Elisabeth; Krafft, Ulrich 1992: Gemeinsam schreiben. Konversationelle Schreibinteraktionen zwischen deutschen und französischen Gesprächspartnern. In: Krings, Hans; Antos, Gerd (Hgg.): Textproduktion. Neue Wege der Forschung. Trier: Wissenschaftlicher Verlag. 219-256.

Dobrovol'skij, Dmitrij; Piirainen, Elisabeth 1994: Phraseologisch gebundene Formative: auf dem Präsentierteller oder auf dem Abstellgleis? In: Zeitschrift für Germanistik 1. 65-77.

Drescher, Martina 1994: *Für zukünftige Bewerbungen wünschen wir Ihnen mehr Erfolg.* Zur Formelhaftigkeit von Absagebriefen. In: Deutsche Sprache 1994, 2. 117-137.

Ehlich, Konrad; Rehbein, Jochen 1986: Muster und Institution: Untersuchungen zur schulischen Kommunikation. Tübingen: Gunter Narr.

Endres-Niggemeyer, Brigitte; Schott, Hannelore 1992: Ein individuelles prozedurales Modell des Abstracting. In: Krings, Hans; Antos, Gerd (Hgg.): Textproduktion. Neue Wege der Forschung. Trier: Wissenschaftlicher Verlag. 281-309.

Feilke, Helmut 1993: Sprachlicher Common sense und Kommunikation. Über den 'gesunden Menschenverstand', die Prägung der Kompetenz und die idiomatische Ordnung des Verstehens. In: Der Deutschunterricht 6/1993. 6-21.

Fiala, Pierre 1987: Pour une approche discursive de la phraseologie. Remarques en vrac sur la locutionalité et quelques points de vue qui s'y rapportent, sans doute. In: Langage et Société 42. 27-44.

Fix, Ulla 1994: Die Beherrschung der Kommunikation durch die Formel. In: Sandig, Barbara (Hg.) 1994: Europhras 92. Tendenzen der Phraseologieforschung. Bochum: Universitätsverlag Dr. H. Brockmeyer. 139-153.

Fleischer, Wolfgang 1982: Phraseologie der deutschen Gegenwartssprache. Leipzig: Bibliographisches Institut.

Gréciano, Gertrud 1983: Signification et dénotation en allemand. La sémantique des expressions idiomatiques. Paris: Klincksieck.

Grunig, Blanche-Noëlle (1997): La locution comme défi aux théories linguistiques: une solution d'ordre mémoriel? In: Martins-Baltar, Michel (Hg.): La locution entre langue et usages. Paris: ENS-Editions. 225-240.

Gülich, Elisabeth 1981: "Was sein muß, muß sein." Überlegungen zum Gemeinplatz und seiner Verwendung. Bielefelder Papiere zu Linguistik und Literaturwissenschaft 7, 1978; verkürzte und überarbeitete Fassung in: Geckeler, Horst; Schlieben-Lange, Brigitte; Weydt, Harald (Hgg.): Logos Semantikos. Studia linguistica in honorem Eugenio Coseriu. Vol. II. Berlin, New-York, Madrid: Walter de Gruyter.343-363.

Gülich, Elisabeth 1988/1997: Routineformeln und Formulierungsroutinen. Ein Beitrag zur Beschreibung 'formelhafter Texte'. In: Berens, Franz-Josef; Wimmer, Rainer (Hgg.): Phraseologie und Wortbildung. Tübingen: Gunter Narr. 131-175 (= Studien zur Deutschen Sprache 9).

Gülich, Elisabeth 1994: Commentaires métadiscursifs et 'mise en scène' de l'élaboration du discours. In: CALaP Cahiers d'Acquisition et de Pathologie du Langage 12. 29-51.

Gülich, Elisabeth; Henke, Käthe 1979/1980: Sprachliche Routine in der Alltagskommunikation. Überlegungen zu "pragmatischen Idiomen" am Beispiel des Englischen und des Französischen. In: Die Neueren Sprachen 78, 6 (1979), 513-530; 79, 1 (1980), 2-33.

Gülich, Elisabeth 1990: Erzählte Gespräche in Marcel Proust *Un amour de Swann*. In: Zeitschrift für französische Sprache und Literatur,100. 87-108.

Gülich, Elisabeth; Krafft, Ulrich 1992 : 'Ich mag es besser' - Konversationelle Bearbeitung vorgeformter Ausdrücke in Gesprächen zwischen deutschen und französischen Sprechern. In: Fremdsprachen Lehren und Lernen 21. 65-87.

Gülich, Elisabeth; Krafft, Ulrich 1997a: Momo und die Phraseme. Die Rolle des Vorgeformten in Émile Ajars *La vie devant soi*. In: Sabban, Annette (Hg.): Phraseme im Text. Beiträge aus romanistischer Sicht. Bochum: Universitätsverlag Dr. N. Brockmeyer. 97-132.

Gülich, Elisabeth; Krafft, Ulrich (1997b): Le rôle du "préfabriqué" dans les processus de production discursive. In: Martins-Baltar, Michel (Hg.): La locution entre langue et usages. Paris: ENS-Editions.

Harms, Kerstin 1990: Formelhaftigkeit in Glückwunschtexten. Eine empirische Analyse deutscher und türkischer Glückwunschbriefe und -karten. Magisterarbeit. Bielefeld.

Hausendorf, Heiko 1995: Deixis and orality: Explaining games in face-to-face interaction. In: Quasthoff, Uta M. (Hg.): Aspects of oral communication. Berlin, New-York: Walter de Gruyter. 181-197.

Hempelmann, Claudia 1997: Bewerbungsbriefe als Balanceakt zwischen Formelhaftigkeit, Kreativität und Ratgeberliteratur. Staatsexamensarbeit. Bielefeld.

Heinemann, Wolfgang; Viehweger, Dieter 1991: Textlinguistik. Eine Einführung. Tübingen: Niemeyer (Reihe Germanistische Linguistik 115).

Höke, Sandra 1995: Formelhafte Sprache in "La vie devant soi". Staatsexamensarbeit. Bielefeld.

Kallmeyer, Werner; Keim, Inken 1994: Formelhaftes Sprechen in der Filsbachwelt. In: Kallmeyer, Werner (Hg.): Kommunikation in der Stadt. Teil 1: Exemplarische Analysen des Sprachverhaltens in Mannheim. Berlin, New-York: Walter de Gruyter. 250-317.

Kaplan, Robert B. et al. (1994): On abstract writing. In: Text 14, 401-426.

Keseling, Gisbert 1993: Schreibprozeß und Textstruktur. Empirische Untersuchungen zur Produktion von Zusammenfassungen. Tübingen: Niemeyer.

Kjaer, Anne Lise 1994: Zur kontrastiven Analyse von Nominationsstereotypen der Rechtssprache Deutsch-Dänisch. In: Sandig, Barbara (Hg.) 1994: Europhras 92. Tendenzen der Phraseologieforschung. Bochum: Universitätsverlag Dr. H. Brockmeyer. 317-348.

Kokemohr, Rainer 1994: "C'est la crise". Zur Funktionsweise alltagsrhetorischer Weltdeutungen. In: Sabban, Annette; Schmitt, Christian (Hgg.): Sprachlicher Alltag. Linguistik - Rhetorik - Literaturwissenschaft. Festschrift für Wolf-Dieter Stempel 7. Juli 1994. Tübingen: Niemeyer. 227-244.

Krafft, Ulrich 1997: Wie und warum Doktor Cottard idiomatische Wendungen nicht lernen konnte. In: Sabban, Annette (Hg.): Phraseme im Text. Beiträge aus romanistischer Sicht. Bochum: Universitätsverlag Dr. N. Brockmeyer. 161-180.

Krings, Hans P. / Antos, Gerd (Hgg.) 1992: Textproduktion. Neue Wege der Forschung. Trier: Wissenschaftlicher Verlag.

Martin, Robert (1997): Sur les facteurs du figement lexical. In: Martins-Baltar, Michel (Hg.): La locution entre langue et usages. Paris: ENS-Editions. 291-305.

Martins-Baltar, Michel (Hg.) 1995: La locution en discours. Cahiers du Français Contemporain 2.

Martins-Baltar, Michel (Hg.) (1997): La locution entre langue et usages. Paris: ENS-Editions.

Mickenbecker, Silke 1993: Der Gebrauch von Phraseologismen in literarischen Texten am Beispiel von 'Sodome et Gomorrhe' von Marcel Proust. Staatsexamensarbeit. Bielefeld.

Möller, Clas 1995: Formelhaftigkeit in Abstracts. Staatsexamensarbeit. Bielefeld.

Moreau, Marie-Louise 1986: Les séquences préformées : entre les combinaisons libres et les idiomatismes. Le cas de la négation avec ou sans 'ne'. In: Le Français Moderne 54. 137- 160.

Paul, Ingwer 1989: Rituelle Kommunikation. Sprachliche Verfahren zur Konstitution ritueller Bedeutung und zur Organisation des Rituals. Tübingen: Gunter Narr.

Privat, Jean-Marie 1987: Les petites annonces matrimoniales, ou la rhétorique des descriptions argumentatives. Pratiques 56. 101-119.

Quasthoff, Uta 1981: Formelhafte Wendungen im Deutschen : zu ihrer Funktion in dialogischer Kommunikation. In: Sandig, Barbara (Hg.): Stilistik II : Gesprächsstile (=Germanistische Linguistik 5-6). 5-24.

Quasthoff, Uta 1986: Nichtsprachliches und "semisprachliches" Wissen in interkultureller Kommunikation und Fremdsprachendidaktik. In: Die Neueren Sprachen 85. 230- 253.

Sandig, Barbara (Hg.) 1994: Europhras 92. Tendenzen der Phraseologieforschung. Bochum: Universitätsverlag Dr. H. Brockmeyer.

Stein, Stephan 1994: Neuere Literatur zur Phraseologie und zu ritualisierter Sprache. In: Deutsche Sprache 2/1994. 152-180.

Stein, Stephan 1995: Formelhafte Sprache. Untersuchungen zu ihren pragmatischen und kognitiven Funktionen im gegenwärtigen Deutsch. Frankfurt am Main et al.: Peter Lang. (= Sprache in der Gesellschaft. Beiträge zur Sprachwissenschaft 22).

Stolt, Birgit; Trost, J. 1976: Hier bin ich! Wo bist Du? Heiratsanzeigen und ihr Echo. Kronberg/Ts: Scriptor.

Tannen, Deborah 1990: The Interactional Development of All Texts: Repetition in Talk as Spontaneous Idiomaticity. In: Bahner, Wilhelm et al. (Hgg.): Proceedings of the Fourteenth International Congress of Linguists. Berlin/GDR, August 10 - August 15, 1987. Berlin. 189-198.

Thom, Françoise 1987: La langue de bois. Paris: Julliard.

Ventola, Eija 1994: Abstracts as an object of linguistic study. In: Čmejrková, Světla et al. (Hgg.): Writing vs Speaking. Language, Text, Discourse, Communication. Proceedings of the Conference held at the Czech Language Institute of the Academy of Sciences of the Czech Republic, Prague, October 14-16, 1992. Tübingen: Gunter Narr. 333- 352.

Wodak, Ruth; Kirsch, Fritz Peter (Hgg.) 1995: Totalitäre Sprache - Langue de bois - Language of Dictatorship. Wien: Passagen Verlag.

Käthe Henke-Brown

Plan eines Textlexikons Englisch

In ihrer *Grundlegung einer allgemeinen Translationstheorie* zitieren Reiß und Vermeer (1984, 199) eine Stelle aus Agatha Christie's *Murder Is Easy* und kontrastieren sie mit der veröffentlichten deutschen Übersetzung:

(1) Luke passed over the paper, his finger pressed against an entry in the column of deaths.
Humbleby. – On June 13, suddenly at his residence, Sandgate, Wychwood-under-Ashe, JOHN EDWARD HUMBLEBY, M.D., beloved husband of JESSIE ROSE HUMBLEBY. Funeral Friday. No flowers, by request.
(A.Christie, *Murder is easy*. 1980, 18)

(1a) Luke reichte ihm die Zeitung und wies auf eine Notiz unter Todesfällen.
Humbleby. – Am 13.Mai [sic] starb plötzlich in seinem Wohnsitz, Sandgate, Wychwood a. d. Ashe, John Edward Humbleby, unvergeßlicher Gatte von Jessie Rose Humbleby, Begräbnis Freitag. Kranzspenden dankend abgelehnt.
(A. Christie, *Das Sterben in Wychwood*. 1980, 4 [Übers. nicht genannt])

Der englische Text der Todesanzeige ist korrekt formuliert; er entspricht den konventionellen Erwartungen der Leser: es handelt sich um einen formelhaften Text. Die deutsche Version ist nicht mehr als eine mehr oder weniger wörtliche Wiedergabe, die man aus dem Bemühen rechtfertigen mag, dem berichteten Ereignis einen möglichst englischen Anstrich zu geben – eine Übersetzung, die das Kriterium der funktionalen Äquivalenz (Reiß/Vermeer 1984, 164) erfüllt, ist sie nicht. Auch im Deutschen wird hier ein formelhafter Text erwartet, aber die Textform, die nach Konventionen der deutschen Sprache angemessen wäre, wird in keiner Weise getroffen. Nicht nur auf der lexikalischen und syntaktischen Ebene findet sich Ungewohntes *(unvergeßlich, Gatte, dankend abgelehnt)*, auch – und vor allem – die Gesamtanlage des Textes ist nicht Teil des deutschen Sprachsystems.

Das Beispiel illustriert eine häufig anzutreffende Schwierigkeit interlingualer Kommunikation: In verschiedenen Sprachen haben sich Wort- und Satzkombinationen in verschiedener Weise nicht nur zu festen Ausdrücken, sondern auch zu festen Texten entwickelt. Aus der Sicht eines Fremdsprachenlerners stellen sie ein Lernproblem ersten Ranges dar, denn selbst noch so gute Kenntnisse von Lexis, Grammatik und Syntax erlauben es ihm nicht, solche konventionalisierten Ausdrücke oder Texte selbst zu generieren: Sie müssen als ganze Einheiten respektiert und gelernt werden; es ist sinnlos, sich an ihnen zu versuchen, indem man die normalen Regeln der Fremdsprache oder gar Regeln der Ausgangssprache zugrundegelegt; der Lerner ist von vornherein zum Mißerfolg verdammt. Es handelt sich also um einen Gegenstandsbereich, der einer kontrastiv orientierten Phraseologie zuzuordnen ist (vgl. Stein 1995, 26). Spillner 1981 spricht von einer 'kontrastiven Textologie'.

Das hier zugrundeliegende Konzept setzt ein weit gefaßtes Verständnis von Phraseologie voraus: *das Gebiet der Linguistik, in dem Formelhaftigkeit – oder Vorgeformtheit (...) – in einem umfassenden Sinne untersucht wird* (Gülich 1997, 170; vgl. auch Stein 1995, 305). Phraseologisch sind bei diesem Ansatz nicht nur feste Ausdrücke wie Kollokationen und Idiome (für abgrenzende Definitionen vgl. Cruse 1986, 40): Auch ganze Texte können so gesehen werden, insbesondere dann, wenn man sie auffaßt als komplexe pragmatische Phraseologismen. Der Terminus 'pragmatischer Phraseologismus', von Burger 1982 im *Handbuch der Phraseologie* eingeführt (Burger et al. 1982, 105), bezieht sich ursprünglich auf Elemente unterhalb oder höchstens auf der Satzebene; synonyme Termini sind 'pragmatisches Idiom' (Burger 1973, 58), 'Routineformel', 'speech-act idiom', 'functional idiom'. Phraseologismen dieses Typs *können* 'idiomatisch' – im Sinne von 'nicht regulär gebildet' – sein; ein definierendes Kriterium ist dies jedoch nicht. Was sie entscheidend charakterisiert, ist neben ihrer relativen Festigkeit die Tatsache, daß in ihnen ein Sprechakt verbalisiert wird und daß sie im allgemeinen an eine Situation gebunden sind. In einem erst 1997 veröffentlichten Vortrag hat Elisabeth Gülich 1988 gezeigt, daß diese Definitionskomponenten (Festigkeit, Verbalisierung eines Sprechakts, Gebundenheit an eine Situation) in auffälliger Weise auch auf formelhafte Texte zutreffen. Sie sieht solche Texte deshalb als 'Phraseologismen auf Textebene' (Gülich 1997, 131), als komplexe pragmatische Phraseologismen, und fordert für sie einen Platz in der Phraseologieforschung: *Wenn man Routineformeln zum Bereich der Phraseologie rechnet und die für sie formulierten Definitionskriterien dann auf formelhafte Texte anwendet, so spricht nichts dagegen, formelhafte Texte als eine Art von komplexen Routineformeln zu beschreiben* (Gülich 1997, 146).

An anderer Stelle listet sie folgende Eigenschaften als für formelhafte Texte charakteristisch auf:

Konstante inhaltliche Textkomponenten, relativ feste Reihenfolge, formelhafte Realisierung der Komponenten, Bindung des ganzen Texts an eine bestimmte Situation, aus der sich eine Hauptfunktion ergibt. Diese Charakteristika machen die Reproduzierbarkeit des Texts als Ganzes aus (Gülich 1997, 154).

Funktionen, die in Form eines formelhaften Texts realisiert werden oder realisiert werden können, sind zum Beispiel: einen Eid leisten, eine Wahrheitserklärung abgeben, eine (schriftliche) Einladung aussprechen, einen Lebenslauf schreiben, eine Wohnung zur Vermietung in der Zeitung anbieten, die Konditionen eines Mietverhältnisses festlegen, eine internationale Vereinbarung treffen usw. In jedem Fall liegt eine bestimmte Situation vor, an die bestimmte Sprechakte gebunden sind (eine Hauptfunktion kann aus einem einzigen Sprechakt oder aus einer Sequenz von Sprechakten bestehen), und in jedem Fall tritt diese Kombi-

nation so häufig auf, daß die Sprache eine vorgeformte Lösung des Formulie-
rungsproblems bereithält – einen formelhaften Text.

Dabei gibt es Grade der Formelhaftigkeit (wobei stets die Ebene der inhaltlichen Struktur des Textes von der der sprachlichen Realisation zu unterscheiden
ist):

(1) Die Festgelegtheit ist vollständig. Der Text ist nicht nur in seiner inhaltlichen Struktur, sondern auch auf der sprachlichen Ebene bis zum letzten Wort
vorgegeben. Alle seine Komponenten sind obligatorisch; er kann äußerstenfalls
gewisse Leerstellen, z.B. für Eigennamen, enthalten (Beispiele: Liturgien, Eide).
Stein (1995, 306f.) bezeichnet solche Texte als 'reproduzierte Texte' und unterscheidet sie von 'musterorientierten Texten', die hier unter (2) und (3) beschrieben sind.

(2) Die inhaltliche Struktur des Textes enthält sowohl obligatorische als auch
optionale Elemente (in einer Todesanzeige ist eine Angabe über Blumen oder
Kränze zum Beispiel nicht obligatorisch), die sprachliche Form der Komponenten
aber ist relativ festgelegt, wobei je nach Text mehr oder weniger Möglichkeiten
zu einer freieren Verbalisierung bestehen (Beispiele: Familienanzeigen, Klein-
anzeigen, Schulzeugnisse, Lebensläufe). Stein (1995, 306) spricht von 'muster-
befolgenden Texten'; allerdings läßt seine Definition dieses Typs die Existenz
nicht-obligatorischer Komponenten nicht zu.

(3) Der Text hat eine vorhersagbare inhaltliche Struktur, mit obligatorischen
und optionalen Elementen, ist aber sprachlich nicht oder nur in Einzelteilen festgelegt (Beispiele: Grußworte, Entschuldigungsschreiben von Eltern an Lehrer, die
Abwesenheit ihrer Kinder betreffend, verschiedene Brieftypen). Es sind dies
meist Texte, die häufig benötigt werden (für die es oft auch Formulierungsvor-
schläge in Briefstellern gibt), deren Qualität sich aber nicht durch Anpassung an
eine vorgegebene sprachliche Form definiert, ganz im Gegenteil. Stein (1995,
305f.) nennt sie 'mustervariierende Texte'.

Es sind vor allem die Typen (1) und (2), d.h. Texte mit völliger oder weitge-
hender Festgelegtheit, die Nicht-Muttersprachler vor häufig unlösbare Probleme
stellen, wenn es um textuelle Korrektheit, d.h. Angemessenheit in der Fremdsprache geht. Ergänzend zu vorliegenden Kollokations- und Idiomlexika soll deshalb
der Versuch gemacht werden, ein *Text-* 'Lexikon' zu erarbeiten, das Anglisten,
Übersetzer, aber auch den allgemeinen Benutzer als seine Adressaten sieht.

Es sollte so angelegt sein, daß es wie ein Nachschlagewerk konsultiert werden
kann und keine linguistischen Vorkenntnisse erfordert. Das Korpus, möglichst
weitgehend aus authentischen Dokumenten bestehend, wird sich aus Gründen der
Machbarkeit im allgemeinen auf die britische Variante des Englischen beschränken. Es wird aus denselben Gründen einsprachig sein, obwohl sich die Kontra-
stierung englischer und deutscher Texte anbietet und den Wert einer solchen
Sammlung erhöhen würde. Es wird sich *nicht* vorwagen in fachsprachliche
Bereiche, die nur Experten zugänglich sind, sondern legt die Sprachkompetenz

eines durchschnittlich gebildeten Sprechers zugrunde, wobei 'Kompetenz' sich sowohl auf mündliche als auch auf schriftliche Texte beziehen kann und nicht nur in ihrer aktiven, produktiven, sondern auch in ihrer rezeptiven Ausprägung gemeint ist. Ein weiteres Kriterium der Aufnahme ist die Tatsache, daß der entsprechende Texttyp nicht bereits in leicht zugänglicher Form dokumentiert vorliegt: Es existieren beispielsweise sehr gute Zusammenstellungen zum Bereich der geschäftlichen Kommunikation (vgl. Ashley 1992²) – ich werde ihn deshalb hier vernachlässigen und nur in verkürzter Weise für allgemein-sprachliche Zwecke repräsentieren. Auch für internationale Verträge liegen offizielle Sammlungen vor; hier wird es genügen, ein paar Beispieltexte aufzunehmen. Texte dieser Art liegen ohnehin auf der Grenze zwischen Allgemeinsprache und Fachsprache.

Was aber *muß* aufgenommen werden, und wie läßt es sich strukturieren? Zunächst stellt sich die Frage, wie weit die Definition dessen, was hier als Text verstanden werden soll, eigentlich reicht. Diese Frage ist besonders dort relevant, wo es sich um Gebilde handelt, die nicht über den Umfang eines Satzes hinausgehen (*BEWARE OF THE DOG*) und insofern die Kriterien eines 'normalen' pragmatischen Phraseologismus zu erfüllen scheinen (*Don't mention it; It never rains but it pours*). Sicher haben wir es auch hier wieder mit einer Skala von Zuordnungsmöglichkeiten zu tun. Klare Abgrenzungen sind schwierig, aber für den eher praktischen Zweck dieser Sammlung vielleicht auch nicht wesentlich. *BEWARE OF THE DOG* würde in unserem Kontext aus zwei Gründen als Text aufgefaßt werden: (1) es ist nicht wie ein pragmatischer Phraseologismus ohne Textstatus in einen sprachlichen Kontext eingebettet, sondern bezieht seine Bedeutung allein aus seiner Bindung an eine Situation und Funktion; (2) der Satz ist aus funktionaler Sicht nicht unterscheidbar von ähnlichen Kurzformen, die aber aus mehr als einem Satz bestehen: *PRIVATE PROPERTY. TRESPASSERS WILL BE PROSECUTED.*

Zur Anordnung der Materialien wird eine Strukturierung nach Sach- bzw. Themenbereichen vorgeschlagen, innerhalb derer dann wiederum Untergliederungen nach Situation und dominanter Sprachfunktion vorgenommen werden können. Die eingangs zitierte Todesanzeige würde dem Themenbereich 'Tod' zuzuordnen sein, unter dem verschiedene weitere formelhafte Texte auffindbar sein müßten: eine Sterbeurkunde, Todesanzeigen, die Liturgie eines Trauergottesdienstes, Inschriften auf Grabsteinen, Kondolenzbriefe und -karten, Nachrufe soweit sie Kriterien der Formelhaftigkeit erfüllen, etc. Die Strukturierung erweist sich insgesamt als ein höchst schwieriges Unterfangen, da es keine objektiven Kriterien für die Abgrenzung von Themenbereichen gibt. Ist zum Beispiel der Bereich 'Transport & Travel' wirklich *ein* Bereich? Wenn man dies – aus praktischen Gründen – bejaht, gehören Bahnhofsansagen ebenso in ihn hinein wie die sprachlichen Teile eines Reisepasses oder Buchungsformulare aus Reisekatalogen. Und wie ordnet man den Bereich 'Hotels' zu? Gehört er eher zu

'Transport & Travel', oder sollte er als eigenständiger Bereich geführt werden? Dies sind nur andeutende Beispiele. Wie immer man sich entscheidet: Die Zuordnung wird problematisch bleiben. Um so wichtiger wird es sein, sämtliche Texte in einem *Index* nach *Funktionen* aufzulisten. Auf diese Weise wird es möglich sein, Realisierungen derselben Sprachfunktion trotz ihrer Zugehörigkeit zu verschiedenen Themenbereichen wieder zusammenzubringen; es werden 'Textsortenklassen' im Sinne von Reiß/Vermeer (1984, 185) sichtbar: Anweisungen, Eide, Einladungen, Entschuldigungen, Verbote, Vollmachten, etc.

Es folgt nun eine Liste von Sach- bzw. Themenbereichen, für die formelhafte Texte charakteristisch sind. Jedem Bereich sind Texttypen zugeordnet, die zu illustrieren sein werden.

Die Bereiche werden hier in alphabetischer Reihenfolge gegeben. Die Liste ist nicht unbedingt vollständig, da die Korpuserstellung noch nicht abgeschlossen ist.

Associations / Clubs / Organisations
rules and regulations; application for membership; membership card; meetings (invitation; agenda; minutes); conferences (announcement; invitation; booking form; programme; welcoming address)

Birth
birth certificate; announcement (newspaper/private); letter of congratulation and good wishes; christening liturgy; christening certificate

Business
cf. Ashley 1992²;
notice of board meeting; agenda for board meeting; notice of annual general meeting; minutes of AGM; form of proxy; company report

Charities
donation forms; invitations to a function

Clothes
handling/washing instructions; information on material

Death
death certificate; announcement (newspaper/private); burial service; condolences (letters, printed cards, company magazine); thanks for sympathy; obituaries; tombstone inscriptions; wills; donor form; enduring power of attorney

Debate
formulaic parts of a formal debate

Education
school: school reports; absence notes from parents; booking form for a school trip; insurance contract for a school trip; public notices in school buildings; *university*: application for a place; acceptance by university; rejection by university; certificates for degrees, etc.; congratulations on examination success; public notices in buildings

Exhibitions
invitations; openings; signs directing people inside an exhibition

Film / Video
copyright information; disclaimers; acknowledgments; credits; film classification

Food
recipes; descriptions on packaging; handling instructions
Restaurants: menus; bills; public notices

Forms
instructions on how to fill in a form

Games
rules for games; crosswords

Government (national and local)
Parliament: members' oath/affirmation; MP's standard replies to letters from constituents; notification re election, polling station, postal vote; public & legal notices

Honours
letter announcing plan to include someone's name in the Honours List; performative letter

Housing
advertisements: houses/flats wanted; houses/flats for sale; houses/flats to let; estate agents' descriptions; contract; deeds; tenancy agreement; letter giving notice; eviction order; letters from managing agents

International Relations
treaties; declarations (characteristic passages from documents such as the *Treaty of Rome*, the *Single European Act* and the *Treaty on European Union*; the Social Charter; the *Universal Declaration of Human Rights)*

Knitting Patterns

Law Courts
Formulaic parts of law court procedure

Maps
legend

Marriage
engagement/marriage announcements; banns; marriage ceremony (church/civil); marriage certificate; invitations to a wedding; replies to invitations; letters/cards of congratulation on engagement, marriage, wedding anniversaries; divorce certificate

Medical
confirmation of appointment; patient information accompanying medicines; hospital consent forms; donor form; enduring power of attorney; living will; sick note for employer; get-well messages

Military
soldier's oath of allegiance; military commands

Money
estimates; bills; reminders; receipts; form for opening an account; application for credit card/'storecard'; cheque; share certificate; authorisations

Museums / Galleries
information on opening times, facilities, public transport, admission charges, mailing list; public notices

Newspapers / Magazines
apologies; corrections; notice to advertisers; classified advertising; taking out a subscription; renewing a subscription; reminders re renewal

Police
policeman's oath of allegiance; arresting someone; cautioning someone; witness' declaration at end of witness statement; form of oath taken in court; etc.

Post Office
standard comments/instructions on envelope; certificate of posting for recorded delivery; customs declaration form

Public Places
public notices in streets, parks, churches, swimming pools, toilets, etc.

Publishing (Books)
copyright information; dedications; acknowledgments; disclaimers; ordering a book from a bookshop or publisher; explanatory reply where there is a delay
Libraries: membership card; advance reservations; reminders; public notices in libraries

Radio / Television
announcing a programme; apologies for delay, interference, etc.

Shops / Shopping
public notices in shops; receipts; guarantees; customer research questionnaires
Mail order: order forms; conditions; complaints

Special Occasions
good wishes; congratulations (birthdays, anniversaries, Christmas, New Year, retirement, examination successes, etc.)

Sport
Olympic oath; football results, etc.

Telephone
answering-machine messages to caller; official information from telephone company (non-availability of a certain number; re-directions; speaking clock, etc.)

Theatre
information on opening times, facilities, public transport, mailing list; tickets; programmes; last-minute announcements of alterations to programme or cast list; public notices in building

Transport / Travel
Traffic-related texts: street and traffic signs using language; driving licence; parking ticket; traffic reports
Rail travel: public notices in stations and trains; station announcements; announcements on trains; timetable; recorded timetable information; tickets
Bus/coach travel: notices in vehicles; bus stop information
Air travel: airport announcements; flight information on indicators; public notices in airport; announcements during flight; public notices in aircraft; customer evaluation forms

Boat travel: public notices in port and on board; announcements on board
Travel (general): passport; authentication of passport photograph; immigration/landing card; travel brochure texts, esp. booking forms, conditions of travel, insurance conditions
Hotels: letter enquiring about accommodation; reply from hotel; hotel booking; public notices in hotels

Weather
weather forecasts; shipping forecast

Work
job advertisements; applications; CVs; references/testimonials; invitations for interview; letter offering employment; letter of rejection; letter accepting a position; contract; letter giving notice; work permit for foreigners; doctor's sick note

48   *Käthe Henke-Brown*

Literaturverzeichnis

Ashley, A. ²1992: A Handbook of Commercial Correspondence. Oxford: Oxford University Press.

Burger, Harald 1973: Idiomatik des Deutschen. Tübingen: Niemeyer

Burger, Harald et al. 1982: Handbuch der Phraseologie. Berlin; New York: de Gruyter.

Cruse, D.A. 1986: Lexical Semantics. Cambridge: Cambridge University Press.

Drescher, Martina 1994: *Für zukünftige Bewerbungen wünschen wir Ihnen mehr Erfolg.* Zur Formelhaftigkeit von Absagebriefen. In: Deutsche Sprache 22. 117-137.

Gülich, Elisabeth 1997: Routineformeln und Formulierungsroutinen. Ein Beitrag zur Beschreibung 'formelhafter Texte'. In: Berens, Franz-Josef; Wimmer, Rainer (Hgg.): Phraseologie und Wortbildung. Tübingen: Narr. 131-175 (= Studien zur deutschen Sprache, 9)

Lenk, Hartmut E.H. ²1995: Praktische Textsortenlehre. Ein Lehr- und Handbuch der professionellen Textgestaltung. Helsinki: Universitätsverlag.

Reiß, Katharina; Vermeer, Hans J. 1984: Grundlegung einer allgemeinen Translationstheorie. Tübingen: Niemeyer.

Smith, Veronica; Klein-Braley, Christine 1985: In Other Words. Arbeitsbuch Übersetzung. München: Hueber.

Spillner, Bernd 1981: Textsorten im Sprachvergleich. Ansätze zu einer kontrastiven Textologie. In: Kühlwein, Wolfgang et al (Hgg.), Kontrastive Linguistik und Übersetzungswissenschaft. München: Fink. 239-250.

Stein, Stephan 1994: Neuere Literatur zur Phraseologie und zu ritualisierter Sprache. In: Deutsche Sprache 22. 152 - 180.

Stein, Stephan 1995: Formelhafte Sprache. Untersuchungen zu ihren pragmatischen und kognitiven Funktionen im gegenwärtigen Deutsch. Frankfurt am Main et al: Lang.

Martina Drescher

il aura JAMAIS le dernier mot
Eine empirische Untersuchung zu Redensarten
im gesprochenen Französisch

1. Einleitung

Überlegungen zum Gebrauch von Redensarten waren lange Zeit von zwei Annahmen bestimmt: Zum einen war es die Vorstellung, daß diese sprachlichen Versatzstücke v.a. im Sprachgebrauch von über weniger elaborierte Ausdrucksmöglichkeiten verfügenden Sprechern vorkommen und damit insgesamt eher der Volkssprache zuzuordnen seien.[1] Zum anderen war es die These, daß der Gebrauch von Redensarten und anderen phraseologischen Einheiten wie etwa Sprichwörtern oder Paarformeln auf eine besondere emotionale bzw. expressive Haltung des Sprechers zurückzuführen sei.[2]

Daß die Verwendung von Redensarten keineswegs nur auf die gesprochene Alltagssprache beschränkt ist, hat für das Deutsche bereits Koller (1977) gezeigt. Koller weist am Beispiel von Texten aus der politischen Berichterstattung, der Werbung etc. die herausragende Bedeutung der Redensarten im öffentlichen Sprachgebrauch nach und fokussiert dabei gerade deren strategisch-manipulative Aspekte. Neuere quantitativ ausgerichtete Untersuchungen zum Deutschen gehen noch einen Schritt weiter, wenn sie die Relevanz der 'klassischen' Phraseologismen Sprichwort und Redensart in der gesprochenen Alltagssprache grundsätzlich in Frage stellen. Offenbar stehen in typisch mündlichen Kontexten andere, insbesondere situationsspezifische idiomatische Wendungen im Vordergrund.[3] Dies bestätigt sich offenbar auch für das gesprochene Französisch, wo Redensarten und Sprichwörtern im Vergleich mit anderen Typen formelhafter Ausdrücke eine relativ untergeordnete Bedeutung zuzukommen scheint.[4]

Auch die These einer primär emotional-wertenden Funktion der Redensarten

---

[1] Solche Überlegungen gehen etwa der Untersuchung von Hain 1951 zu *Sprichwort und Volkssprache* voraus.

[2] Zwischen beiden Annahmen bestehen Querverbindungen insofern, als Redensarten gerade in der spontan gespochenen Alltagssprache verortet werden, die wiederum als besonders affektiv gilt (vgl. etwa Bally 1970; für eine Diskussion dieser Positionen siehe Drescher 1997a). Es scheint hier eine gewisse Zirkularität in der Argumentation durch, die bei funktionalen Charakterisierungen relativ häufig anzutreffen ist (siehe auch unten Abschnitt 4).

[3] Vgl. die entsprechenden Befunde bei Burger et al. (1982,146ff.) sowie Coulmas (1981).

[4] Vgl. Gülich/Krafft (1995,1): „Il y a apparemment des expressions toutes faites qui ne sont pas des locutions idiomatiques au sens étroit du terme et qui dans la communication quotidienne jouent un rôle plus important que celles-ci".

wird von einigen Autoren in Frage gestellt, allerdings eher im Sinne einer Polyfunktionalität der entsprechenden Einheiten. Die Übermittlung von Emotionen
und Bewertungen gilt weiterhin als *eine* potentielle, kontextabhängige Funktion
bestimmter Phraseologismen, deren Berechtigung in der Regel nicht grundsätzlich in Zweifel gezogen wird.[5] Im Rahmen meiner Untersuchung will ich
dieser zweiten Annahme, deren empirische Überprüfung für das Französische
m.W. noch aussteht, genauer nachgehen. Dabei gilt mein Interesse in erster Linie
den (interaktiven) Kontexten, in denen Redensarten emotional-wertende bzw.
expressive Funktionen erfüllen. Anhand von Daten aus dem gesprochenen Französisch werden einige der für diese spezielle Funktionszuweisung konstitutiven
kontextuellen Faktoren beschrieben.[6]

2. Daten

Die zugrundegelegten Daten bestehen aus den Audio-Aufnahmen zweier Gespräche im Umfang von ungefähr je 30 Minuten Dauer, die beide vollständig transkribiert vorliegen. Es handelt sich dabei um Interviews eines französischen
Journalisten mit professionellen Seglern, die sich auf die Teilnahme an einer
Regatta vorbereiten. Der Interviewer ist in beiden Fällen identisch. Die Gespräche
sind – was die Aufteilung des Rederechts, die Steuerung etc. angeht – von den
spezifischen Bedingungen des Interaktionstyps 'Interview' bestimmt.[7] Allerdings
wird das Interview-Schema in beiden Gesprächen mehrfach durchbrochen, so
daß sich auch Passagen finden, in denen die Interaktion einen eher ungesteuerten
Verlauf nimmt. Gesprächsorganisatorisch sind diese teilweise sehr ausgebauten
Nebensequenzen am veränderten *turn-taking*-Mechanismus sowie an einer
ausgewogeneren Verteilung des Rederechts zu erkennen. Thematisch sind die
Gespräche auf die Biographie der Interviewten, ihr Interesse am Segelsport, ihre
Erwartungen bezüglich des bevorstehenden Wettkampfs etc. zentriert. Andere
Themen werden v.a. in den die eigentliche Interviewsituation vorübergehend
außer Kraft setzenden Nebensequenzen relevant. In diesen Passagen ist auch die
Mehrzahl der expressiv gebrauchten Redensarten zu finden.

3. Zur emotional-wertenden Funktion von Phraseologismen

Die funktionale Bestimmung von Redensarten mit Bezug auf Konzepte wie Emotionalität, Bewertung oder auch Expressivität hat beinahe den Charakter eines

---

[5] Vgl. Burger et al. (1982, 106). Zur Polyfunktionalität von Redensarten vgl. auch Koller
(1977, 69).
[6] Vgl. auch Drescher (1997b).
[7] Zum Interview siehe Uhmann (1989).

Gemeinplatzes. Entsprechende Hinweise finden sich sowohl in sprach- bzw. textstilistischen Arbeiten wie auch in vielen phraseologischen Untersuchungen. Eine solche funktionale Zuschreibung ist in der Regel nicht auf Redensarten oder Sprichwörter beschränkt, sondern sie erfaßt die Kategorie der Phraseologismen insgesamt. So sieht Fleischer (1982, 221) die pragmatischen Funktionen von Phraseologismen darin, „die emotional betonte Einstellung des Senders zu dem mitgeteilten Sachverhalt [zu] indizieren und emotionale Wertungen (positive wie negative) auf den Empfänger direkt [zu] übertragen". Dazu trägt nach Fleischer (1982, 168f.) insbesondere der bildliche Charakter vieler idiomatischer Wendungen bei, aber auch ihre lautlich-rhythmischen Eigenschaften sowie die semantischen Dopplungseffekte. Aus stilistischer Perspektive betonen v.a. Riesel/Schendels (1975, 205ff.) die besondere Expressivität der Phraseologismen, die sie in Verbindung zu deren Bildkraft setzen.[8] Auch Koller (1977, 72f.) zählt die Emotionalisierung, die Bewertung sowie die Veranschaulichung zu den wichtigsten Gebrauchsfunktionen der Redensarten. Allerdings wird schon durch den Hinweis auf die Quellen der Emotionalität ('Bildkraft', Dopplungseffekt etc.) sowie durch die Konzentration auf bestimmte phraseologische Typen (zumeist Redensarten oder Sprichwörter) deutlich, daß nicht alle Phraseologismen in gleicher Weise eine emotional-wertende Funktion erfüllen können. Aus dem großen Feld der vorgeformten Ausdrücke kommen insbesondere die bildhaften Phraseologismen sowie die Paarformeln in Frage.[9]

Diese beiden phraseologischen Typen stellt auch Gréciano (1988) in den Mittelpunkt ihrer Untersuchung zum affektiven Charakter deutscher Idiome. Es ist dies die m.W. einzige empirische Untersuchung, die explizit der emotionalwertenden Funktion von Phraseologismen gewidmet ist. Einschränkend ist allerdings hinzuzufügen, daß die Ergebnisse ausschließlich auf der Basis schriftlicher Daten gewonnen werden.[10] Gréciano differenziert zwischen zwei Typen affektbedingten Idiomgebrauchs: Verwendungen, „welche Affekt zum Ausdruck bringen", stehen Verwendungen gegenüber, „in denen Affekt zum Ausdruck kommt" (Gréciano 1988, 49). Im ersten Fall handelt es sich um eine 'Affektbe-

---

[8] Sandig (1986, 228f.) rechnet idiomatische Wendungen aufgrund der Bildlichkeit zu den 'Attraktivmachern' in Texten und spielt damit indirekt auch auf deren Expressivität an. – Ähnliche Vorstellungen liegen auch vielen der meist zu didaktischen Zwecken erstellten kontrastiven Sammlungen französischer bzw. deutscher Idiomatismen zugrunde. So motiviert Wiznitzer (1972, 5) seine Sammlung von Gallizismen mit dem Wunsch, dem fremdsprachlichen Lerner eine Auswahl alltäglicher französischer Wendungen zur Verfügung zu stellen, „qui donneraient de la couleur et du relief au français souvent stéréotypé et monotone parlé par les étrangers".
[9] Paarformeln dienen häufig der Intensitätssteigerung. Vgl. dazu auch Drapeau/Roy (1981) sowie Labov (1984).
[10] Das bei Gréciano zugrundegelegte Korpus ist relativ heterogen; es umfaßt Krimis, wissenschaftliche Texte aus dem Bereich der Verhaltensforschung sowie Privatbriefe einiger bekannter Musiker und Komponisten.

nennung' mittels Idiom, d.h. der Sprecher greift auf einen Phraseologismus zurück, um eine bestimmte emotionale Befindlichkeit – die eigene, oder die eines Dritten – zu versprachlichen.[11] Der zu verbalisierende Sachverhalt ist ein emotionaler, der in der Regel zwar bildlich gefaßt, aber dennoch direkt thematisiert wird. Im Unterschied dazu beschreibt der zweite Fall affektbedingten Idiomgebrauchs die *Haltung* eines Sprechers, der einen Phraseologismus verwendet, um eine bestimmte Befindlichkeit, nämlich die des emotionalen Involviertseins, zu übermitteln:

> Es geht um subjektive Haltungen, emotionale Bewertungen, die in den idiomatischen Belegen *mitschwingen* und die im affektiven Erleben eines Gegenstandes oder einer Situation durch den Sprecher zu begründen sind" (Gréciano 1988, 54, Hervorhebung M.D.).

Die Übermittlung des Affekts geschieht in diesem Fall wesentlich indirekter. Zeichentheoretisch gesehen hat sie eher den Charakter einer 'Andeutung'[12], bei der die gewählte *Form* – eben ein Idiom – ein *Indiz* für eine *mögliche* affektive Beteiligung des Sprechers sein *kann*. Die Konventionalität der Beziehung zwischen Idiom und Affekt ist hier deutlich schwächer als im Fall der Affektbenennung.

Gréciano macht diesen grundlegenden Unterschied im semiotischen Status der beiden Typen des idiomatischen Affektgebrauchs m.E. nicht hinreichend deutlich. Durch die Parallelisierung von Benennung und Ausdruck wird verwischt, daß die Funktionszuweisung jeweils auf einer anderen Ebene ansetzt. Während Phraseologismen, die der Affektbenennung dienen, aufgrund ihrer Konventionalität auch kontextfrei relativ leicht zu ermitteln sind, erfordert die Identifikation von formelhaften Einheiten, insbesondere Redensarten, die dem Affektausdruck dienen, eine hermeneutisch-interpretative Herangehensweise, die nur auf der Basis von Verwendungen in konkreten Texten erfolgen kann. In der Praxis können beide Typen durchaus in Kombination auftreten: Gerade in Kontexten, in denen von Affekten die Rede ist, wird nicht selten zugleich auch eine affektive Haltung übermittelt.[13] Dennoch bleibt es das Verdienst Grécianos, die emotional-wertende Dimension der Redensarten und Paarformeln in ihren unterschiedlichen Facetten herausgearbeitet und damit zugleich die Relevanz dieses Aspektes für

---

[11] Offenbar eignen sich idiomatische Wendungen gut zur Benennung von Affekten, da sie aufgrund ihrer Anschaulichkeit besonders plastisch wirken. Dieser Effekt kann – wie Gréciano zeigt – durch die Remotivierung des Bildes verstärkt werden. Im Falle der Affektbenennung mittels Idiom steht häufig die Frage nach dem Verhältnis zwischen dem gewählten Bild und der verbalisierten Emotion im Mittelpunkt. Zu diesem Bereich, der in die allgemeinere Frage nach den Konzeptualisierungen von Emotionen mündet, vgl. etwa Kövecses (1995).

[12] Vgl. ähnlich Péter (1984, 248).

[13] Demgegenüber ist der Affektausdruck jedoch keineswegs auf das Reden über Affekte begrenzt.

die linguistische Beschreibung von Phraseologismen noch einmal unterstrichen zu haben.

4. Redensarten als expressive Verfahren

Im Unterschied zu den zuvor diskutierten Arbeiten, die sich der Frage nach dem emotional-wertenden Charakter von Redensarten aus der Perspektive der Phraseologie nähern, ist mein Zugang durch ein Interesse an sprachlichen Verfahren der Expressivität gekennzeichnet. Methodisch folge ich einer diskursanalytischen Herangehensweise. Gegenstand der Untersuchung sind diejenigen Formen und Strukturen, mit denen sich die Interaktanten ein erhöhtes emotionales Engagement signalisieren können.[14] Der Rahmen meiner Arbeit ist damit zugleich weiter und enger als der genuin phraseologischer Ansätze: Meine Aufmerksamkeit richtet sich auf diejenigen sprachlichen Phänomene, die ein emotionales Engagement der Interaktanten signalisieren können. Phraseologismen interessieren in diesem Zusammenhang v.a. mit Blick auf ihren Beitrag zur Darstellung dieses emotionalen Engagements. Die Beschäftigung mit Redensarten hat also primär exemplarischen Charakter.

Um dem Problem der Zirkularität bei der funktionalen Beschreibung von Redensarten zu entgehen, habe ich mich bei der Analyse zunächst von primär strukturellen Kriterien leiten lassen.[15] In einem ersten Schritt wurde ein Inventar aller im Material vorkommenden Items erstellt, wobei Gülichs (1981) Bestimmung der Redensart den definitorischen Rahmen bildet. Eine Redensart ist dem-

---

[14] Den Ausgangspunkt meiner Überlegungen bildet die Annahme, daß die emotionale Beteiligung, das *Engagement* (vgl. Goffman 1980, 376ff. und passim) der Interaktanten eine Grundkonstante jeder zwischenmenschlichen Begegnung darstellt, wobei der Grad der emotionalen Beteiligung in Abhängigkeit vom Redegegenstand und/oder vom Partner variieren kann. Einer mit diskursanalytischen Methoden operierenden Beschreibung ist nur die Außenseite dieses Prozesses zugänglich. Folglich richtet sich das Interesse hier primär auf die *interaktive Zurschaustellung emotionaler Beteiligung*, nicht aber auf deren tatsächliches Vorhandensein. Ich nehme an, daß sich emotionales Engagement sprachlich im Gebrauch spezifischer Formen und Strukturen manifestiert. Diese expressiven bzw. affektiven Verfahren stehen im Zentrum meiner Untersuchung. Die im Rahmen eines diskursanalytischen Ansatzes erfolgende Konzentration auf den Gefühlsausdruck bedeutet keineswegs, daß dies der einzige bzw. der etwa im Vergleich mit der psychologischen Dimension relevantere Aspekt bei der Beschreibung der emotionalen Beteiligung wäre. Es ist jedoch ein Aspekt dieses grundsätzlich interdisziplinär anzugehenden Phänomens, der m.E. unmittelbar in den Gegenstandsbereich der Linguistik fällt. Für eine kurze Skizze des allgemeinen theoretischen Rahmens siehe Drescher (1997a).
[15] Den Vorwurf der Zirkularität muß sich beispielsweise Koller (1977) gefallen lassen, der bei seinem Versuch, eine funktionale Typologie der Redensarten zu erstellen, schon von einem funktional determinierten Korpus ausgeht: Im Mittelpunkt stehen die strategisch-manipulativen Verwendungen von Redensarten (vgl. Koller 1977, 6).

nach ein in Form eines verfestigten Syntagmas realisiertes Sprachstereotyp, das
nicht an einen bestimmten Typ von Kommunikationssituation gebunden ist.
Redensarten haben im Unterschied zu Sprichwörtern und Gemeinplätzen keinen
satzwertigen Charakter; sie bedürfen vielmehr einer entsprechenden syntaktischen
Einbindung. Gülich macht keine Aussagen zur Semantik der Redensarten[16], so
daß ihre Definition in diesem Punkt durch die Überlegungen von Burger et al.
(1982, 31) zu *phraseologischen Ganzheiten* erweitert wurde.[17] Ein entscheiden-
des semantisches Kriterium der phraseologischen Ganzheiten ist die *ganzheitliche
Bedeutung* der sie konstituierenden Einheiten, die „nicht aus der Amalgierung der
(freien oder phraseologischen) Bedeutungen der einzelnen Komponenten resultiert".[18] Allerdings ist die Identifikation der Redensarten im Korpus auch unter
Rekurs auf diese semantisch-syntaktischen Kriterien nicht immer eindeutig
möglich, so daß bei der Entscheidung darüber, ob eine bestimmte Struktur
diesem phraseologischen Typ zuzuordnen ist oder nicht, grundsätzlich ein
gewisser Interpretationsspielraum bleibt (siehe unten Abschnitt 5). Insbesondere
die Grenze zwischen metaphorischen *ad hoc*-Bildungen und festen Fügungen ist
nicht immer leicht zu ziehen.[19] Hier habe ich mich in erster Linie auf mein
Sprachgefühl verlassen. In Zweifelsfällen wurden auch einschlägige Nachschlagewerke zu Rate gezogen.[20]

5. Analysen

Auf der Basis der genannten semantisch-syntaktischen Kriterien konnte ich in

---

[16] Die von ihr angeführten Beispiele illustrieren jedoch alle den metaphorischen Typ.

[17] In der Klassifikation von Burger et al. (1982, 30f.) taucht die Kategorie der Redensart
nicht auf. Nach den dort gegebenen Beispielen zu urteilen, entspricht ihr der Typ der
'phraseologischen Ganzheiten', den die Autoren im übrigen als „phraseologische Klasse
par excellence" bezeichnen.

[18] Diese globale, nicht zu segmentierende Bedeutung hat ihren Ursprung zumeist in der
Bildlichkeit des gesamten Ausdrucks. Sie kann aber auch – beispielsweise im Falle von
Archaismen – auf eine aus synchroner Perspektive nicht mehr zu rekonstruierende
Motiviertheit zurückzuführen sein.

[19] Ähnlich wie Redensarten übernehmen auch *ad hoc*-Prägungen von Metaphern und bildlichen Vergleichen häufig eine emotional-wertende Funktion. Im Korpus sind dies Formulierungen wie *sport de fillette; sportif en fauteuil* etc. Mit *il y a pas give and take* kommt
darüber hinaus auch ein Anglizismus in dieser Funktion vor. Durch diese funktionale
Äquivalenz wird die Unterscheidung zwischen festen Wendungen und *ad hoc*-Bildungen
zusätzlich erschwert.

[20] In erster Linie war dies der *Petit Robert* (1994). Vereinzelt wurden auch Sammlungen
französischer Redensarten konsultiert. Diese spiegeln jedoch häufig nicht den aktuellen
Sprachstand wider. Darüber hinaus sind sie teilweise von normativen Überlegungen ge-
leitet, so daß bestimmte, als zu familiär bzw. vulgär eingestufte Wendungen nicht vertreten
sind.

meinem Korpus eine Reihe von phraseologischen Einheiten ermitteln, die zur Klasse der Redensarten gehören. Diese Einheiten habe ich in der folgenden Liste zusammengestellt, wobei ich die im Korpus belegte Variante aufführe, dabei jedoch auf die Wiedergabe ihrer speziellen morpho-syntaktischen Einbettung (Tempus, Negation, Intensifikation bzw. Abschwächung etc.) verzichte.[21]

- *reprendre le flambeau*
- *faire du bruit*
- *avoir un oeil sur*
- *être dans le coup* (zweimal vertreten)
- *faire la une*
- *prendre les choses en main*
- *avoir le sang chaud*
- *faire sujet à couler de l'encre*
- *avoir le dernier mot*
- *prendre la grosse tête*
- *être mis sur la touche*
- *être en haut de l'échelle*
- *avoir les boules* (viermal vertreten)
- *avoir du bol*
- *en avoir plein le cul*
- *prendre pour des cons*
- *raconter sa vie à quelqu'un*
- *être une merde* (dreimal vertreten)
- *tirer la couverture à soi*
- *être rose*
- *être en bas de l'échelle*

Die ausgewerteten Daten enthalten 21 Redensarten, wobei manche (*être dans le coup, avoir les boules*) gleich mehrfach vertreten sind. Insgesamt ergibt dies 27 Vorkommen. Das Korpus ist zu klein, als daß tragbare Verallgemeinerungen hinsichtlich der Vorkommenshäufigkeit möglich wären. Eine solche quantitative Untersuchung war im übrigen auch nicht beabsichtigt.[22] Das eher überschaubare Repertoire an Redensarten bestätigt jedoch die Annahme, wonach die in älteren Arbeiten angenommene hohe Frequenz dieser Phraseologismen in gesprochener (Alltags-)sprache zu relativieren ist. Allerdings scheint auch die entgegengesetzte Position, derzufolge Redensarten in solchen Gesprächstypen eine gegenüber

---

[21] Die im Korpus vorkommenden Verwendungen weichen in einigen Fällen von der kanonischen Form ab. Zur Variation von Phraseologismen siehe Sabban (1998).

[22] In meiner Zusammenstellung lassen sich lediglich Tendenzen erkennen. Um einen reliablen Vergleichswert zu erhalten, wäre in jedem Fall eine Auszählung des analysierten sprachlichen Materials erforderlich gewesen.

anderen Ausprägungen der Formelhaftigkeit zu vernachlässigende Größe darstellen, so nicht zu halten. Die obige Zusammenstellung illustriert vielmehr, daß
Redensarten auch in spontansprachlichen Kontexten Verwendung finden.[23]
    Die bisherige Orientierung an Formklassen will ich nun durch eine funktionale
Beschreibung ergänzen. In älteren Arbeiten beschränkt sich die funktionale
Charakterisierung in der Regel auf die Beziehungen zwischen der Redensart und
dem versprachlichten Sachverhalt, also auf ihre semantischen Funktionen. Eine
diskursanalytische Untersuchung bezieht jedoch zwangsläufig kommunikative
Faktoren, insbesondere Sprecher und Hörer, in die Analyse ein. Im folgenden
interessieren v.a. diese pragmatischen Funktionen der Redensarten, wobei der
Akzent auf einer Rekonstruktion der emotional-wertenden Funktion und der ihr
eigenen Kontexte liegt.
    Eine erste eher vorläufige Betrachtung der Redensarten in ihrer interaktiven
Umgebung ergibt, daß von den zuvor aufgeführten 27 Vorkommen 17 in poten-
tiell expressiven Kontexten erscheinen. Im einzelnen sind dies die folgenden
Wendungen: *faire du bruit; être dans le coup; prendre les choses en main; avoir
le dernier mot; prendre la grosse tête; être mis sur la touche; avoir les boules* (3
Vorkommen)*; avoir du bol; en avoir plein le cul; prendre pour des cons;
raconter sa vie à quelqu'un; être une merde* (3 Vorkommen) sowie *être rose.*
Selbst wenn man die eher den phraseologischen Verbindungen zuzurechnenden
Wendungen *prendre pour des cons, être une merde* sowie *être rose* aus dieser
Liste streicht, bleiben noch 12 potentiell expressive Verwendungen von Redensarten. Setzt man diese Zahl zu dem Gesamt an Redensarten in Beziehung, so
bedeutet dies, daß ungefähr die Hälfte aller Vorkommen in emotional-wertender
Umgebung erscheint. Im folgenden diskutiere ich solche emotional-wertenden
Zuschreibungen etwas genauer. Als Rahmen für die funktionale Charakterisierung scheint mir die exemplarische Analyse zweier Gesprächsausschnitte besonders geeignet, denn erst mit der Betrachtung längerer Segmente wird es möglich,
auch die sequentielle Einbettung der Redensarten angemessen zu berücksichtigen.

5.1 Beispiel 1: *mis un petit peu sur la touche*

Das erste Beispiel stammt aus einem Interview, das der Journalist ET mit dem zur

---

[23] Einige der zitierten Phraseologismen genügen dem semantischen Kriterium der globalen
Bedeutung nur bedingt. Wendungen wie *être en haut* bzw. *en bas de l'échelle, être une
merde, être rose* oder auch *prendre pour des cons,* bei denen nur eine einzige Komponente
metaphorisch verwendet wird, deren Bedeutung also dekomponierbar ist, wären streng
genommen eher dem Typ der phraseologischen Verbindungen zuzuordnen, bei denen „die
Bedeutung der Wortverbindung als aus den (phraseologischen bzw. freien) Bedeutungen
der Komponenten zusammengesetzt betrachtet werden" kann (Burger et al. 1982, 31). Mit
Blick auf eine funktionale Charakterisierung scheint mir dieser Aspekt jedoch sekundär.

Crew eines Segelbootes gehörenden Mechaniker FR führt. Bislang waren die Biographie FRs, das Boot, das Leben an Bord, die Erfolgschancen des Bootes bei der bevorstehenden Segelregatta sowie vorherige Wettkämpfe Themen des Gesprächs. In dem Ausschnitt, den ich näher betrachten will, kommt es zu einer Krise im Gespräch, bei der das Selbstbild der Interaktanten in Gefahr gerät. Ich vermute, daß in Phasen, in denen das Image bzw. die Beziehung der Teilnehmer in den Vordergrund rückt, grundsätzlich auch deren emotionale Beteiligung wächst.[24] Solche Passagen bieten sich daher für eine Untersuchung expressiver Verfahren in besonderer Weise an. Tatsächlich finden sich auch in der folgenden Sequenz bei beiden Sprechern verschiedene Anzeichen erhöhter emotionaler Beteiligung.

Der Ausschnitt setzt ein mit einer Bemerkung des Journalisten zur Zahl der tatsächlich am Wettkampf teilnehmenden Personen (*je sais que dans les premières étapes vous devriez être quinze seulement à bord au lieu de dix-huit,* Z.1).[25] ETs Hinweis auf die voraussichtliche Zahl der Seeleute an Bord, die – und das gehört zum geteilten Wissen der beiden Interaktanten; dem Analysierenden erschließt sich dieses Wissen erst später in Zeile 11/12 – geringer ist, als die der Mitglieder der Mannschaft, ist für FR in mehrfacher Weise gesichtsbedrohend: Zum einen kann man erwarten – und ETs Formulierung der Äußerung als Feststellung und nicht etwa als Frage macht deutlich, daß auch er offenbar von dieser Annahme ausgegangen ist –, daß FR als Mitglied der Mannschaft und somit als unmittelbar Betroffener über diese Pläne informiert ist. Die Tatsache, daß er davon durch einen Außenstehenden erfährt, bedeutet für ihn eine Bloßstellung, die sein positives Image insofern gefährdet, als er nun in den Augen des Journalisten als eine Person erscheint, der man wenig Respekt entgegenbringt. Zum anderen wird diese Bedrohung dadurch verstärkt, daß FR als Mechaniker nicht zum 'sportlichen Kern' der Mannschaft und damit möglicherweise nicht zu den Auserwählten gehören wird, die während der Regatta an Bord sein werden.

Doch auch für ET ist diese Situation schwierig, denn er hat durch seinen 'Schnitzer'[26] maßgeblich zur Gefährdung von FRs Selbstbild beigetragen. Seine Verlegenheit zeigt sich im Lachen wie auch in den Relativierungen, mit denen er auf FRs Äußerung, er erfahre gerade selbst von dieser Entscheidung, antwortet. Auch die folgenden Äußerungen, in denen ET auf Rückfragen FRs mit weiteren Abschwächungen und der Angabe seiner Quelle reagiert, zeigen, daß ihm offenbar an einer Zurückstufung der Relevanz des Ereignisses gelegen ist. Schließlich wechselt ET, auf eine dritte Nachfrage FRs hin, von der Sachverhalts- auf die Beziehungsebene bzw. die Ebene der persönlichen Befindlichkeit. Er tut dies mit Hilfe einer Äußerung, die man mit Fiehler (1990) als Aufforderung zur Emotion-

---

[24] Zum *face* bzw. Image vgl. Brown/Levinson (1987).
[25] Die Transkriptionen der beiden hier analysierten Ausschnitte finden sich im Anhang. Die Zitate im Text werden in vereinfachter Form wiedergegeben.
[26] Für eine Beschreibung des 'Schnitzers' vgl. Goffman (1980, 42ff.).

sthematisierung ansehen könnte. Die Formulierung dieser Frage bereitet ET – wie an den zahlreichen Verzögerungen, Abbrüchen und Einschüben zu erkennen ist – Schwierigkeiten, die offenbar aus dem Problem herrühren, den für FR imagegefährdenden Aspekt benennen zu müssen. Mit der Formulierung *est-ce que le fait de pouvoir être mis un petit peu sur la touche* (Z.13) wählt ET schließlich eine Redewendung zur Umschreibung des heiklen Punktes, die mit *un petit peu* noch einmal abgeschwächt wird.[27] Mit Hilfe der Redewendung erfolgt die Bagatellisierung eines Sachverhaltes, der geeignet erscheint, beim Kommunikationspartner negative Emotionen zu wecken. Die Wahl der Formulierung dient also in erster Linie dem Unterbinden emotionaler Komponenten. Mit Gréciano (1988, 55) könnte man in diesem Fall von 'unterbewertenden Affekten' sprechen. In diesem Beispiel wird die Formulierung mit Hilfe der euphemistischen Redensart wieder verworfen. ET markiert das zu korrigierende Segment (*enfin c'est pas sur la touche*, Z.14) und gibt dann Gründe für seine Unangemessenheit. In der folgenden Äußerung, in der mit dem unspezifischen Pronomen *ça* auf den kritischen Sachverhalt verwiesen wird, gelingt es ihm schließlich, zu einer abgeschlossenen Formulierung zu kommen: *est-ce que ça te ça te fait quelque chose* (Z.16).

Die Antwort FRs enthält zahlreiche Hinweise auf eine erhöhte emotionale Beteiligung, die man als Ausdruck des Ärgers deuten kann. Sprachstrukturell zeigt sich diese emotionale Beteiligung v.a. in der Akzentuierung des Subjektiven: FR gebraucht wiederholt Verben, die eine persönliche Wertung übermitteln (*trouver, aimer*) und verstärkt dabei das klitische Personalpronomen durch die betonte Variante. Diese Bewertungen werden prosodisch wie strukturell intensiviert (*j'aime pas du tout*; *je trouve pas normal*, Z.18; *c'est TRÈS bien*, Z.20). Auch im weiteren Verlauf finden sich immer wieder Bewertungen, die verstärkende Elemente enthalten bzw. mit einer Betonung des persönlichen Standpunkts einhergehen (*je trouve vraiment dommage*, Z.30; *pour moi c'est pas normal*, Z.33; *et ça c'est pas logique*, Z.35).

Daneben stößt man auch auf bestimmte diskursive Verfahren, wie etwa das Verallgemeinern, die in diesem Kontext ebenfalls der Darstellung emotionaler Beteiligung dienen.[28] FR kritisiert zunächst indirekt das Gesprächsverhalten ETs, indem er eine Aussage über die Kategorie der Journalisten macht, der sich sein Gegenüber in dieser Interviewsituation zwangsläufig zugehörig fühlen muß.[29] Zugleich distanziert bzw. desolidarisiert er sich jedoch auch von der Mannschaft des Segelbootes, indem er mit dem Journalisten einen Außenstehenden in interne Konflikte einweiht. Dazu nimmt er eine weitere Kategorisierung vor, die auf die

---

[27] Der *Petit Robert* (1994) paraphrasiert ihre Bedeutung mit „dans une position de non-activité, de non-intervention".

[28] Zum Verallgemeinern vgl. Drescher (1992).

[29] Zum Kategorisieren als einem diskursiven Verfahren vgl. Drescher/Dausendschön-Gay (1995).

Verteilung der Rollen in der Mannschaft abhebt: FR stellt die Kategorie derjenigen, die das Sagen haben (*les gens en haut de l'échelle*, Z.25) bzw. der Steuermänner (*les skippeurs*, Z.32) der Kategorie der Mechaniker gegenüber, zu der er selbst gehört. Die den entsprechenden Personengruppen zuerkannten Eigenschaften bzw. Aktivitäten werden jeweils in verallgemeinerter Form präsentiert: *qui savent tout* vs. *qui savent absolument rien* (Z.25-27); *on l'apprend toujours* (Z.29). Diese Art des 'hyperbolischen Sprechens' (den Begriff übernehme ich von Mair 1992) steht ebenfalls im Dienste der Expressivität.

Ein auffällig langes Schweigen, das durch eine explizite Entschuldigung ETs beendet wird (*je suis désolé*, Z.39), markiert eine Zäsur, an die sich die Erzählung einer vergleichbaren Begebenheit durch FR anschließt. An dieser Stelle wird deutlich, daß die durch die Krise im Gespräch ausgelöste erhöhte emotionale Beteiligung der Interaktanten zu einer Veränderung der Beziehung und damit zu einer Neudefinition der Situation geführt hat. Die Interviewsituation wird zeitweilig zugunsten eines vertraut-familiären Austauschs aufgegeben, der maßgeblich von dem Handlungsschema des Klagens bestimmt wird. Auch im Verlauf dieser Sequenz finden sich Redensarten. Einige dienen nicht nur dem Affektausdruck, sondern lassen auch eine gewisse Nähe zur Affektbenennung erkennen. Im einzelnen sind dies die Wendung *avoir les boules*, die in dieser Passage gleich dreimal erscheint; daneben kommen *en avoir plein le cul*, *prendre pour de cons* sowie *être une merde* vor, letztere ebenfalls gleich zweimal. Diese Redensarten sind ausnahmslos in die Darstellung von negativen Gefühlen wie Ärger oder Empörung eingebunden.

Im folgenden will ich einen zweiten, dem Interview mit JC entnommenen Gesprächsausschnitt genauer untersuchen. Im Unterschied zum ersten Beispiel ist das erhöhte Engagement hier unspezifischer. Es scheint seinen Ursprung nicht so sehr in einer bestimmten Emotion als vielmehr in einer allgemeinen Darstellung von Interesse, von Angesprochensein durch das Thema zu haben. Dies hat zur Folge, daß auch die vorkommenden Redensarten funktional entsprechend weniger eindeutig sind.

5.2 Beispiel 2: *il aura JAMAIS le dernier mot*

Das zweite Beispiel gibt einen Ausschnitt aus dem Interview mit dem Segler JC wieder. Die zu analysierende Passage, die man als eine Art 'seemännisches Glaubensbekenntnis' bezeichnen könnte, findet sich gegen Ende des Gesprächs in einem Teil, in dem der Ausstieg aus dem eigentlichen Interview vorbereitet wird.[30] Zuvor hat es eine längere Digression zur Situation der Fischer im allge-

---

[30] Zu den vor- und nachbereitenden Aktivitäten im Zusammenhang mit einem Rahmenwechsel siehe Goffman (1980, 289ff. und passim).

meinen und der bretonischen Fischer im besonderen gegeben. An diese Nebensequenz schließen sich einige persönlichere Fragen des Interviewers an, die die Aussichten der Mannschaft auf Sieg, den Spitznamen des Interviewten sowie die Verbreitung von Aberglauben unter den Seglern betreffen. Aus dieser letzten thematischen Einheit heraus entwickelt sich eine mit einem erhöhten Engagement JCs einhergehende Sequenz, die seine Haltung gegenüber dem Meer zum Gegenstand hat und die mit Blick auf sprachliche Manifestationen der Expressivität von Interesse ist.

Ausgelöst wird die Passage durch ETs Frage nach den Tabus an Bord, die möglicherweise dem Aberglauben der Seeleute geschuldet sein könnten. Mit den *lapins célèbres* (Z.3) führt er selbst ein Beispiel an. JC greift dieses Beispiel auf; er behandelt es jedoch nicht auf der 'mystischen' Ebene, sondern gibt eine objektive Erklärung: Der Hase ist ein Nagetier, das den Rumpf der Holzboote zerstören konnte (*à la base c'est un rongeur qui rongeait les varangues des bateaux en bois*, Z.5). JC verweist den Aberglauben keineswegs in den Bereich des Lächerlichen; er behandelt die daraus resultierenden Tabus vielmehr als etwas, das man als Seemann respektieren muß (*ça fait partie des choses qu'il faut respecter en tant que marin*, Z.8). Mit dieser allgemeinen Äußerung ist ein Abschluß der thematischen Einheit 'Aberglaube' erreicht, der sich auch in einem Einschnitt auf der gesprächsorganisatorischen Ebene zeigt, wo auf eine etwas längere Pause zunächst zwei Gliederungssignale (*sinon, ben* Z.9) und dann zwei Abbrüche folgen. Erst danach beginnt JC mit einer neuen thematischen Einheit, die im wesentlichen die ethischen Prinzipien, die seine Haltung gegenüber dem Meer bestimmen, zum Gegenstand hat. Während die abergläubischen Praktiken eher distanziert auf einer sachlichen Ebene behandelt wurden, steigt JCs Engagement in dieser Passage deutlich an. Der Ausschnitt enthält zahlreiche sprachliche Mittel, die Hinweis auf eine solche erhöhte emotionale Beteiligung geben.

Zu Beginn dieser Einheit findet sich eine Akzentuierung der persönlichen Perspektive, die durch die Dislokation des Personalpronomens verstärkt wird (*moi je te dirai*, Z.10), wobei das Futur der sich anschließenden Behauptung etwas von ihrer Direktheit nimmt.[31] In den nachfolgenden Äußerungen kommen demgegenüber ausschließlich unpersönliche Formulierungen vor. Prosodisch werden diese Äußerungen ausgesprochen abwechselungsreich gestaltet, was nicht nur in der deutlichen Konturierung der einzelnen *mots phoniques* zum Ausdruck kommt, sondern auch durch mehrere Insistenzakzente sowie ein *staccato*-Sprechen erreicht wird. Ähnlich wie der Insistenzakzent dient auch das *staccato*-

---

[31] Es handelt sich hier um ein *futur d'atténuation*, dessen kommunikative Leistungen Riegel et al. (1996, 314) wie folgt beschreiben: „La part d'incertitude liée à l'avenir permet aussi d'atténuer une affirmation, formulée souvent à la première personne [...] le décalage marqué par rapport au moment de l'énonciation rend l'affirmation moins directe pour le destinataire, qui a l'illusion de pouvoir s'y opposer, puisque sa réalisation est fictivement située dans l'avenir".

Sprechen, bei dem jede Silbe durch eine kurze Pause oder einen Glottisschlag abgetrennt und dadurch besonders akzentuiert wird, der Hervorhebung.[32] In unserem Beispiel unterstreicht JC seine zentrale Aussage – die notwendige Demut des Menschen vor der Naturgewalt –, indem er mit Hilfe dieses Verfahrens das auch semantisch zentrale Wort *obligé* (Z.13) betont.

Auf diese Hervorhebung folgt eine Äußerung, die das semantisch-syntaktische Format eines Sprichwortes hat und die man mit Ayaß (1996) als 'kategorische Formulierung' bezeichnen könnte (*et celui qui ne l'est pas le deviendra*, Z.13). Wie Sprichwörter stellen auch kategorische Formulierungen verallgemeinerte Kernsätze dar; allerdings fehlt ihnen die gefrorene Form. Es handelt sich um dem Muster eines Sprichwortes folgende *ad hoc*-Bildungen, die v.a. im Zusammenhang mit moralischer Kommunikation vorkommen. Diesem Typ kann man auch JCs Ausführungen über seine seemännische Ethik zurechnen. Auf die kategorische Formulierung folgt ein echter Phraseologismus, nämlich die Redensart *avoir le dernier mot*, hier in ihrer negierten Form *il aura JAMAIS le dernier mot* (Z.15). Dabei wird die Negation nicht nur durch die Wahl des globalen Frequenzadverbs *jamais* intensiviert[33]; dieses erhält als Träger des Insistenzakzents eine weitere Markierung auf der prosodischen Ebene. Die Beziehung zwischen der kategorischen Formulierung und der Redensart wird durch den Konnektor *puisque* expliziert[34], was bereits auf eine mögliche argumentative Funktion des Phraseologismus hindeutet. Mit der kategorischen Formulierung wird ein Anspruch auf Plausibilität und Geteiltheit erhoben, der in diesem Beispiel durch die Verwendung der Redensart, die offenbar Teil der argumentativen Bewegung ist, zusätzlich untermauert wird.

Zugleich spielt auch die expressive Dimension mit hinein, insofern als die Verwendung der Redensart zur Personifizierung des Meeres beiträgt. Dadurch, daß dem Menschen die Eigenschaft, 'das letzte Wort zu haben' in der übertragenen Bedeutung von 'überlegen sein', ausdrücklich abgesprochen wird, kommt sie indirekt der See zu. Durch die Wahl des Bildes werden ihr anthropomorphische Züge verliehen. Das Meer erscheint als ein dem Menschen überlegener, unberechenbarer Gegner, dem man nur mit Demut begegnen kann. Diese Personifizierung wird in der folgenden Äußerung aufgegriffen und noch einmal verstärkt durch eine Formulierung, mit der dem Meer sogar ein Wille zugesprochen wird: *il faut savoir que quand on passe c'est qu'elle a bien voulu laisser passer les choses* (Z.15). Die zentrale Aussage von der notwendigen Demut des Menschen vor dem Meer wird noch einmal wiederholt (*ce qu'il faut TOUjours avoir sur l'eau c'est un esprit vraiment d'humilité*, Z.18). Während die absolute Tragweite der Aussage zuvor mit Hilfe des negativen Frequenzadverbs *jamais* versprach-

---

[32] Léon (1993, 143) zählt dieses Verfahren, das er als eine Variante des Insistenzakzentes beschreibt, zu den prosodischen Indikatoren der Expressivität.

[33] Vgl. Drescher (1992, 68f.) zum generischen Charakter solcher Frequenzadverbien.

[34] Zu den argumentativen Eigenschaften von *puisque* siehe Groupe λ (1975).

licht wurde, dient nun das ebenfalls generische, allerdings affirmative Adverb *toujours* zur Intensivierung. Diese wird wiederum prosodisch durch einen Insistenzakzent verstärkt. Mit dem den Redebeitrag abschließenden Matrixsatz *je crois que* (Z.19) kehrt JC zu einer persönlichen Perspektive zurück.[35] Hier ergibt sich eine Parallele zu der die Sequenz eröffnenden Formulierung *moi je te dirai que* (Z.10), mit der ebenfalls der individuelle Standpunkt fokussiert wurde. Die eher allgemeinen Äußerungen JCs stehen gewissermaßen in einer 'subjektiven Klammer'.

ETs Frage nach dem Zusammenhang zwischen der bevorstehenden Regatta und der weiteren Entwicklung dieser 'Ethik der Demut' fokussiert demgegenüber ganz das subjektive Erleben JCs (*et tu crois que la whitebread* [Name der Regatta, M.D.] *ça va te permettre [...] d'acquérir encore plus cette humilité là*, Z.21). JC wählt in seiner Antwort wiederum das gleiche Muster wie in seinem vorherigen Redebeitrag: Er beginnt mit einer Betonung der subjektiven Perspektive (*je crois que*, Z.23), an die sich eine Reihe allgemein gehaltener Aussagen anschließt. Auf einen Abbruch folgen zwei syntaktisch parallel konstruierte Äußerungen, deren erste Konstituenten jeweils identisch sind (*c'est pas parce qu'on a fait la whitebread que*, Z.25-26). Dem syntaktischen Parallelismus entspricht auf der semantischen Ebene eine paraphrastische Struktur: Der Ausdruck *savoir tout* (Z.26) und die Redensart *prendre la grosse tête* (Z.27) sind diskursiv äquivalent, wobei letztere darüber hinaus eine deutliche Wertung beinhaltet. Der *Petit Robert* beurteilt *prendre la grosse tête*, 'überheblich, anmaßend sein', hinsichtlich des sprachstilistischen Wertes als 'familiär' und 'pejorativ'. Die Redensart bezeichnet eine menschliche Haltung, einen Charakterzug und weist damit gewisse Ähnlichkeiten zu denjenigen Idiomen auf, die der Affektbenennung dienen.[36] Dies trägt sicher zur emotional-wertenden Funktion der Wendung bei. Eine entscheidende Rolle dürften in diesem Zusammenhang auch die negativen Konnotationen spielen, die *prendre la grosse tête* anhaften. Ihr an sich schon pejorativer Charakter wird durch die Verwendung in einem diskursiven Kontext, in dem die Demut mit viel Formulierungsaufwand als höchster moralischer Wert herausgearbeitet wurde, besonders augenfällig. Die Verwendung eines negativ konnotierten Phraseologismus erlaubt es JC auch, indirekt eine mögliche Gegenposition zu der von ihm vertretenen Auffassung zu disqualifizieren und die eigene Haltung damit umso plausibler erscheinen zu lassen. Der quasi-dialogische Charakter dieser Sequenz wird durch die sich anschließende

---

[35] Allerdings bleibt die eingebettete Behauptung allgemein.

[36] Beschränkt man die Affektbenennung nicht nur auf die Versprachlichung von Gefühlen, sondern bezieht auch menschliche Haltungen und Charakterzüge mit ein, so fällt auf, daß einige der im Korpus vertretenen Redensarten Anteil sowohl an der Affektbenennung als auch am Affektausdruck haben. Dies bestätigt die Annahme, wonach die Versprachlichung von affektiven Inhalten mittels eines Phraseologismus häufig vom Affektausdruck begleitet wird (siehe oben Abschnitt 3).

explizite Distanzierung mit Hilfe von *loin de là au contraire* (Z.28) zusätzlich akzentuiert. Im obigen Beispiel steht die Redensart darüber hinaus im Dienste der Amplifikation. Auf eine solche amplifizierende Funktion, für die sich Phraseologismen wie Sprichwort oder Redensart aufgrund ihrer globalen, teilweise durch den Kontext zu füllenden Bedeutung besonders gut eignen, weist v.a. die Einbindung von *prendre la grosse tête* in eine paraphrastische Struktur hin. Auch die Amplifikation kann ein – allerdings eher indirekter Indikator – der Expressivität sein, insofern als sie einem inhaltlichen Aspekt mehr Raum und damit zugleich mehr Gewicht sowie eine höhere diskursive Präsenz verleiht, womit wiederum dessen Bedeutung für die Interaktanten herausgestellt wird. Funktional gesehen stellt die Amplifikation also eine diskursive Entsprechung zu den unterschiedlichen prosodischen und morphosyntaktischen Verfahren der Intensivierung dar.

Erhöhte emotionale Beteiligung zeigt JC auch im Fortgang seines Redebeitrags. Sprachstrukturell läßt sich diese insbesondere an den mit Reduplikationen und Insistenzakzenten versehenen Reformulierungen ablesen, mit denen der Segler seine 'maritime Ethik' erläutert. Dabei insistiert er v.a. auf der allgemeinen, zeitlosen Geltung seiner Aussage. Deutlich wird dies an der wiederholten Verwendung des generischen Zeitadverbs *toujours*, das hier gleich fünfmal erscheint und jedesmal Träger eines Insistenzakzentes ist. In Zeile 31 wird *toujours* zudem redupliziert und prosodisch auffällig realisiert: In der ersten Verwendung erhält das Adverb einen Insistenzakzent auf der ersten Silbe, wobei sich die Stimme am Ende hebt. Die reduplizierte Form ist durch eine kurze Pause abgesetzt. Auch sie erhält einen Insistenzakzent auf der ersten Silbe; im Unterschied zur vorherigen Verwendung senkt sich jedoch nun die Stimme, so daß eine klar konturierte Figur entsteht, die von dem nachfolgenden Prädikat *être humble* zudem durch eine Pause abgehoben wird. Der zentrale Begriff *humble* wird anschließend zweimal paraphrasiert (*être humble pas en dire trop et toujours avoir ce respect des choses*, Z.32). Wie schon in der vorausgehenden Sequenz nimmt JC auch hier mit dem Matrixsatz *je crois que* zu Beginn und gegen Ende seines Redebeitrags eine subjektive Perspektivierung vor, die die allgemein formulierten Äußerungen im Mittelteil seines Turns rahmt.

6. Fazit

Aus den vorausgehenden Analysen kann man mit Blick auf die emotionalwertende Funktion von Redensarten folgendes Fazit ziehen: Erstens enthalten Redensarten häufig positive bzw. negative Konnotationen, die sich aus dem jeweils evozierten konkreten Bild ergeben und die auf die versprachlichten Sachverhalte übertragen werden. Aufgrund dieser inhärenten Wertungen fungieren Redensarten als ein privilegiertes Mittel zum Ausdruck von Haltungen und

Einstellungen. Der Rekurs auf evalutive sprachliche Mittel ermöglicht es dem Sprecher, emotionale Haltungen darzustellen. Die kommunikative Funktion der Redensart ist also eng mit ihrer semantischen Funktion verwoben.

Zweitens bestätigen die beiden untersuchten Gesprächsausschnitte eindrucksvoll die Rolle, die dem sequentiellen Kontext – und in diesem Zusammenhang der Präsenz anderer expressiver Mittel in der Umgebung der Redensart – bei deren funktionaler Charakterisierung zukommt. Wird von den Interaktanten eine Sequenz mit erhöhtem Engagement etabliert, so zeigen sie sich dies in der Regel unter Rekurs auf eine Vielzahl sprachlicher Formen und Strukturen auf. In den untersuchten Daten sind dies auf der prosodischen Ebene insbesondere der Insistenzakzent sowie das *staccato*-Sprechen. Auf der lexikalische Ebene ist die Verwendung von wertenden Lexemen sowie von generischen temporalen Adverbien zu nennen, wobei letztere v.a. Hinweis auf eine hohe Intensität geben. An diskursiven Verfahren sind die Verallgemeinerung, der Parallelismus sowie die rhetorische Figur der Personifizierung zu erwähnen. Darüber hinaus trägt auch das Akzentuieren einer subjektiven Perspektive zur Übermittlung von emotionaler Beteiligung bei. Aus diesen Beobachtungen läßt sich schließen, daß die Zuweisung einer emotional-wertenden Funktion – möglicherweise in noch stärkerem Maße als andere Funktionen – nicht nur von dem unmittelbaren diskursiven Kontext abhängt, sondern von dem globalen kommunikativen Rahmen, den die Interaktanten jeweils etablieren und der die Interpretation der entsprechenden sprachlichen Mittel steuert. Eine besondere Bedeutung scheint in diesem Zusammenhang der Beziehungsebene zuzukommen.

Drittens zeigen die Analysen, daß Redensarten nicht nur außerhalb eines konkreten Verwendungszusammenhangs, also sozusagen als Elemente der *langue*, multifunktional sind, sondern daß sie auch in einem gegebenen Kontext mehrere kommunikative Funktionen zugleich auf sich vereinen können. In den untersuchten Gesprächsausschnitten sind dies beispielsweise die Funktion der argumentativen Plausibilisierung sowie die der expressiven Veranschaulichung. Beide Funktionen werden durch weitere sprachliche Mittel in ihrer Umgebung gestützt. Aus diesen empirischen Beobachtungen läßt sich die Annahme ableiten, daß Funktionszuschreibungen bei Redensarten grundsätzlich eher im Sinne von Dominanzbeziehungen zu modellieren sind.

7. Literaturverzeichnis

Ayaß, Ruth 1996: 'Wer das verschweigt, handelt eigentlich in böser Absicht'. Zu Form und Funktion kategorischer Formulierungen. In: Linguistische Berichte 162. 137-160.

Bally, Charles 1909/⁵1970: Traité de stylistique. Genève: Librairie de l'université.

Brown, Penelope; Levinson, Stephen 1978/²1987: Politeness. Cambridge: Cambridge University Press.

Burger, Harald et al. 1982: Handbuch der Phraseologie, Berlin et al.: de Gruyter.

Coulmas, Florian 1981: Routine im Gespräch. Zur pragmatischen Fundierung der Idiomatik. Wiesbaden: Athenaion.

Drapeau, Lynn, Marie-Marthe Roy 1981: La réduplication intensificative en français de Montréal. In: Sankoff, David; Cedergren, Henrietta (Hgg.): Variation Omnibus. Edmonton: Linguistic Research. 445-452.

Drescher, Martina 1992: Verallgemeinerungen als Verfahren der Textkonstitution. Stuttgart: Steiner.

Drescher, Martina 1997a: Sprachliche Affektivität: Darstellung emotionaler Beteiligung am Beispiel von Gesprächen aus dem Französischen. Universität Bielefeld: Habilitationsschrift.

Drescher, Martina 1997b: Wie expressiv sind Phraseologismen? In: Sabban, Annette (Hg.): Phraseme im Text. Beiträge aus romanistischer Sicht. Bochum: Brockmeyer. 67-95.

Drescher, Martina, Ulrich Dausendschön-Gay 1995: 'sin wer an son immobilien ehm makler da eh gekommen'. Zum Umgang mit sozialen Kategorien im Gespräch. In: Czyzewski, Marek et al. (Hgg.): Nationale Selbst- und Fremdbilder im Gespräch. Opladen: Westdeutscher Verlag. 85-119.

Fiehler, Reinhard 1990: Kommunikation und Emotion, Berlin et al.: de Gruyter.

Fleischer, Wolfgang 1982: Phraseologie der deutschen Gegenwartssprache. Leipzig: VEB Bibliographisches Institut.

Goffman, Erving 1980: Rahmen-Analyse. Frankfurt/Main: Suhrkamp.

Gréciano, Gertrud 1988: Affektbedingter Idiomgebrauch. In: Sandig, Barbara (Hg.): Stilistisch-rhetorische Diskursanalyse, Tübingen: Narr. 49-61.

Groupe λ 1975: *car, parce que, puisque*. In: Revue Romane X 2. 248-280.

Gülich, Elisabeth 1981: 'Was sein muß, muß sein.' Überlegungen zum Gemeinplatz und seiner Verwendung. In: Geckeler, Horst et al. (Hgg.): Logos Semantikos, Berlin et al.: de Gruyter. 2, 343-363.

Gülich, Elisabeth; Krafft, Ulrich (im Druck): Le rôle du 'préfabriqué' dans les processus de production discursive. In: Martins-Baltar, Michel (Hg.): La locution: entre langue et usages. Paris: ENS-Editions (Collections Signes)

Hain, Mathilde 1951: Sprichwort und Volkssprache. Eine volkskundlich-soziologische Dorfuntersuchung. Gießen: W. Schmitz.

Koller, Werner 1977: Redensarten. Tübingen: Niemeyer.

Kövecses, Zoltán 1995: Emotion concepts. New York: Mouton.

Labov, William 1984: Intensity. In: Schiffrin, Deborah (Hg.): Meaning, form and use in context: Linguistic applications. Washington: Georgetown University Press. 43-70.

Léon, Pierre 1993: Précis de phonostylistique. Parole et expressivité. Paris: Nathan.

Mair, Walter 1992: Expressivität und Sprachwandel. Frankfurt/Main et al.: Peter Lang.

Péter, Mihály 1984: Das Problem des sprachlichen Gefühlsausdrucks in besonderem Hinblick auf das Bühlersche Organon-Modell. In: Eschbach, Achim (Hg.): Bühler-Studien. Frankfurt/Main: Suhrkamp. Bd. 1. 239-260.

Petit Robert 1994, Paris: Le Robert.

Riegel, Martin, et al. 1994/²1996: Grammaire méthodique du français. Paris: Presses universitaires de France.

Riesel, Elise; Schendels, Eugenie 1975: Deutsche Stilistik. Moskau: Verlag Hochschule.

Sabban, Annette 1998: Okkasionelle Variationen sprachlicher Schematismen. Eine Analyse französischer und deutscher Presse- und Werbetexte. Tübingen: Narr.

Sandig, Barbara 1986: Stilistik der deutschen Sprache. Berlin et al.: de Gruyter.

Uhmann, Susanne 1989: Interview-Stil: Konversationelle Eigenschaften eines sozialwissenschaftlichen Erhebungsinstruments. In: Hinnenkamp, Volker; Selting, Margret (Hgg.): Stil und Stilisierung. Tübingen: Niemeyer. 125-165.

Wiznitzer, Manuel 1972: Êtes-vous à la page? München: Hueber.

Anhang

Beispiel 1: *mis un petit peu sur la touche*

Aufnahme ET, 1994, Port Camargue
Dauer der Aufnahme: ca. 1/2 Stunde
Transkription: Martina Drescher 6/1995 und 11/1996
Teilnehmer: ET: Journalist
          FR: Segler

```
-------------------------------------------------------------------
1 ET:  et je sais que dans les premières étapEs' . euh:: vous
-------------------------------------------------------------------
2 ET:  devriez être . QUInze . seulement à bord au lieu de
-------------------------------------------------------------------
3 ET:  dix-huit,
  FR:             ah ben ça c'est toi qui me l'apprend, (lachen)
-------------------------------------------------------------------
4 ET:  je te préviens hein              dans la première
  FR:                        ouais euh::
-------------------------------------------------------------------
5 ET:  étape,
  FR:        dans la première étape, et ça y est' c'est
-------------------------------------------------------------------
6 ET:               en tout cas c'est ce que j'ai écrit dans le
  FR:  décidé' .
-------------------------------------------------------------------
7 ET:  canard' j'espère que c'est pas faux' c'est daniel
-------------------------------------------------------------------
8 ET:  qui me l'a dit,
  FR:                      ah . on est QUINze dans la première
-------------------------------------------------------------------
9 ET:       ouais quinze,                  et: est-ce
  FR:  étape,              ouais . (?on appelle ça)
-------------------------------------------------------------------
10 ET: que euh qu'est-ce que ça te fAIt de de euh bon là là là
-------------------------------------------------------------------
11 ET: t'a fait la course de l'europe je sais qu'il en y a qui
  FR:                                       ouais
-------------------------------------------------------------------
12 ET: ne l'ont qui ne l'ont pas faite bien évidemment parce
  FR:                            ouais
-------------------------------------------------------------------
13 ET: qu'il y avait pas assez de place      est-ce que le fait de
  FR:                            ouais
-------------------------------------------------------------------
14 ET: pouvoir être mis un petit peu sur la tOUche' enfin c'est
-------------------------------------------------------------------
```

```
15 ET: pas sur la tOUche' on ne peut pa:s . partir   sur la mer
   FR:                                      ouais     ·
   -----------------------------------------------------------------
16 ET: euh'/ est-ce que ça te: ça te fait quelque chose,
   FR:                                            ben
   -----------------------------------------------------------------
17 FR: là, moi' ce que je trouvE .. moi il y a une chose que
   -----------------------------------------------------------------
18 FR: j'aime pas du tout euh . que je trouve pas normal' quE on
   -----------------------------------------------------------------
19 ET:                                              mais oui
   FR: apprenne des choses comme ça par les journalistes,
   -----------------------------------------------------------------
20 FR: c'est TRÈS bien qu'on apprenne par les journalistes mais
   -----------------------------------------------------------------
21 ET:                                    j'aime j'aime
   FR: ÇA' ça doit/ c'est l'équipage qui dev/
   -----------------------------------------------------------------
22 ET: pas ça d'ailleurs,
   FR:                      oui oui non, mais il y en
   -----------------------------------------------------------------
23 FR: a peut-être qui le SAVent' mais . ce qu'il
   -----------------------------------------------------------------
24 FR: faut savoir' c'est que dans une équipe comme ÇA' . euh
   -----------------------------------------------------------------
25 FR: t'as les: les gens euh en haut de l'échelle qui
   -----------------------------------------------------------------
26 FR: savent tout' et puis t'as des mécaniciens qui savent
   -----------------------------------------------------------------
27 FR: absolument rien, on va pas les/ les mécaniciens on va
   -----------------------------------------------------------------
28 FR: dire/on va pas leur dire voilà comment ça marche, .
   -----------------------------------------------------------------
29 FR: donc euh on l'apprend toujours par d'aut/ des personnes
   -----------------------------------------------------------------
30 ET:                   ouais
   FR: de l'extérieur'        alors je trouve
   -----------------------------------------------------------------
31 FR: vraiment dommAGE qu'on n'apprenne pas par les
   -----------------------------------------------------------------
32 FR: skippeurs' ces choses là' plutôt que d'apprendre
   -----------------------------------------------------------------
33 ET:      ben oui c'est (?dur)      (?je te dis)
   FR: ça par le:s les gens de l'extérieur, pour moi' c'est
   -----------------------------------------------------------------
34 ET:              (?......) (?j'ai la la) la semaine dernière'
   FR: pas normal, voilà,
```

```
--------------------------------------------------------------------
35 ET:                          c'est c'est peut-être pas
   FR:  et ça' c'est pas logique,
--------------------------------------------------------------------
36 ET:  non plus euh définitif      dans son dans son
   FR:                    ouais
--------------------------------------------------------------------
37 ET:  esprit, mais en tout cas'                 manifestement
   FR:                         apparemment'
--------------------------------------------------------------------
38 ET:  c'est l'évolution voilà,
   FR:                     ouais    euh bon alors aussi euh:
--------------------------------------------------------------------
39 ET:                    je suis désolé
   FR:  (Pause 6 Sek.)                 oui oui non non
--------------------------------------------------------------------
40 FR:  mais c'est TRÈS bIEn' hein' . c'est très bien, .. euh
--------------------------------------------------------------------
41 ET:
   FR:  bon euh tu sais que pendant l'europe' il y avait une chose
--------------------------------------------------------------------
```

Beispiel 2: *il aura JAMAIS le dernier mot*

Aufnahme ET, 1994, Port Camargue
Dauer der Aufnahme: ca. 1/2 Stunde
Transkription: Britta Drücker 1/1996; Martina Drescher 3/1996 und 10/1996
Teilnehmer: ET: Journalist
            JC: Segler

```
--------------------------------------------------------------------
1    JC: sais que' . <ins> je fais attention à ça' quand même'
     ET:                                               qu'est-ce
--------------------------------------------------------------------
2    JC:                           ce qu'on doit pas FAIRE'
     ET: qu'on doit pas faire' par exemp(le),
--------------------------------------------------------------------
3    JC: . euh .                        (schmatzen) ben
     ET: (?......) (?des lapins) célÈBRES' (?...)
--------------------------------------------------------------------
4    JC: s/ ben le lapin' c'est célèbrE OUAIS' parce que ben s/
--------------------------------------------------------------------
5    JC: parce qu'en fait' c'est/ à la base c'est un rongEUR'
--------------------------------------------------------------------
6    JC: . qui rongeait les les varangues des bateaux en BOIS'
--------------------------------------------------------------------
7    JC: hein'            <ins> euh donc ce/ ça venait de LÀ'
     ET:      (?oui d'accord)
--------------------------------------------------------------------
8    JC: mai:s bon, euh ça fait partie des . des chOSEs' qu'il
--------------------------------------------------------------------
9    JC: faut respecter' en tant que marin' je pense' .. sinon, ben,
--------------------------------------------------------------------
10   JC: il fau:t . faut/ . moi je te dirai que euh la mer' avant
--------------------------------------------------------------------
11   JC: tout c'e:st c'est quelque chose qu'on ne DOMpte pas' ..
--------------------------------------------------------------------
12   JC: et que par la force des choses on/ devant un élément
--------------------------------------------------------------------
13   JC: comme ça' on est ob.li.GÉ d'êt(re) humble, .. et celui
--------------------------------------------------------------------
14   JC: qui ne l'est pas' le deviendra, . de toutes les façons'
--------------------------------------------------------------------
15   JC: puisqu'il aura JAMAIS le dernier mot, . donc euh il faut
--------------------------------------------------------------------
16   JC: savoir que quand on PASSE' .. <ins> c'est qu'elle a
--------------------------------------------------------------------
17   JC: bien voulu . laisser passer les les chOSES' .      mai:s
     ET:                                           mhm
--------------------------------------------------------------------
```

```
18   JC: ce qu'il f/ faut TOUjours avoir sur l'eau' c'est un:
------------------------------------------------------------------
19   JC: esprit' . vraiment' . d'humilité, .. e:t je crois que
------------------------------------------------------------------
20   JC: quand on a cet esprit LÀ' eh be:n . on progresse encore
------------------------------------------------------------------
21   JC: plus vite,
     ET:           et tu crois que la whitebread' ça va te permettre
------------------------------------------------------------------
22   ET: d'être euh/ enfin d'ACQUérir encore plus euh cette humilité là'
------------------------------------------------------------------
23   JC:        tout à fait'          tout à fait' bon euh . je
     ET: ou euh                 ouais
------------------------------------------------------------------
24   JC: crois que sur l'eau' euh . chaque chose qu'on fai:t' chaque
------------------------------------------------------------------
25   JC: palmarès'/ euh c'est pas parce qu'on a fait la
------------------------------------------------------------------
26   JC: whitebread' qu'on sait tout' c'est pas parce qu'on à fait
------------------------------------------------------------------
27   JC: la whitebread' qu'il va falloir euh . prendre la grosse
------------------------------------------------------------------
28   JC: tête' . loin de là' au contrAIRE' .. là dessus'
------------------------------------------------------------------
29   JC: euh . pour moi je crois que ce qui: m/ . là j'ai parlé
------------------------------------------------------------------
30   JC: beaucoup' <ins> . mai:s/ pour essayer d'expliquer
------------------------------------------------------------------
31   JC: certaines choses' mais je crois qu'il faut TOUjours' .
------------------------------------------------------------------
32   JC: TOUjours, .. e/ être humble, PAS en dire trOp' . et
------------------------------------------------------------------
33   JC: TOUjours avoir ce respect des choses . et sur l'EAU'
------------------------------------------------------------------
34   JC: . c'est c'est un peu ça' le:/ enfin' je crois que sur
------------------------------------------------------------------
35   JC: l'eau' on est TOUjours comme ça' t/ avec TOUjours un
------------------------------------------------------------------
36   JC: certain retrait,
     ET:                  sur un bateau' on par/ on parle beaucoup'
------------------------------------------------------------------
```

Transkriptionssymbole

/	Abbruch innerhalb einer Äußerung
.	kurzes Absetzen
..	kurze Pause (ca. 2 Sekunden)
...	mittlere Pause (ca. 3 Sekunden)
parler'	steigende Intonation
vie,	fallende Intonation
pArler	Akzentuierung einer Silbe
TRÈS	Akzentuierung eines Wortes
trè:s	Dehnung eines Vokals
&vous	auffällig schneller Anschluß
(?au pays)	nicht eindeutig identifizierbare Äußerung
(?...)	unverständliche Äußerung
quat(re)	verschliffene Aussprache
(leise, schnell)	Charakterisierung einer Sprechweise, steht vor der Äußerung und bleibt gültig bis +
<ins>	hörbares Einatmen

Annette Sabban

„Fühlen Sie sich nur nicht angesprochen!"
Inszenierte Negativität in der Werbung

1. Einführung

In jüngerer Zeit finden sich im deutschsprachigen Raum Werbeanzeigen, die –
scheinbar – gegen bewährte kommunikative Spielregeln der Werbung verstoßen.
Solche Anzeigen, die sich besonders häufig in der Plakatwerbung finden, machen
sich in auffälliger Weise das Ausdruckspotential und die Verwendungsmöglich-
keiten komplexer sprachlicher Ausdrücke zunutze; dazu zählen insbesondere
Phraseme. Es steht daher zu erwarten, daß hier ein besonderer funktionaler
Zusammenhang besteht, dem in dieser Studie nachgegangen werden soll.

   Kommunikative Strategien, die für die Zwecke der Werbung üblicherweise als
erfolgversprechend angesehen werden, sind – so jedenfalls der Tenor einschlägi-
ger Abhandlungen über Werbung – grundsätzlich positiv gerichtet.[1] Der Produzent will ja mit dem potentiellen Kunden in eine Art von Kontakt treten, er will
ihn umwerben, er will sich und sein Produkt empfehlen.[2] Kontaktaufnahme und
angestrebte Kaufhandlung werden daher als attraktiv hingestellt: Der *Werbende*
führt sich selbst als vertrauenswürdigen Partner vor; er vermittelt dem *Umworbenen* das Gefühl, attraktiv zu sein, indem er ihn etwa als Kenner mit erlese-
nem Geschmack stilisiert; er stellt das *Produkt* als begehrenswert hin, indem er
dessen Qualitäten oder affektive Werte hervorhebt und verspricht, daß es Wünsche und Bedürfnisse des Konsumenten optimal erfülle. Zwar weisen die Fach-
leute gelegentlich darauf hin, daß man den Konsumenten auch ansprechen könne,
indem man ihn tadelt (vgl. Sowinski 1979, 64), etwa als jemanden, der sich dem
Werbeobjekt bislang verweigert: Man denke an Titulierungen des Konsumenten
als Krawattenmuffel, als Hausfrau mit schlechtem Putzgewissen oder, subtiler,
als jemanden, der „noch nicht zum 'Kreis der Fernsehzuschauer' gehört"[3]. Aller-

---

[1] Vgl. etwa Sowinski 1979, 57, 63f. Ähnlich Burger 1991, 21, der auch Beispiele des im folgenden näher untersuchten Typs anführt.
[2] Werbetexte sind bekanntlich appellative Texte mit einem für den umworbenen Kunden
positiv gestalteten Appell: dem einer Kauf-*Empfehlung*; vgl. Brinker [3]1992, Kap. 4.4.3 (= S.
108ff), Schweiger/ Schrattenecker 1988, 18 und Sowinski 1979, 57. – Mit dem Produzenten ist
im folgenden der Hersteller gemeint, der eigentliche Sender der Werbebotschaft; der tatsächliche Verfasser des Werbetextes, der Textproduzent, verfolgt keine eigene Mittei-
lungsabsicht; zu dieser Unterscheidung zwischen Sender und Textproduzent vgl. etwa Nord
1991, 48f.
[3] Das letzte Beispiel findet sich in der regelmäßigen Anfrage der Gebühreneinzugszentrale
(GEZ) an diejenigen, die dort nur als Radioempfänger registriert sind. – Ein Beispiel für eine
negative Ansprache des Konsumenten liegt auch in der folgenden Werbung der Handelskette

dings wird in Bezug auf solche 'negativ gerichtete' Werbung im gleichen Atem-
zuge vermerkt, „daß sich der Kunde [...] lieber positiv als negativ ansprechen
läßt" (Sowinski 1979, 64).

Die Werbestrategie, von der im folgenden die Rede sein soll, enthält aber –
zumindest als *eine* konstitutive Teilstrategie – genau solche negativ gerichteten
Elemente: Kontaktaufnahme und Kaufhandlung werden als unattraktiv, wenn
nicht gar bedrohlich hingestellt. Dabei lassen sich der guten Ordnung halber in
Anlehnung an die Bühlersche Trias die folgenden Unterscheidungen treffen:

(1) *Sprecherbezogene*, und das heißt im Werbekontext *produzentenbezogene
Negativität*. Die Werbeanzeige sagt hier Negatives über den Hersteller aus, oder
der Werbende gibt sich mißgestimmt und verärgert, was kaum eine geeignete
Basis für eine Kontaktaufnahme darstellt.

(2) *Hörerbezogene*, d.h. *konsumentenbezogene Negativität*. Hierzu gehören
Appelle, die dazu auffordern, *nicht* mit dem werbenden Produzenten und seinem
Produkt in Kontakt zu treten, sondern auf Distanz zu gehen. Manche Anzeigen
tun etliches, um dem Kunden den Kontakt wenig schmackhaft zu machen: Sie
beleidigen ihn oder drohen ihm mit unangenehmen Folgen, wenn er sich darauf
einläßt, das Produkt zu kaufen. In anderen Fällen signalisiert der Produzent eine
negative Einstellung gegenüber dem Kunden, was einer Kontaktaufnahme ebenfalls wenig förderlich ist. Wiederum andere Anzeigen unterstellen beim Kunden
eine allenfalls widerwillige Zuwendung.

(3) *Sachbezogene*, also *produktbezogene Negativität*. Entsprechende Anzeigen
mindern die Qualität des Produkts, so daß dem Käufer kein besonderer Nutzen
aus dem Kauf zu erwachsen scheint.

Durch derartig negativ gerichtete Elemente wird nun allerdings die übergeordnete Funktion des Gesamttextes keineswegs in Frage gestellt oder gar negiert; der
Werbetext bleibt ein appellativer Text, der sich letztendlich als Kaufempfehlung
versteht. Dieses Paradox erklärt sich dadurch, daß wir es insgesamt mit einer
komplexen Strategie zu tun haben. Denn wie ich später im einzelnen an Hand der
Gestaltung einiger Anzeigen und des spezifischen Umgangs mit den sprachlichen
Mitteln zeigen möchte, ist die Werbung oftmals nur *auf den ersten Blick* negativ
gerichtet: Der Rezipient soll offenbar „in" eine negative „Szene versetzt" werden,
die er aber beim Blick auf den gesamten Text und dank seines Wissens um Sinn
und Zweck von Werbetexten wieder verlassen kann. Zur Charakterisierung dieser
Strategie spreche ich daher von „*inszenierter* Negativität".

Eng verbunden mit dem doppelgleisigen Charakter dieser Werbung ist die Art
ihrer sprachlichen Umsetzung. Zunächst einmal wird das Negative kaum je auf
direkte Weise ausgedrückt; vielmehr macht sich der Werbende oft zweifache Lesarten zunutze, wie es einer häufigen Praxis der heutigen Werbung entspricht (vgl.

Nordsee (Fischgeschäfte) vor, mit der für Fertiggerichte geworben wird: „*Nie kochen gelernt?
Macht nichts.* [...]" (Plakatwerbung, Hildesheim, März 1996.)

Burger 1991, 16); durch die konsequente Nutzung 'negativer' semantischer und pragmatischer Momente erhält diese Strategie aber in den vorliegenden Belegen einen eigenen Akzent. Die beiden Lesarten nun sind, wie bereits gesagt, typischerweise nicht gleich gewichtet. Die negative Lesart drängt sich als erste auf, wohingegen eine positive, werbegerechte Lesart ein Um-die-Ecke-Denken, eine Interpretation gegen den Strich der Gewohnheit und eine Rückbesinnung auf die übergeordnete Textfunktion, die Basis des vorliegenden Kommunikationsakts, erfordert.

Fragt man sich nun, welche *sprachlichen Mittel* sich für eine solche Strategie besonders eignen, so ist offenkundig, daß bestimmte Phraseme – insbesondere „phraseologische Ganzheiten" und „phraseologische Verbindungen" (vgl. Burger u.a. 1982, 30ff) – hierfür geradezu prädestiniert sind. Diese Ausdrücke sind in mehrfacher Hinsicht komplex: sie bestehen bekanntlich aus mehreren Komponenten, sind dabei als Ganzes relativ fixiert und haben eine interne Bedeutungsschichtung (vgl. Dobrovol'skij 1988, 131ff); darüber hinaus zeichnen sie sich oftmals durch eine semantische Nuancierung und entsprechend spezifische textuelle und pragmatische Verwendungsbedingungen aus. Solche Ausdrücke ermöglichen kommunikativ-strategische Verschiebungen im strukturell-semantischen und pragmatischen Kontext bis hin zu okkasionellen Bildungen.[4] Neben Phrasemen werden aber auch morphologisch komplexe Einzellexeme und bestimmte Satzmuster mit konventionalisierter Äußerungsfunktion in den Dienst „negativer Inszenierung" gestellt. Kompliziert wird die Beschreibung schließlich noch dadurch, daß manche Aussagen hinsichtlich ihrer Bewertung durchaus ambivalent sein können, also keineswegs eindeutig negativ sind.

2. Produzentenbezogene Negativität

In der ersten Gruppe, der „produzentenbezogenen Negativität", sagt der Werbende – zumindest vordergründig – Negatives über sich selbst aus. Häufig geht dies Hand in Hand mit negativen Konsequenzen für den umworbenen Käufer; die Negativität ist also oftmals zugleich auf den Konsumenten gerichtet, der jedoch nicht explizit genannt wird (vgl. dagegen die Belege in Abschnitt 3.). So in der folgenden Werbeschlagzeile:[5]

(1)   **Wir versprechen das Blaue vom Himmel.**

        Euer Surfurlaub aus Sonne, Wind und Wasser
        Happy Surf & Tours. (Plakatwerbung München, U-Bahn, Mai 1990)

---

[4] Zu okkasionellen Bildungen vgl. Gréciano 1987; Sabban 1991, 1992 und 1998; Wotjak 1992.
[5] Zu Aufbaustrukturen von Werbeanzeigen und insbesondere den hier verwendeten Termini „Werbeschlagzeile", „Werbetext" und „Werbeslogan" vgl. Sowinski 1979, 70ff.

Betrachtet man allein die Werbeschlagzeile, so gesteht der Produzent *(wir)* ein, daß er hemmungslos lügt und den Konsumenten betrügen wird.[6] Diese Selbstbezichtigung steht in eklatantem Gegensatz zum üblichen Eigenlob, mit dem der Produzent Vertrauen in die Qualität seines Produktes schaffen will (vgl. Sowinski 1979, 64). Sie ist umso auffälliger, als sie auch einer allgemeinen Verhaltensnorm widerspricht: Eigene negative Qualitäten gibt man normalerweise kaum offen zu, verwerfliche Handlungen kündigt man nicht plakativ an. Und wenn man tatsächlich 'das Blaue vom Himmel verspricht', dann ist dies eine Strategie, die man zum Erreichen seiner Ziele tunlichst nicht aufdecken sollte. Aus diesem Grunde wird das Phrasem im Normalfall auch nicht mit der 1. Person verwendet; es ist „pragmatisch fixiert".

Bei Wahrnehmung der gesamten Werbeanzeige – die Schlagzeile ist intensiv blau unterlegt, die werbende Firma ist ein Reiseveranstalter, geworben wird für Surfurlaube – ergibt sich freilich eine andere, wörtliche und *produktbezogene* Interpretation, die mit den üblichen Spielregeln der Werbung völlig konform geht: Der Produzent verspricht dem Hörer etwas Positives, nämlich das ideale Urlaubswetter.

Nun könnte man einwenden, daß genau dies die Botschaft der Werbung sei und daß der Rezipient dies auch sofort erkenne, da er die Werbeschlagzeile kaum isoliert wahrnehmen dürfte. Bekanntlich verlaufen Informationsverarbeitungsprozesse keineswegs immer linear und in aufeinanderfolgenden Schritten (vgl. Unger 1989, 215). Über die Art und Weise, in der der Rezipient die Anzeige zur Kenntnis nimmt, über eventuelle Etappen seiner Wahrnehmung und Interpretation kann und soll hier nichts ausgesagt werden.[7] Doch lassen sich zumindest über die *Intention* des Textproduzenten begründete Vermutungen anstellen. So spricht zum einen die *sprachliche* Gestaltung dafür, daß der Werbemacher die Assoziation der negativen phraseologischen Lesart intendiert hat: Die nominale Formulierung *das Blaue vom Himmel* ist zur Bezeichnung eines 'blauen Himmels' in der Alltagssprache unüblich; sie ist vielmehr eng an das Phrasem gebunden und Teil seiner lexikalischen Fixiertheit; die Assoziation des Phrasems wird somit begünstigt. Zum zweiten deutet die Gestaltung des Plakats darauf hin, daß die

---

[6] *das Blaue vom Himmel (herunter)versprechen/ (herunter)lügen;* Def.: 'jm. ohne Hemmungen Unmögliches versprechen' (Duden 11); Syn.: *jm. goldene Berge versprechen* (DI). Beispiel: Der Angeklagte hatte den Gastarbeitern *das Blaue vom Himmel herunter versprochen* und sie dann schamlos ausgebeutet. (Duden 11)

[7] Dies wäre letztlich eine experimentell zu prüfende Aufgabe der Psycholinguistik; vgl. etwa die Untersuchungen von Gibbs 1980 und 1986 sowie Gibbs/ Gonzalez 1985, die unterschiedliche Hypothesen zur Interpretation von Redewendungen bzw. ihrem homonymen wörtlichen „Gegenstück" unter verschiedenen Kontextbedingungen prüfen. Die Ergebnisse dieser Untersuchungen können freilich nicht auf die vorliegenden Fälle übertragen werden, da die sprachlichen Ausdrücke bzw. ihr Kontext oftmals manipuliert und das Sprachliche durch die graphische Gestaltung überlagert werden – Faktoren, die in den genannten psycholinguistischen Untersuchungen keine Berücksichtigung finden.

phraseologische Bedeutung *zuerst* assoziiert werden soll: Der Ausdruck erscheint in der Werbeschlagzeile, die grundsätzlich „Blickfang" ist (Sowinski 1979, 76); darüber hinaus ist die Schlagzeile in Großbuchstaben gesetzt und nimmt die gesamte obere Hälfte des Plakats ein. Der vermutlich beabsichtigte Effekt: Der Leser soll im Anblick dieses pragmatischen Verstoßes verblüfft innehalten, die Schlagzeile soll seine Aufmerksamkeit auf sich lenken – was bekanntlich die Grundvoraussetzung jeden Werbeerfolgs darstellt.[8]

Hätte der Werbemacher nur auf einer wörtlichen Ebene und direkt kommunizieren wollen, hätte er formulieren können: „Wir versprechen einen blauen Himmel/ bestes Urlaubswetter/ Sonnenschein an allen Tagen". Daß hiervon keine vergleichbare Wirkung ausgeht, dürfte offenkundig sein.

Ein ähnliches Beispiel, ebenfalls als Schlagzeile:

(2)   **Wir lassen Sie baden gehen**

1994

Willkommen im AQUA TOP! Erleben Sie Fitness und Badespaß, Freizeit und Erholung für die ganze Familie. Meerwasser-Brandungsbad, Wasserrutsche [...]
Hansestadt Lübeck – Travemünde
(*tm Travemünde Magazin* 1994)

---

[8] So schon in der bekannten, inzwischen als überholt angesehenen AIDA-Formel, die das Wecken von Aufmerksamkeit (engl. *attention)* an die oberste Stelle setzt; vgl. Unger 1989, 214f. Aber auch andere, komplexere Modelle räumen der Wahrnehmung und Aufmerksamkeit einen vorrangigen Stellenwert ein; vgl. ebda., 220. Siehe ferner Kroeber-Riel 1990, 118ff.

Das Beispiel ist dem ersten in mehrfacher Hinsicht ähnlich. Es wird ein Phrasem genutzt, das eine negativ bewertete Handlung bezeichnet und daher in gleicher Weise pragmatisch fixiert ist wie das Phrasem in (1): Der Ausdruck *mit etwas baden gehen* (= 'reinfallen'[9]) wird normalerweise nicht mit der 1. Person und insbesondere nicht als Ankündigung einer Handlung gegenüber dem unmittelbar Betroffenen verwendet. Ferner spricht auch hier einiges dafür, daß die phraseologische Bedeutung, mit der dem Konsumenten Negatives angedroht wird und die gar nicht produktbezogen scheint, *zuerst* wahrgenommen werden soll: Die Konstruktion mit dem Verb *lassen* begünstigt eine phraseologische Interpretation (man vergleiche demgegenüber einen Satz wie *Hans ist baden gegangen,* der – ohne weiteren Kontext – kaum eine phraseologische Interpretation nahelegen würde). Zum zweiten springt dieser Ausdruck geradezu ins Auge: Auch er findet sich in der Schlagzeile, die wiederum durch größere Schrift und Fettdruck hervorgehoben ist und sich vom übrigen Teil der Anzeige deutlich abhebt; isoliert gelesen kommt der Ausdruck einer Warnung vor einem Kontakt gleich.

Wie (1), so ist auch diese Schlagzeile bei Wahrnehmung der gesamten Anzeige gegen den Strich semantisch-syntaktischer Gewohnheiten wörtlich zu lesen und wird dann zu einem positiven, produktbezogenen Werbeversprechen: „Wir machen es Ihnen möglich, baden zu gehen."

In der folgenden Schlagzeile wird die Mehrdeutigkeit eines Einzellexems genutzt, wobei die der jeweiligen Bedeutung typischerweise zugeordneten syntaktischen Kotexte nach folgendem Muster überkreuzt werden:

Lesart 1 + strukturell-semantischer Kontext von Lesart 2.

(3)   Textüberschrift:

Fast keiner sieht, was wir uns eingehandelt haben.
(VW-Werbung, Merian-Heft „Südlicher Schwarzwald", 11/13 [1978]., S. 143)

Der reflexive Gebrauch des Verbs, wie er hier vorliegt (*sich etwas einhandeln*), ist eigentlich auf eine übertragene, negative Bedeutung festgelegt, die sich beim Leser vermutlich zuerst einstellen soll: „für sein Verhalten/ Benehmen Kritik hinnehmen müssen; etwas [Negatives] auf sich nehmen".[10] Nicht reflexives *einhandeln* hat dagegen eine wörtliche Bedeutung: „durch Handel/ Tausch

---

[9] *baden gehen* (DI); 1. wörtlich: Wie oft gehst du normalerweise baden? (DI); 2. phraseologisch: *mit etwas* baden gehen; Beispiel: Mit seinem Versuch, die Leute zu erpressen, ist er ganz schön baden gegangen. Es hat mich gefreut, daß dieser Zyniker einmal richtig *reingefallen* ist. (DI)
[10] Beispiel: sich wegen seines Zuspätkommens einen Verweis einhandeln (Duden WTB, *einhandeln*).

erwerben, für sich gewinnen".[11] Es ist aber diese Interpretation, die sich letztlich als stimmig mit dem Text erweist, denn im weiteren Verlauf heißt es: „VW sucht *seine Lieferanten* überall dort, wo man sich Gedanken darüber macht, wie man bessere Autoreifen [...] machen kann. [...] Deshalb sind 6000 Hersteller in aller Welt *ständige Handelspartner* von VW." (Herv. d. Verf.)

Etwas anders gelagert ist das folgende Beispiel:

(4)   **Wir streichen auch nur mit Farbe**

Aber wir räumen für Sie ein und aus
wir pflegen Ihre Gardinen
wir reinigen Teppichböden
(Malerinnungsfachbetrieb Bömmerl, Plakatwerbung, U-Bahn München, 1990)

Diese Schlagzeile ist eine okkasionelle Variation des Phrasems *Da/in.../bei... wird auch nur/ bloß mit Wasser gekocht* (DI), wobei die Bildebene dem Kontext angepaßt wurde.[12] Dieses Phrasem wird typischerweise nur in Aussagen über Dritte verwendet: Angaben in der Form *Da/in.../bei...* sind praktisch feste Bestandteile des Ausdrucks, wie die Form des Eintrags in der *Deutschen Idiomatik* zeigt. Mit der Schlagzeile in (4) wird eine irgendwie geartete Besonderheit der Leistung, die jeder werbende Betrieb normalerweise herausstellen möchte, um sich im Markt zu „positionieren",[13] negiert. Allerdings kann ein solches Eingeständnis durchaus positiv ausgelegt werden, nämlich als Zeugnis von Ehrlichkeit oder als sympathisches Understatement. Denkbar ist schließlich auch noch, daß der Satz eine Meinung des Konsumenten aufgreift, daß er ihn also dort 'abholt', wo dieser mit seiner Meinung steht: Ein Maler sei ein Maler, der eine sei so gut wie der andere. Insofern ist das negativ Formulierte hier ambivalent und läßt mehrere Interpretationen zu – ein typisches Kennzeichen vieler Werbeanzeigen, die ein Maximum an Personen ansprechen wollen. Das Besondere dieser Anzeige liegt nun darin, daß sie einerseits besondere Qualitäten negiert, daß sie dies aber gleichsam als Sprungbrett nutzt, um doch wieder zusätzliche Qualitäten anzupreisen, durch die sich der werbende Betrieb von anderen Betrieben abhebt. Insofern verfolgt sie letztlich genau die bewährte Strategie einer Produktpositionierung durch Nennen positiver Qualitäten.

Auch die folgende Schlagzeile einer Prospektwerbung – auf einer eigenen Seite plaziert und somit für die Wahrnehmung hervorgehoben – liest sich zu-

---

[11] Beispiel: Im Krieg hatten sie den Schmuck gegen/ für Lebensmittel eingehandelt. (Duden *WTB, einhandeln*)
[12] Zu diesem Verfahren der textbezogenen Analogisierung bei okkasionellen Bildungen siehe Sabban 1998, Kap. II/2.2.
[13] Zu der für die Werbung zentralen Strategie der (Produkt-)Positionierung, die ganz wesentlich auch die Abgrenzung gegenüber anderen Anbietern beinhaltet, vgl. Kroeber-Riel 1990, 45fff.

nächst wie eine negative Selbstcharakterisierung:

(5)   **Wir werden immer bequemer.**
        (Werbeprospekt der Thyssen AG, Hannovermesse 1996, o.S.)

Auf Personen angewendet, ist das Bequemsein ein negatives Urteil, das man normalerweise über andere fällt. Der eigentliche Werbetext, der sich auf der gegen-
überliegenden Seite befindet, deutet das *wir* so um, das es metonymisch für die
Produkte steht; folglich kann das Prädikat *bequem* nun positiv gedeutet werden;
dort heißt es: „[...] wie *bequem* das Bahnfahren auf unseren modernen Gleisen
für hohe Geschwindigkeiten geworden ist."

3. Konsumentenbezogene Negativität

In der folgenden Beispielgruppe ist es der Konsument, der vordergründig in
irgendeiner Weise negativ betroffen ist: Ihm wird gedroht, er wird beleidigt, ihm
wird signalisiert, daß sein 'Gegenüber' nichts von ihm wissen und die Kommunikation beenden will. Dies war auch schon bei einigen Beispielen der ersten
Gruppe der Fall, doch liegt der Unterschied in einer anderen Gewichtung spre-
cher- und hörerbezogener Funktionen: Der Wortlaut ist nunmehr ausschließlich
konsumentengerichtet, wohingegen der Produzent nicht explizit erwähnt wird.
    Eine erste, zahlenmäßig auffällige Untergruppe (Beispiele (6) bis (12)) enthält
Ausdrücke, die bei phraseologischer Lesart allesamt einer rüden Beendigung der
Kommunikation oder einer Beschimpfung gleichkommen. In dem semantischen
Ordnungsschema, das Schemann seinem *Synonymwörterbuch der deutschen
Sprache* (1989) zugrunde legt, fallen die Ausdrücke in nur zwei semantische Fel-
der, die ihrerseits einander nahestehen:[14] „Zuneigung – Abneigung: Distanz,
Abfuhr" (Feld Ea 10) und „Seelisches Erscheinungsbild: schimpfen/ Schimpf-
worte" (Feld Cb 19). Diese Ausdrücke sind:

-       Hier fliegen Sie schneller raus, als Sie glauben!
        (vgl. Schemann 1989, Feld Ea 10:19,22,29)

---

[14] Für die Nachbarschaft der semantischen Felder spricht etwa, daß sich Ausdrücke aus beiden
Feldern in demselben Dialogabschnitt belegen lassen (vgl. DI, Eintrag *Arsch/ j. soll/kann
mich/uns am/(im) Arsch lecken:*
X: - Da ist der August und sagt ...
Bruno: - Der August *kann mich am Arsch lecken!*
X: - Aber Bruno, du kannst doch nicht...
Bruno: - Ich sage dir: *der Kerl soll bleiben, wo der Pfeffer wächst. Ich will ihn nicht
             sehen,* jetzt nicht und in der Zukunft nicht, hörst du? Der soll mich ein für allemal
             zufrieden lassen.)

- Fliegen Sie doch hin, wo der Pfeffer wächst...
  (ebda., Feld Ea 10:24)

- Sie können uns im Mondschein begegnen.
  (ebda., Feld Cb 19:18)

- Sie können uns [...] mal **...**
  (vgl. ebda., Feld Cb 19:19).

So formulierte Botschaften sind, bei phraseologischer Lesart, kontraproduktiv für eine Kontaktaufnahme, wie die Werbung sie eigentlich anstrebt. Dazu rechnen auch folgende Sätze und Satzmuster:

- Warten können Sie woanders! (siehe Beispiel (8))
- Machen Sie doch, was Sie wollen! (siehe Beispiel (11))

- Stecken Sie sich Ihr Sparbuch doch dorthin, wo es hingehört! (siehe Beispiel (12))

- Fühlen Sie sich nur nicht angesprochen! (siehe Beispiel (16))

- Was glauben Sie, wer wir sind?
  (Werbeprospekt der Thyssen AG, Hannovermesse 1996, Titelseite)

Die Strategie beim Aufbau der Werbung besteht auch hier darin, daß die Ausdrücke nur auf den ersten, isolierenden Blick negativ sind; im Gesamtkontext der Werbung tut sich jedoch eine zweite wörtliche Isotopieebene auf, so daß das, was auf Anhieb negativ wirkte, sich in eine regelkonforme positive Werbung verkehrt. Dabei verschiebt sich auch hier der kommunikative Akzent: Negativ gelesen betrifft die Schlagzeile die Ebene zwischen Produzent und Rezipient (Appellfunktion), positiv gelesen wird derselbe Wortlaut zu einer Aussage über das Produkt (Darstellungsfunktion). Im einzelnen:

(6)   Werbeschlagzeile:

'   **Hier fliegen Sie schneller raus, als Sie glauben!**
        (Plakatwerbung für den neuen Münchner Flughafen, München, November 1994)

Hier wird dem Konsumenten in autoritärem Ton[15] eine unsanfte Beendigung der Kommunikation angedroht. Geht man jedoch hinter die kompositionelle Bedeutung von *rausfliegen* auf die Bedeutung der Einzelbestandteile zurück, dann ergibt sich eine Isotopieebene mit dem 'Produkt', für das geworben wird: den Münchner Flughafen. So gegen die konventionalisierte Bedeutung gelesen, ergibt

---

[15] Zur Dokumentierung des autoritären Charakters vgl. die in der folgenden Anmerkung zitierten Textbeispiele.

sich eine durchaus positive Aussage über das Produkt: „Von diesem Flughafen können Sie besonders schnell abfliegen – schneller, als Sie glauben". Die Drohung erweist sich im nachhinein als bloß verbales Spiel.[16]

Daß auch hier die kompositionelle Bedeutung von *rausfliegen* („an die Luft gesetzt werden") präsent gemacht und möglicherweise *zuerst* assoziiert werden soll, wird einerseits durch die optische Dominanz der Schlagzeile, dann aber auch durch die Sprache, und zwar das Satzmuster und dessen typische pragmatische Funktion begünstigt: Sätze vom Typ *Das passiert (geht) schneller als Du glaubst/ als Du denkst/ als Sie glauben* usw. haben oft den Wert einer Warnung: „Achtung, nimm dich/ nehmen Sie sich in acht!"

Der Flughafen München wirbt zur gleichen Zeit noch mit zwei weiteren Plakaten, denen dieselbe Strategie zugrunde liegt:

(7)   **Fliegen Sie doch hin, wo der Pfeffer wächst...**

Die phraseologische Interpretation dieser Schlagzeile käme ebenfalls einem Rausschmiß gleich.[17] Die unüblich positiv gewendete und dann produktbezogene Lesart lautet: „Fliegen Sie einfach an einen fernen Ort, irgendwohin in die weite Welt". Die Abtönungspartikel *doch*, die in einem Aufforderungssatz grundsätzlich verstärkend wirkt, verleiht im ersten Fall der Verärgerung des Sprechers Nachdruck, während sie bei der zweiten Interpretation den Vorschlagscharakter der Äußerung unterstreicht (vgl. Helbig 1990, 113, *doch₃*). Ganz ähnlich signalisiert die zweite Schlagzeile für sich genommen auf rüde Weise, daß der Angesprochene an dem betreffenden Ort unerwünscht ist:

(8)   **Warten können Sie woanders!**

Der kleingedruckte Werbetext macht daraus jedoch eine positive Aussage über den Flughafen, an dem man gerade keine langen Wartezeiten in Kauf zu nehmen brauche:

---

[16] Bei dem Verb *rausfliegen* handelt es sich zwar um ein Einzellexem, das jedoch sehr dicht am phraseologischen Wortschatz angesiedelt ist: Das Verb taucht in der hyperbolischen Wendung *achtkantig/ hochkant rausfliegen* auf (Def.: 'in hohem Bogen rausfliegen; grob und nachdrücklich hinausgeworfen werden'; Duden 11); seine semantische Konverse läßt sich phraseologisch formulieren: *jn. an die frische Luft setzen.* Vgl. dazu das Beispiel: ... Wenn du jetzt nicht deinen Ton änderst, *fliegst du raus!* Es wäre ja leider nicht das erste Mal, daß ich einen von euch *an die Luft setzen muß.* (DI)

[17] *j. kann/ soll bleiben (hingehen/...) wo der Pfeffer wächst* (DI bzw. Duden 11); Registermarkierung: salopp, veraltend (DI); umgangssprl. (Duden 11). Das Phrasem hat eine Leerstelle, das mit einem Verb der Bewegung besetzbar ist. Def.: 'j. ist nicht erwünscht, soll verschwinden' (Duden 11); auch: *jn. dahin wünschen, wo der Pfeffer wächst* (DI); Beispiel: Die Doris will dich heute nachmittag besuchen. – Die *soll bleiben, wo der Pfeffer wächst!* – Wie? – Na, wo es mir schon mal herausgerutscht ist: *ich bin froh, wenn ich die nicht sehe.* (DI)

Am pünktlichsten Verkehrsflughafen Europas bleibt zum Warten einfach keine Zeit. Weder am Boden noch in der Luft. Wenn Sie also unbedingt bei uns warten wollen, müssen Sie schon etwas früher kommen. Flughafen München – immer für Sie da. (München 1994)

Die Werbeschlagzeile

(9)   **Sie können uns im Mondschein begegnen**
        (Werbung für das Nachtliniennetz des Münchner Verkehrsvereins, U-Bahnen München, Dezember 1994)

heißt, phraseologisch gelesen: „Sie sind uns schnuppe; wir wollen nichts mit Ihnen zu tun haben".[18] Schaut man sich an, wofür hier geworben wirbt, dann wird das Phraseologische aufgebrochen, und es ergibt sich eine geradezu freundliche wörtliche – und wieder produktbezogene Lesart: „Sie können uns, die U-Bahnen, nachts *(im Mondschein)* antreffen – d.h., wir fahren Sie neuerdings auch nachts nach Hause."

Synonym mit dem Ausdruck *j. kann mir/ uns (mal) im/ beim Mondschein begegnen!* ist das vulgäre *j. soll/ kann mich/ uns am (im) Arsch lecken (mit etwas)* (DI). Genau dieser Ausdruck kommt in der letzten Werbung dieser Gruppe vor, wobei das tabuisierte Wort zunächst durch drei Punkte ersetzt ist:

(10)   **Sie können uns jetzt 12-mal ...**
                     ... sammeln
        (Plakatwerbung Coca Cola, Hildesheim, November 1995)

Die Schlagzeile wird optisch geteilt, indem zwischen die Auslassungspunkte eine Coca-Cola-Flasche diagonal über das ganze Plakat gelegt ist. Die Auslassung, die vom Betrachter jedoch eindeutig ergänzt werden kann, wird somit für die Wahrnehmung isoliert, das umdeutende *...sammeln* erscheint rechts unten auf dem Plakat.

Mit dem ersten Satz des folgenden Werbetextes gibt man typischerweise seiner Verärgerung Ausdruck und bricht die Kommunikation ab. Die Partikel *doch* unterstreicht diesen Charakter. Der Satz kommt einer satzhaften Routineformel gleich, ist allerdings in keinem einschlägigen phraseologischen Wörterbuch verzeichnet (vgl. DI, Duden 11):

(11)   Machen Sie doch, was Sie wollen! Mit dem Nokia 2110 *können Sie auch die verrücktesten Ideen in die Tat umsetzen.* (...) Das Nokia 2110 ist fast überall zu ha-

---

[18] *j. kann mir/ uns (mal) im/ beim Mondschein begegnen!* (DI) euphem. für *j. soll/ kann mich/ uns am (im) Arsch lecken (mit etwas)* (DI). Def.: 'j. soll mich in Ruhe lassen, ich will nichts mit ihm zu tun haben' (Duden 11).

ben.
(Werbung für das Handy Nokia 2110: Falk Stadtplan Hannover, Innenblatt, 1995)

Schon mit dem zweiten Satz des Textes wird der Ausdruck positiv umgedeutet, er wandelt sich zu einem Vorschlag[19], was sich im Gesprochenen auch in einer veränderten Intonation niederschlagen würde: „Realisieren Sie das, was Sie persönlich wollen – auch wenn es verrückte Ideen sind."
   Nach demselben Muster (Imperativsatz mit der Partikel *doch*) ist schließlich die folgende Werbung gestrickt:

(12)   **Stecken Sie sich Ihr Sparbuch doch dorthin, wo es hingehört!**
          (Plakatwerbung der Citibank Hildesheim, Februar 1996)

Darüber hinaus erinnert die Formulierung an das Phrasem *Du kannst dir/ er kann sich/... etw. an den Hut stecken!*, das als Ausdruck der Zurückweisung[20] in das semantisch-pragmatische Feld der hier besprochenen Ausdrücke paßt.
   Ebenfalls tadelnd und zurechtweisend ist das folgende Beispiel – natürlich wieder nur bei einer Lesart:

(13)   **Wir decken Ihr Dach, installieren Ihr Bad und heizen Ihnen ein.**
          (Hans Schramm Sanitärinstallation, Heizungsbau u.a.m.; Plakatwerbung, U-Bahn München, April 1990)

Entscheidend für die übertragene, drohend-zurechtweisende Interpretation ist die Konstruktion von *einheizen* mit personalem Dativobjekt.[21] Wenn die Werbung positiv und produktbezogen verstanden werden soll, dann muß *einheizen* in (13) wörtlich gelesen werden: „Wir sorgen für eine warme Wohnung". Diese wörtliche Interpretation – auf einer Isotopieebene mit dem Wort *Heizungsbau* und anderen Ausdrücken (vgl. den Werbegegenstand) – ist in einem syntaktisch-semantischen Kontext vorzunehmen, der üblicherweise der übertragenen Bedeutung vorbehalten ist und erfordert daher ein Um-die-Ecke-Denken.[22] Erleichtert

---

[19] Vgl. ähnlich Beispiel (7) oben: *Fliegen Sie doch hin, wo der Pfeffer wächst!*, insbesondere auch zur Kompatibilität der verstärkenden Partikel *doch* mit beiden Äußerungsfunktionen.
[20] Vgl. die Zuordnung des Ausdrucks bei Schemann 1989 in das Feld Db 15, „Ausdrücke der Zurückweisung".
[21] *einheizen:* 'durch Zurechtweisung o.ä. zur Eile, zu einer besseren Leistung antreiben; jm. die Meinung sagen, heftig zusetzen, jn. bedrängen, ängstigen, bedrohen' (Duden WTB). Kontextbeleg: Dem werde ich gehörig *einheizen*, wenn er es nochmal tut; er hat seinem Gegner ganz schön *eingeheizt*. (Duden WTB, *einheizen*). Vgl. auch die Einordnung des Verbs *einheizen* in das semantische Ordnungssystem bei Schemann 1989: „Moralisches Erscheinungsbild: tadeln, zurechtweisen" (Ca 24.39) sowie „Einfluß, Macht, Druck: jn. auf Trab bringen" (Fa 18.6).
[22] Das Münchner Unternehmen ist nicht das einzige, dem diese Idee gekommen ist: „Der wird *Ihnen einheizen*". Der Gas-Brennwertkessel Domoplus [...]" (Katalog Arbonia, Raumwärmer in Bestform, 1996, 15). Oder sollte derselbe Werbetexter dahinterstehen?

wird diese Interpretation dadurch, daß steigernde Adverbien, die dem Verb bei übertragener Lesart typischerweise beigegeben werden (*jm. gehörig/ tüchtig einheizen*), weggelassen sind.
Die folgenden Beispiele enthalten andere negative Konsequenzen für den Hörer.
Zum Thema finanzielle Vorsorge für das Alter wirbt eine Bank mit dem negativen Szenario

(14)   **Wollen Sie künftig jeden Pfennig umdrehen?**
         Wir machen den Weg frei.
         (Volksbank Hildesheim-Leinetal, März 1996)

Es handelt sich um eine rhetorische Frage, die die Antwort *Nein, auf gar keinen Fall* antizipiert. Das liegt daran, daß *jeden Pfennig umdrehen (müssen)* generell negativ bewertet ist: Es meint eine *durch Mangel erzwungene* Sparsamkeit. Da hier aber weitere typische Hinweise auf den Charakter einer rhetorischen Frage fehlen – z.B. ein Einschub der Partikel *etwa*, vgl.: *Wollen Sie etwa künftig jeden Pfennig umdrehen?* –, kann einen Moment lang der Eindruck entstehen, als wolle der Werbende dem Kunden ein Mittel an die Hand geben, wie er diese für ihn negative Situation herstellen kann. Das wäre fast schon zynisch zu nennen. Genau dadurch aber wird der Betrachter stutzig und auf die Werbung aufmerksam. Darüber hinaus wird durch eine solche Formulierung der Eindruck einer echten, offenen Frage erweckt, die der Adressat aus freien Stücken beantworten kann.[23]
Das zweite Beispiel dieser Gruppe ist (allzu) elliptisch und daher nicht ganz eindeutig zu interpretieren:

(15)   **Schnauze voll für 8,29 DM.**
         Supersparmenü nur 8,29 DM.
         (Plakatwerbung der Fast-Food-Kette Mc Donald's, München, Juli 1995)

Zwei Lesarten überlagern sich hier: (1) die phraseologische Bedeutung des Ausdrucks *die Schnauze vollhaben*, wobei das Subjekt nicht genannt ist („Sie, der Käufer haben die Schnauze voll" oder „Ich, der Produzent, habe die Schnauze voll").[24] Ausgespart bleibt die Information darüber, wovon die nicht genannte Person die 'Schnauze voll' hat – von einer Sache? oder gar vom Käufer? Ist eine Person gemeint, etwa der Käufer, so käme die Äußerung einem Kommunikationsabbruch gleich und näherte sich den oben besprochenen Ausdrücken. Mit

---

[23] Das Satzmuster *Wollen Sie/ willst du + etwas Negatives für Sie/ dich?* ist auch bei Eltern beliebt, die widerspenstige Kinder zu einem anderen Verhalten bewegen wollen.
[24] *die Schnauze voll haben von etwas/ jm./ davon, etwas zu tun* (DI); Def.: 'js/ einer Sache überdrüssig sein' (Duden 11). Beispiel: Ich hab' die Schnauze voll von dem Kerl. [...] *Für mich ist der jetzt gestorben.* (DI) – Der Junge hat die Schnauze voll *von dieser Drecksarbeit* bei Lohnert! Der wird noch in diesem Monat kündigen. (DI)

einer solchen Interpretation kollidiert allerdings die Fortführung ... *für 8,29 DM,* denn der phraseologische Ausdruck erfordert den Anschluß der Ergänzung mit *von (die Schnauze voll haben von etwas/ jm./ davon, etwas zu tun* (DI)). Das wiederum legt für (2) eine wörtliche Interpretation nahe, die auch im Kontext die plausibelste Lösung ist – etwa: „Sie werden satt für DM 8,29." Der Ausdruck *Schnauze voll* erfährt dabei eine vergleichsweise unübliche metonymische Deutung (→ „Mund voll"; → „satt sein").

Möglicherweise soll diese Schlagzeile aber auch gar nicht als sprachlich komplette Botschaft verstanden werden, sondern den Leser lediglich emotional einstimmen oder ein Signal für die Eßkultur des Hauses und die angesprochene Kundschaft setzen.

Als letztes Beispiel sei das im Titel dieses Beitrags zitierte

(16)   **Fühlen Sie sich nur nicht angesprochen!**

genannt. Mit dieser Schlagzeile ruft das Deutsche Rote Kreuz zu einer Blutspende auf (Hildesheim, Handzettel, Januar 1996). Die Partikel *nur* sorgt in Verbindung mit dem Imperativ dafür, daß dieser Satz den Charakter einer „Drohung mit unangenehmen Konsequenzen annimmt"[25]; die Schlagzeile ist daher emotional 'geladen'. Darüber hinaus hat sie auf Grund des spezifischen Prädikats implizite einen hohen Aufforderungscharakter, denn *sich nicht angesprochen zu fühlen* kommt einer aktiven Verweigerungshaltung nahe und ist gesamtgesellschaftlich negativ bewertet; zu solcherlei – vom Wortlaut her gesehen – explizit aufzurufen, löst im allgemeinen eine Gegenreaktion aus, da man sich ein aktives Ignorieren nicht vorwerfen lassen möchte. Genau darum eignen sich solche Äußerungen, vom Sprachproduzenten her gedacht, für einen persuasiven Akt, für einen Versuch, das Gegenteil zu erreichen. Die Aggressivität wird durch die rote Farbe des Handzettels unterstrichen – die zugleich auch die Farbe des zu spendenden Bluts wie auch die des humanitären Prinzipien verpflichteten Roten Kreuzes ist. Der Ausdruck hat also eine doppelte Zielrichtung. Auf den ersten Blick scheint er ein Vorwurf zu sein, der Aufmerksamkeit und emotionale Betroffenheit erheischen soll; inhaltlich wird hiermit im übrigen an eine weitverbreitete Haltung gegenüber dem Blutspenden angeknüpft: das Wegschauen, das Sich-Nicht-Betroffen-Fühlen, die in einem anderen, zeitgleichen Plakat visuell demonstriert wird.[26] Bewirken soll der Ausdruck aber genau das Gegenteil: daß sich der Leser angesprochen fühlt und dem Aufruf zur Blutspende Folge leistet. Bestätigt wird

---

[25] Helbig 1990, 189, *nur*$_1$; vgl. auch Beispiele wie *Misch dich nur nicht/ ja nicht ein! Komm mir nur nicht zu nahe!*
[26] Auf einem entsprechenden, ebenfalls signalrotfarbenem Plakat finden sich in Anspielung an ein bekanntes Motiv Strichzeichnungen von drei affenähnlichen Menschen, die sich – angesichts des Themas Blutspende („Und welcher Blutspendetyp sind Sie?") – Augen, Ohren und Mund zuhalten.

dies durch den direkten Aufruf unter der Schlagzeile: „Komm mit! Spende Blut beim Roten Kreuz".

Ins *Non-Verbale* wendet sich die vordergründige Beleidigung auf einer Serie von Plakaten einer Schweizer Krankenkasse, auf denen eine Person dem Betrachter die Zunge herauszustrecken scheint (Bahnhof Chur, März 1996). Die Plakate sind schwarz-weiß gehalten, allein die Zunge ist grün und somit vom Hintergrund deutlich abgehoben. Diese gestalterische Isolierung und Prägnanz des unverschämt-aggressiven Elements – vgl. die Plazierung der 'negativen' sprachlichen Ausdrücke an einer markanten Stelle, der Werbeschlagzeile, in fast allen zuvor besprochenen Beispielen – begünstigt die Interpretation der Geste als gegen den Betrachter gerichtet. Erst eine genauere Betrachtung des unfarbigen Hintergrunds ermöglicht eine Umdeutung durch Integration der grünen Zunge in das Bild selbst: Sie richtet sich dann nicht gegen den Betrachter, sondern zeigt die völlige Erschöpfung der dargestellten Person an – eines Computerhackers nach stundenlanger Arbeit bzw. eines Mädchens auf einer Rucksacktour.[27] Diese Situation bildet jeweils den Bezug für den Werbeslogan: „KFW – Die Versicherungen, die Ihnen gut tun."

4. Produktbezogene Negativität

In der dritten und letzten Gruppe von Beispielen wird auf den ersten Blick Negatives über das Produkt ausgesagt. Damit heben sich die Werbeanzeigen von der sonst üblichen Versicherung positiver und nützlicher Eigenschaften des Produkts ab.[28]
Das erste Beispiel findet sich wieder in einer Schlagzeile:

(17)   **Das haben Sie nun vom Handelsblatt.**

Wir schenken Ihnen diese ausgesprochen praktische Geldklammer. Sie bleibt Ihnen auch dann erhalten, wenn Sie das Handelsblatt nicht weiter abonnieren möchten – als unser kleines Dankeschön für Ihr Interesse.
(Werbung für das *Handelsblatt*, Zeitungsbeilage, 1995)

Der Ausdruck *Das haben Sie/ hat er usw. nun davon* ist als Satz in den phraseologischen Wörterbüchern nicht aufgenommen; dort finden sich nur die verbalen Verbindungen *allerhand/ viel/ wenig/ nichts ... davon haben, daß ...* (DI) bzw. *etwas/ nichts von etwas haben* (= „viel bzw. keinen usw. Nutzen von etwas

---

[27] Laut telefonischer Auskunft der Krankenkasse soll die grüne Zunge sogar als grünlich belegte Zunge auf Krankheit verweisen.
[28] Vgl. Sowinski 1979, 91, der von „Versicherungshandlungen" und positiv gerichteten „Behauptungshandlungen" spricht; Beispiel: Kaba hält dich gesund (ebda.).

haben"; Duden 11). Eine Aufnahme ins Lexikon würde sich jedoch dadurch rechtfertigen, daß die *satzhafte* Formulierung *Das haben Sie nun davon* durchaus eine semantische „Fixierung" aufweist, indem sie stets auf etwas Negatives verweist.

Die Schlagzeile in (17) unterstellt eine bereits vollzogene Kontaktaufnahme und konstatiert retrospektiv, daß dem Käufer kein Nutzen daraus erwachsen ist. Dieses Verständnis wird im anschließenden Haupttext aber sofort korrigiert: Das *das* wird – entgegen der üblichen Verwendung – positiv gefüllt, dem Konsumenten wird ein Geschenk angekündigt, wenn er das Handelsblatt probeweise abonniert.

Konform mit dem negativen Charakter der Schlagzeile geht die graphisch hervorgehobene Schlußzeile:

(18)   **Wenn Sie es wirklich haben wollen.**
            [+ Antwortcoupon]

Hier erlaubt das Adverb *wirklich* zwei Interpretationen, die im gedruckten Text durch Satzzeichen und im Mündlichen durch die Intonation zusätzlich differenziert werden könnten. Im einen Fall bedeutet *wirklich* soviel wie 'tatsächlich' und verbindet sich eher mit einem Punkt als Satzzeichen, wie in (18):

(a)   Wenn Sie *tatsächlich* der festen Überzeugung sind, daß Sie es haben wollen.

Hiermit tut der Verkäufer kund, daß er dem Käufer nichts aufschwatzen will. Er gibt sich seriös, was den Spielregeln der Werbung vollauf entspricht. Sicher mitintendiert (darauf deutet auch ein zweites gleichgerichtetes Beispiel aus derselben Anzeige, siehe Beispiel (19)) ist jedoch die Assoziation der zweiten, eher negativen Bedeutung, die durch drei Punkte angedeutet würde (*wirklich* = 'unbedingt'):

(b)   Wenn Sie es *unbedingt* haben wollen ...

Im Gesprochenen wäre die Intonation hier am Ende des Satzes eher schwebend, was darauf hindeutet, daß die Äußerung nicht abgeschlossen ist und daß der Sprecher etwas mitzuverstehen geben will. Der Verkäufer gibt seine Ware gleichsam nur auf ausdrücklichen Wunsch des Käufers heraus; das könnte so verstanden werden, daß der Verkäufer selbst von dem Produkt gar nicht überzeugt ist. Derselbe Satztyp findet sich im übrigen auch im schon zitierten Werbetext (8) für den Flughafen München: „Wenn Sie also unbedingt bei uns warten wollen, dann ..." (lies: 'Wenn Sie sich etwas (Negatives) antun wollen').

Mit dieser Form des Appells zum Probeabonnement richtet sich die Werbung gegen eine übliche Form, bei der dem Abonnenten-in-spe eine begeisterte Zustimmung in den Mund gelegt wird – etwa nach dem Muster: „Ja, ich möchte

Das haben Sie nun vom Handelsblatt.

Wir schenken Ihnen diese ausgesprochen praktische Geldklammer. Sie bleibt Ihnen auch dann erhalten, wenn Sie das Handelsblatt nicht weiter abonnieren möchten - als unser kleines Dankeschön für Ihr Interesse.

Wenn Sie es wirklich haben wollen.

Der Handelsblatt-Orderscheck

Ich wünsche folgende Zahlungsweise: (bitte ankreuzen)

☐ Abbuchung ☐ Rechnung

☐ Jahresvorzugspreis (Nachlaß DM 36,- gegenüber Monatsbezug)

☐ vierteljährlich DM 180,-

☐ monatlich DM 61,- (nur bei Abbuchung möglich)

Postgiro- oder Bankkonto-Nr./BLZ

bei _____ in _____

Datum, Unterschrift

Die Abbuchung kann ich jederzeit widerrufen.

Die besondere Angebot für Studentinnen und Studenten:

Ich bin ☐ Studentin ☐ Auszubildende/r

☐ Wehrpflichtiger

und bestelle das Handelsblatt bei auf Widerruf zum Vorzugspreis von z. Z. monatlich DM 26,- (Bitte unbedingt Studienbescheinigung oder Berechtigungsnachweis beilegen.) Als Zahlungsweise: ☐ monatlich, bitte Kto.-Nr. oben angeben ☐ vierteljährlich

Datum, Unterschrift

Bitte liefern Sie mir das Handelsblatt zunächst für 4 Wochen (20 Ausgaben) zum günstigen Vorzugspreis von DM 36,- statt DM 61,- frei Haus. Wenn ich den Handelsblatt-Vertrieb, Postfach 10 27 16, 40018 Düsseldorf, innerhalb 3 Wochen während des Probe-Abonnements mitteile, daß ich keine weitere Lieferung wünsche, ist die Sache für mich erledigt. Schreibe ich nicht, erhalte ich das Handelsblatt weiter im Abonnement zum Preis von z. Z. monatlich DM 61,- (Ausland DM 76,-) bis auf Widerruf.

Als Dankeschön für mein Interesse erhalte ich die oben so praktische wie attraktive Geldklammer mit Handelsblatt-Gravur, die ich auf jeden Fall behalten kann.

Datum, Unterschrift

Widerrufsgarantie: Diesen Auftrag kann innerhalb einer Woche nach Eingang dieser Bestellkarte bei der Verlagsgruppe Handelsblatt GmbH, Vertrieb, Postfach 10 27 16, 40018 Düsseldorf, widerrufen werden. Zur Wahrung der Frist genügt die rechtzeitige Absendung des Widerrufs.

Datum, 2. Unterschrift

Anschrift

Name, Vorname

Straße, Postfach

PLZ, Ort

Telefon bei Rückfragen oder Fax-Nr.

Fühlen Sie sich nur nicht angesprochen!

KOMM MIT! SPENDE BLUT.

BEIM ROTEN KREUZ

HI-ITZUM

Donnerstag, den 25. Jan. 1996

von 15:00 - 19:30 Uhr

Pfarrheim, Itzumer Hauptstraße

Durchf.: Kath. Frauenbund Itzum

Ihre interessante Zeitschrift probeweise abonnieren und erhalte dafür Ihre praktische Geldklammer, die ich auf jeden Fall behalten darf."

Ein nach demselben Muster wie (18) gebauter Satz kehrt, wie schon gesagt, an
anderer Stelle in derselben Werbung wieder; der Produzent will seinen Werbe-
maßnahmen mit Formulierungen dieser Art offenbar einen einheitlichen Stil
geben:[29]

(19)   **Wenn Sie es wirklich wissen wollen.**

Hiermit wird einerseits Seriosität und Gründlichkeit der Informationen im *Handelsblatt* versprochen. Es schwingt aber auch, ähnlich wie bei (18), die Signali-
sierung von Zurückhaltung bei der Preisgabe einer Information mit.

Eine weitere, elliptische Schlagzeile:

(20)   **Für jeden Unsinn zu haben.**
         Nokia 2110.
         Machen Sie doch, was Sie wollen! Mit dem Nokia 2110 *können Sie auch die ver-
         rücktesten Ideen in die Tat umsetzen.* [...] Das Nokia 2110 ist fast überall zu ha-
         ben.
         (Werbung für das Handy Nokia 2110; Falk Stadtplan Hannover, Innenblatt; 1995)

Die auf den ersten Blick negative Interpretation der Schlagzeile ergibt sich vor
allem durch den negativen lexikalischen Gehalt (*'Unsinn')* und durch die Nähe
des Ausdrucks *für jeden Unsinn zu haben* zu phraseologischen Wendungen wie
*nichts als/ nur/ ... Unsinn im Kopf haben; nichts als/ nur/ ... Dummheiten im
Kopf haben.*[30] Ähnliches ist auch tatsächlich gemeint, denn im Haupttext der
Werbung heißt es: „Mit dem Nokia 2110 können Sie auch die verrücktesten
Ideen in die Tat umsetzen". Allerdings ist diese Verrücktheit keineswegs eindeutig negativ: *Unsinn* im Sinne von „verrückte Idee" kann durchaus positiv interpretiert werden – als Verhalten eines Individualisten und kreativen Menschen;
gestützt wird dies durch das positiv konnotierte Prädikat *etwas in die Tat umsetzen.* So verstanden folgt die Werbung der bewährten Strategie, dem Konsumenten
positive Eigenschaften zuzusprechen bzw. ihm positive Handlungsmöglichkeiten
in Aussicht zu stellen.

Konform mit dieser zeit- und gesellschaftstypischen, positiven Deutung des

---

[29] Zum Werbestil vgl. Schweiger/ Schrattenecker 1988, 125.

[30] Beispiel: Was hat der Moritz gemacht? Er hat die Kaninchen von Frau Haubich in den
Stadtpark laufen lassen? Der Junge *hat aber auch nur Dummheiten im Kopf.* – Zu den
Bedeutungen von *zu haben sein:* (1) 'zu kaufen, erhältlich sein' (Duden 11); Beispiel: für so-
undsoviel Mark zu haben sein; diese Lesart wird im Schlußsatz des Werbetextes aufgegriffen.
(2) in der Konstruktion *für etwas zu haben sein* (Duden 11): 'für etwas zu gewinnen sein'
(ebda.); Beispiel: Ja, ich bin mit von der Partie! Für eine Runde Skat *bin ich* immer *zu haben.*
Also los! (DI)

„Verrücktseins" ist auch die folgende, zeitgleich belegte Werbeschlagzeile für einen Radiosender:

(21)   **Sind wir nicht alle ein bißchen ffn?**
(Plakatwerbung Hildesheim, November 1995 bis März 1996)

Das *wir* ist offenbar inklusiv zu verstehen, soll also den Hörer mit einbeziehen. Es ließe sich darum auch der hörergerichteten Kategorie negativ gerichteter Werbung zuordnen. Eine inhaltliche Füllung des 'Prädikats' *ffn* ergibt sich durch das Bild, das drei 'verrückte Typen' in einer Badewanne zeigt. Darüber vermittelt ergibt sich die paradigmatische Assoziation 'ffn sein' = 'verrückt sein', 'balla balla sein', d.h. 'nicht ganz bei Trost sein'. Eine solche Werbung kann nur funktionieren, wenn ein gewisses Maß an Exzentrik und Verrücktsein positiv bewertet wird.

Eine Ambivalenz zwischen negativer und positiver Interpretation kann im sprachlichen Ausdruck selbst angelegt sein. So ermöglicht das satzhafte, kommentierende Phrasem *Das ist ein Hammer* je nach Kontext eine negative oder positive Interpretation; dem entsprechen verschiedene typische Kollokationen. Die Ausdrücke *etwas ist ein (ganz schöner) Hammer/ Das ist (doch/vielleicht) ein Hammer* signalisieren Empörung über einen negativ bewerteten Sachverhalt; sie sind synonym mit *Das (Etwas) ist ein dicker Hund/ Das ist doch ein starkes Stück*.[31] Dasselbe Phrasem kann aber auch eine positive Haltung und Begeisterung ausdrücken: *etwas ist ein (wahrer) Hammer* bedeutet soviel wie „es übertrifft alle Erwartungen".[32] Diese zweifache Möglichkeit der Verwendung macht sich eine Werbung für Fishermen's Friend zunutze:

(22)   **EIN HAMMER von Geschmack!**
(Plakatwerbung Bahnhof Chur, März 1996)

Gleichzeitig wird das Phrasem wörtlich genommen: Neben der Schlagzeile ist ein Gesicht abgebildet, das von einem wuchtigen Schlag eingedellt ist. Damit isotop ist der englischsprachige (sic!) Slogan der Anzeige: The Original *Powerful* Taste.

Ein letztes Beispiel für eine negative Charakterisierung des Produkts ist:

(23)   **Der Wolf im Schafspelz**
Test the Lights!
(West Zigaretten; Litfaßsäule, München, April 1990)

---

[31] Vgl. die Zuordnung zum semantischen Feld Cc33 bei Schemann, *Synonymwörterbuch*, für das Ausdrücke wie *Das ist doch die Höhe* oder *Das ist ein starkes Stück* repräsentativ sind.
[32] Vgl. die Zuordnung bei Schemann, *Synonymwörterbuch*, zur semantischen Kategorie Ic4, in der Ausdrücke für 'ausgezeichnete' Bewertungen zusammengefaßt sind. Beispiel: Die Fudschi-Fudschi-Band, *das ist ein wahrer Hammer*, sag' ich dir. So eine Rockmusik haben wir hier noch nicht gehört! Einfach toll! (DI)

Diese Schlagzeile besteht nur aus einer Nominalphrase. Man kann sie als Prädikation zum Produkt auffassen; die West-Zigaretten, für die geworben wird, sind demnach gefährlich, der Konsument wird vor dem Produkt gewarnt, ihm wird eher ein Nicht-Kauf nahegelegt[33] – entgegen der werbeüblichen Empfehlungshandlung.

Die positive Botschaft, die der Werbung entnommen werden kann, erfordert eine geringfügige Verschiebung der üblichen Bedeutung des Phrasems: Der Aspekt der Gefährlichkeit muß ausgeblendet werden. Die Botschaft lautet dann: Bei West handelt es sich um „leichte Zigaretten, die aber geschmacklich stark sind."

5. Schluß

Negativ gerichtete Werbung beruht auf einer komplexen Strategie: Die Gestaltung der Werbeanzeige zielt darauf ab, daß die negative Interpretation des sprachlichen Ausdrucks mitgedacht wird, oft sogar, daß sie sich in den Vordergrund schiebt und als erste gedacht wird. Der Gedanke, das Negative könne ernst gemeint sein, erweist sich in der Situation freilich als letztlich *un*-denkbar. Das gilt insbesondere für die größte Beispielgruppe, die bei negativer Lesart nicht produktgerichtet ist, sondern die Ebene zwischen Produzent und Rezipient betrifft. Diese Werbeschlagzeilen, die den Rezipienten unmittelbar zu attackieren scheinen oder doch zumindest einen frechen oder vorwurfsvollen Ton anschlagen, zielen auf eine negative Emotionalisierung des Lesers, die bei Verschiebung der Interpretation in Richtung auf eine produktbezogene Aussage in positiv empfundene Erheiterung umschlagen kann.

Damit reiht sich die hier vorgeführte Strategie ein in Verfahren der Indirektheit, wie sie – in anderer Spielart – etwa auch beim Understatement, bei Formen der Höflichkeit oder auch bei der Ironie (vgl. Stempel 1976; Sperber/Wilson 1978) begegnen. Im vorliegenden Fall handelt sich um eine Form des Spiels mit den Grundkoordinaten der Kommunikation und den darauf bezogenen Sprachfunktionen. Geeignet dafür sind komplexe, multifunktionale Sprachzeichen, die einerseits sprecher- und hörerbezogene Äußerungen, dann aber auch sachbezogene Äußerungen ermöglichen – und sei es erst bei einer ungewohnten Wendung der Interpretation. Dazu zählen insbesondere Phraseme; diese Zeichen ermöglichen ein Umschlagen vom Negativen ins Positive durch Verschieben der Per-

---

[33] *ein Wolf im Schafspelz*; Def.: 'ein Mensch mit üblichen Absichten, der sich aber äußerlich sanft und friedlich gibt' (Duden 11). Beispiel: Will der Präsident wirklich den Frieden mit den Nachbarvölkern, oder ist er nur *ein Wolf im Schafspelz*? (Duden 11) Verwendung z.B. als Warnung: Laß dich durch seine Freundlichkeit bloß nicht irreführen! [...] Das ist *ein Wolf im Schafspelz*. (DI)

spektive – durch Verschieben des Blicks auf die Grundkoordinaten der Kommunikation ebenso wie auf die strukturellen, semantischen oder pragmatischen Konventionen des Ausdrucks.

Als Spiel erkennbar wird dieser Sprachgebrauch nur auf dem sicheren Boden vertrauter Kommunikationsformen. So wie im Alltag eine frotzelnde, eine vorgeblich unverschämte oder gar anzügliche Äußerung nur bei gesicherter positiver Beziehung zwischen den Kommunikationspartnern als augenzwinkerndes Spiel bewertet werden kann, so wird negativ gerichtete Werbung nur auf der Basis einer Vertrautheit mit der Textsorte Werbung als lediglich inszeniert erkannt. Es steht daher zu vermuten, daß diese Art von Werbung nur in einer Gesellschaft funktioniert, die schon so häufig mit Werbung konfrontiert worden ist, daß sie um die Spielregeln weiß. Hinzu kommt eine positive Bewertung von Frechheit, Aufmüpfigkeit und einer gewissen 'Verrücktheit', wobei es sich um ein vergleichsweise junges Phänomen handeln dürfte, das vielleicht auch nicht in allen gesellschaftlichen Gruppen verbreitet ist.

Inszenierte Negativität mag als Zeugnis von Distanz zu konventionalisierten Formen der Werbung bzw. des Umgangs mit dem Konsumenten gewertet werden. Es muß andererseits zu denken geben, daß hier teilweise sehr aggressive Elemente eingesetzt werden, um die Aufmerksamkeit des Betrachters bzw. Lesers zu gewinnen.

Mit negativer Inszenierung nutzt das werbende Unternehmen eine Möglichkeit zur Profilierung – und das weniger durch ein Herausstellen von Produktqualitäten oder durch Entdecken neuer Marktnischen, was angesichts eines oft gesättigten Marktes sehr schwierig geworden ist, als vielmehr durch ein – letztlich allerdings nur scheinbares – Negieren der Werbestrategien selbst. Die besprochenen Anzeigen negieren die *direkt* attraktiv-machende, explizit Begeisterung heischende und den Käufer vereinnahmen wollende herkömmliche Werbung; manche setzen sogar auf einen provokativen Gestus gegenüber dem Kunden. Die Abgrenzung von anderen Produzenten erfolgt somit weniger über das Produkt als vielmehr über den Stil der Werbung.

Literaturverzeichnis

Brinker, Klaus [3]1992: Linguistische Textanalyse. Berlin: Erich Schmidt.

Burger, Harald et al. 1982: Handbuch der Phraseologie. Berlin, New York: de Gruyter.

Burger, Harald 1991: Phraseologie und Intertextualität. In: Palm, Christine (Hg.): Europhras 90. Akten der internationalen Tagung zur germanistischen Phraseologieforschung. Aske/Schweden 12.-15. Juni 1990. Uppsala: Univers. 13-27. (= Acta Universitatis Upsaliensis, Studia Germanistica Upsaliensia 32.)

DI = Schemann, Hans 1993: Die deutschen Redewendungen im Kontext. Stuttgart und Dresden: Klett.

Dobrovol'skij, Dmitrij 1988: Phraseologie als Objekt der Universalienlinguistik. Leipzig: VEB Verlag Enzyklopädie.

Duden 11 = Redewendungen und sprichwörtliche Redensarten. Idiomatisches Wörterbuch der deutschen Sprache. Mannheim 1992. (= Duden Band 11.)

Duden WTB = Duden. 1993. Das große Wörterbuch der deutschen Sprache in acht Bänden. 2., völlig neu bearb. und erw. Auflage. Mannheim u.a.: Dudenverlag.

Gibbs, Raymond W. Jr. 1980: Spilling the beans on understanding and memory for idioms in conversation. *Memory and Cognition* 8/2. 149-156.

Gibbs, Raymond W. Jr.; Gayle P. Gonzales 1986: Syntactic frozenness in processing and remembering idioms. *Cognition* 20. 243-259.

Gibbs, Raymond W. Jr. 1986: Scating on Thin Ice: Literal Meaning and Understanding Idioms in Conversation. *Discourse Processes* 9/1. 17-30.

Gréciano, Gertrud 1987: Idiom und sprachspielerische Textkonstitution. In: Korhonen, Jarmo (Hg.): Beiträge zur allgemeinen und germanistischen Phraseologieforschung. Universität Oulu. 193-206.

Helbig, Gerhard 1990: Lexikon deutscher Partikeln. 2. unveränd. Auflage. Leipzig: Verlag Enzyklopädie.

Kroeber-Riel, Werner 1990: Strategie und Technik der Werbung. Verhaltenswissenschaftliche Ansätze. 2. Aufl. Stuttgart: Kohlhammer.

Landheer, Ronald 1996: Le paradoxe: un mécanisme des bscule. In: ders.; Smith, Paul J. (Hgg.): Le Paradoxe en linguistique et en littérature. Genf: Librairie Droz. 91-116.

Nord, Christiane [2]1991: Textanalyse und Übersetzen. 2., neu bearb. Auflage. Heidelberg: Groos.

Sabban, Annette 1991: 'Die dümmsten Bauern haben nicht mehr die dicksten Kartoffeln' .- Variationen von Sprichwörtern im und als Text. In: Sabban, Annette; Wirrer, Jan (Hgg.): Redensarten und Sprichwörter im interkulturellen Vergleich. Wiesbaden: Westdeutscher Verlag. 83-108.

Sabban, Annette 1992: 'Il faut battre la page tant que la plume est chaude'. Remarques sur la modification des proverbes dans la presse et la publicité contemporaines. Actas do XIXe Congreso Internacional de Lingüística e Filoloxía Románicas. Santiago de Compostela. Vol. III: Lingüística Pragmática et Sociolingüística. Coruña. 565-575.

Sabban, Annette 1998: Okkasionelle Variationen sprachlicher Schematismen. Eine Analyse französischer und deutscher Presse- und Werbetexte. Tübingen: Narr. (= Romanica Monacensia 53.)

Schemann, Hans 1989: Synonymwörterbuch der deutschen Redensarten. Unter Mitarb. von Renate Birkenhauer. Straelen: Straelener Manuskripte Verlag.

Schweiger, Günter/ Schrattenecker, Gertraud 1989: Werbung. Eine Einführung. 2. bearb. und ergänzte Auflage. Stuttgart: Fischer. (= UTB 1370.)

Sowinski, Bernhard 1979: Werbeanzeigen und Werbewendungen. München: Oldenburg.

Stempel, Wolf-Dieter 1976: Ironie als Sprechhandlung. In: Preisendanz, Wolfgang/ Warning, Rainer (Hgg.) Das Komische München: Fink. 205-235. (= Poetik und Hermeneutik VII.)

Sperber, Dan; Wilson, Deirdre 1978: Les ironies comme mention. *Poétique* 9. 399-412.

Thun, Harald 1978: Probleme der Phraseologie. Untersuchungen zur wiederholten Rede mit Beispielen aus dem Französischen, Italienischen und Rumänischen. Tübingen: Niemeyer. (= Beiheft zur Zeitschrift für Romanische Philologie 168.)

Unger, Fritz 1989: Werbemanagement. Heidelberg: Physica.

Wotjak, Barbara 1992: Verbale Phraseolexeme in System und Text. Tübingen: Niemeyer.

Lutz Köster

Phraseolexeme in Horoskopen. Funktionale Analyse und didaktische Potenz dieser Textsorte für die Vermittlung von Deutsch als Fremdsprache

0. Einleitung

In Horoskopen finden sich auffällig viele Phraseologismen: Gemeinplätze, Kollokationen, Funktionsverbgefüge, Sprichwörter – und zahlreiche Phraseolexeme. Am Beispiel der Textsorte 'Horoskop' lassen sich im Unterricht Deutsch als Fremdsprache die Differenzen und Ähnlichkeiten bei L1-L2-Phraseolexemen für viele Sprachkombinationen bewußt machen; die charakteristische Verbindung von Horoskop + Phraseolexem ist den Sprachlernern bekannt.

Die linguistische Sekundärliteratur zu Horoskopen ist spärlich. Eine eigene empirische Analyse von Horoskopen in Unterhaltungszeitschriften bestätigt die Vorkommenshäufigkeit von Phraseologismen. Es folgt eine erste formale und funktionale Analyse der sehr frequenten Phraseolexeme.

Übungsmaterialien zur Phraseologie Deutsch als Fremdsprache sind quantitativ und qualitativ unbefriedigend; auf diesem Hintergrund bietet sich die kontrastive Arbeit mit Horoskopen in homogenen und heterogenen DaF-Lernergruppen an.

1. Das Horoskop – Kennzeichen der Textsorte

In der linguistischen Forschung haben Horoskope bisher nur wenig Beachtung gefunden, ganz im Gegensatz zur Akzeptanz und Beliebtheit dieser Textsorte in der Gesellschaft. Belächelt und doch viel gelesen, gehören sie für viele Menschen zur Pflichtlektüre; folgt man den Schätzungen, so lesen fast zwei Drittel der Deutschen die Horoskope, die regelmäßig in Zeitungen und Zeitschriften veröffentlicht werden.[1]

Nur an wenigen versteckten Stellen und in nur wenigen Aufsätzen[2] werden

---

[1] Belächelt und doch viel gelesen. »Neue Westfälische« 28.12.1995

[2] Sandig 1978 bestätigt, daß Horoskope und „Redewendungen" eine enge Beziehung bilden; sie geht nicht weiter auf Phraseolexeme ein; Götze/Hess-Lüttich 1989 (mit Bezug auf Sandig 1978); Weidhase 1978 interessiert sich für die literarische Tradition, in der Horoskope stehen, Phraseolexeme werden nur am Rande erwähnt; vgl. auch Martinell Gifre

Horoskope als Objekte linguistischer Forschung ernst genommen. Dies ist um so erstaunlicher, als die sehr häufig vorfindbare und genau definierte Textsorte Horoskop sich für textlinguistische Analysen eignet[3] und wegen der auffällig hohen Zahl von Phraseologismen die Aufmerksamkeit der phraseologischen Forschung auf sich ziehen kann, die künftig unter anderem die Verwendungsüblichkeit, Verteilung und Funktion der Phraseologismen in unterschiedlichen Textsorten zu untersuchen hat.[4]

Grundlage der folgenden empirischen Analyse sind Horoskope aus Unterhaltungszeitschriften, von »Lukullus« (einer kostenlosen Kundenzeitschrift der Fleischer) und »Prisma« (einer ebenfalls kostenlosen Fernsehzeitschrift) bis zur Regenbogenpresse und den Frauenzeitschriften. Den Großteil des Korpus bilden Horoskope aus Frauenzeitschriften und Blättern der Regenbogenpresse, deren Zielgruppe (ältere) Frauen sind; es sollen überwiegend Frauen sein, die sternengläubig sind und Horoskope lesen.[5] Zwar machen sich Zeitschriften mit einem politisch ambitionierteren Selbstverständnis wie beispielsweise der »Stern« über die in Frauenzeitschriften veröffentlichten Horoskope lustig[6], fehlen dürfen sie aber in dem eigenen Heft auch nicht, so daß sich im zugrundeliegenden Korpus (564 Texte)[7] auch Horoskoptexte aus dieser Zeitschrift finden lassen.

Horoskope beziehen sich auf einen wöchentlichen, monatlichen bis jährlichen Zeitraum. Eine Ausnahme hiervon bilden die in den Korpus übernommenen Tageshoroskope in der Tageszeitung »Bild«. Das Horoskop gliedert sich in Texte für die zwölf Sternzeichen, einige Zeitschriften unterteilen diese weiter nach den Geburtsdaten (Bsp. St: drei Subtexte), den Referenzbereichen (Bsp.

1990 und Gobyn 1992.

[3] Götz/Hess-Lüttich 1989, 472 ff

[4] Palm 1995, 117; Wotjak 1996, 9

[5] Und die Sterne lügen doch nicht?! »Prima Carina« 6/96, 119-126. 70 Prozent der Klienten einer Bielefelder Horoskopdeuterin sind Frauen: Stellaylah – Die Frau, die an die Sterne glaubt. »Neue Westfälische« 30.12.1995

[6] Wer's denn glaubt, wird selig. »Stern« 50/1995, 226

[7] Basis sind 47 Horoskope mit 12x47 Horoskoptexten. Zugrundegelegt wurden 25 unterschiedliche Zeitschriften und eine Tageszeitung: »Allegra« (Al), »Barmer« (Ba), »Bella« (Be), »Bild« (Bi) »Brigitte« (Br), »Frau im Spiegel« (Fi), »Freizeit Revue« (Fr), »Für Sie« (Fü), »Gala« (Ga), »Glücks-Revue« (Gr), »Journal für die Frau« (Jf), »Der Leineweber« (Lw), »Die Leute der Woche« (Le), »Lisa« (Li), »Lukullus« (Lu), »Mach mal Pause« (Ma), »Marie Claire« (Mc), »Maxi« (Mx), »Neue Post« (Np), »Neue Welt« (Nw), »Petra« (Pe), »Prima« (Pr), »Prima Carina« (Pc), »Prisma« (Pi), »7 Tage« (Ta), »Stern« (St). In diese explorative Pilotstudie (mit Zufallsauswahl aus einem größeren Korpus) sind Horoskope aus sehr unterschiedlichen Zeitschriften einbezogen. Eine auf die vergleichsweise sehr stark phraseolexemgesättigte Zeitschrift »Brigitte« und damit nur einen Horoskoptyp bezogene Folgeuntersuchung mit enger gefaßten Fragestellungen steht noch aus (Korpus 2: »Brigitte«, Hefte 16/95-15/96, 312 Texte).
Die Phraseolexeme in den zitierten Horoskoptexten werden im folgenden kursiv gedruckt.

Bi: Liebe, Beruf, Geld, Gesundheit) oder den Adressaten (Bsp. Fr: Sie, Er).
Horoskope sagen „dem Adressaten für einen bestimmten Zeitraum Situationsarten, Handlungsarten und Handlungsdispositionen voraus, die den Adressaten betreffen" (Sandig 1978, 99). Die informativ-unterhaltend formulierten Voraussagen sind kombiniert mit Aufforderungen und Ratschlägen, die auch direkte Obligationen implizieren. Schicksal wird angekündet, aber auch schicksalkorrigierendes Verhalten empfohlen, der „Lauf der Sterne (ist) durch das richtige Verhalten des Lesers offenbar positiv zu beeinflussen" (Götze/Hess-Lüttich 1989, 475):

> Manches Ärgernis will einfach nicht aus Ihrem Leben verschwinden. Sei es der Streit
> mit dem Kollegen oder eine hartnäckige Allergie. In der zweiten Woche dürfen Sie
> auf Besserung hoffen. Ihr planetarischer Begleiter, der ideenreiche Uranus, gewinnt
> bald an Tempo. Vertrauen Sie auf Ihre Kreativität, dann ist die Lösung schon in Sicht
> (Fü 21/96). Oder: Nicht träumen, handeln! Sie *haben mehrere Eisen im Feuer* (Br
> 14/95).

Immer wiederkehrende Referenzbereiche sind die Bezugspersonen (Schatz, Traummann, Partner) und die Orte des alltäglichen Geschehens bzw. Institutionenbegriffe (Firma, Job, Wohnung, Gesundheit, Finanzen, Privatleben, Zweierbeziehung oder Zweierkiste).
Neben der sehr häufig verwendeten Direktadressierung mit Sie, Ausdruck des Paradox einer kollektiven Individualität (Weidhase 1978, 121; „*Nehmen Sie sich* im Straßenverkehr und beim Sport *gut in acht.*" Fr 49/96), findet sich die indirekte Form der imperativischen Adressierung mit Hilfe des Infinitivs: „*Ärger nicht schlucken*, sondern ruhig mal (lauthals) herauslassen" (Fr 5/97). Nicht explizite Referenzen auf den Leser sind üblich, hierfür stehen Quantoren (einige, manche, wenige, bei dem einen oder anderen); weitere Personenreferenzen wie man, jemand („Sie können nun wirklich nicht erwarten, daß man Ihnen diese dünne Geschichte abnimmt." Fi 48/96; „Jemand hat Sie tief *ins Herz geschlossen.*" Fr 9/96) verweisen auf andere Beteiligte, die auch als alte Verehrer oder alte Freundin eingeführt werden können. Die für diese Textsorte charakteristische „Unbestimmtheit der Referenzgegenstände" (Sandig 1978, 127) wird ebenfalls deutlich bei den Objektreferenzen, die hinreichend vage bleiben: „Sie sollten alles noch einmal in Ruhe durchdenken, bevor Sie handeln" (Fi 48/96). In einer Ausgabe beispielsweise des »Stern« lassen sich sehr viele dieser unbestimmten Referenzen nachweisen: „Die Dinge entwickeln sich ausgezeichnet." – „Eine Sache interessiert Sie." – „In Ihrer Umgebung geschieht etwas, was nicht vorgesehen ist." Oder als kompletter Subtext: „Sie bringen viel mit. Entsprechend viel können Sie erwarten. Aber fordern Sie es nicht" (St 42/95).
Unbestimmte Ausdrücke des Zeitbezugs können vom Leser auf reale und individuell bestimmbare Zeitpunkte übertragen werden. Ereignisse finden dann

statt in der kommenden Woche (Be 46/95), bis Mitte November (Pc 11/96).
Wenn bestimmte Tage benannt sind, wird das Eintreffen der angekündigten
Situationen und Handlungen auf vielfältige Weise, etwa durch Kombination
mit entsprechenden Adverbien (vielleicht, vermutlich) und Modalitätsmarkern
(sollte, könnte, dürfte), relativiert: „Ein Flirt am Freitag könnte schicksalhaft
sein." (Gr 47/95) Oder: „Setzen Sie Mittwoch, Donnerstag ein paar Mark auf
Ihr Glück! Aber übertreiben Sie nicht. Vielleicht können Sie sich einen kleinen
Traum erfüllen." (Fr 5/97)

Zwei unterschiedliche Textmuster lassen sich in den vorliegenden Horosko-
pen nachweisen. Zum einen nacheinander folgende, in manchen Fällen propo-
sitional unverbundene Parataxen (Beispiel A), zum anderen Bedingungs- und
Begründungszusammenhänge, die Handlungsabfolgen konstituieren (Beispiele
B). Sandig hat als ein häufiges Muster für Handlungsabfolgen „persuasive
Handlungen" (1978, 134) identifiziert, die durch die drei Kriterien Modalität,
Konditionalität und (fakultativ) Adversativität charakterisiert sind. Adversative
Formulierungen dienen dem Reduzieren antizipierter Einwände des Lesers
bzw. dem nachträglichen Relativieren der aufgestellten Voraussagen (Beispiel
C). Als ein Sonderfall sind die Horoskope in »Bild« und wenigen anderen
Zeitschriften anzusehen, die zum Teil sehr kurze Subtexte enthalten (Beispiel
A').

Beispiel A':

Beruf: Nur einmischen, wenn Ihre Meinung auch gefragt ist. Liebe: Überzogene
Treueschwüre wirken verdächtig. Geld: Ihre *Rechnung geht auf.* Gesundheit: Normal. (Bi 16.11.95)

Beispiel A:

Zeigen Sie Gefühle. Jemand hat Sie nämlich tief *ins Herz geschlossen,* wagt aber
nicht, *Farbe zu bekennen.* Bei den Finanzen ist Sparsamkeit angezeigt. Keine Kredite
aufnehmen, keine allzu leichtfertigen Investitionen. Glückstag Montag: Bewegung
hält Leib und Seele im schönsten Lot. (Fr 9/96)

Beispiel B:

Ordnen Sie endlich Ihre finanziellen Dinge. Sonst könnte es ein Fiasko geben. (St
42/95)
Nutzen Sie die Gunst der Stunde! Denn was Sie jetzt anpacken, wird *von Erfolg ge-
krönt sein.* Stehen Sie im Berufsleben? Dann könnten nun eine Gehaltserhöhung
oder gar eine bessere Position winken. Eine unerfreuliche Nachricht bringt Sie zunächst durcheinander. (Li 47/95)

Beispiel C:

Beruf: Nach dem 10.Januar treten Sie so bestimmt auf, daß man es kaum wagt, Ihnen zu widersprechen. Allerdings sollten Sie Ihre *Grenzen erkennen* und auch akzeptieren, denn bei einem Machtkampf würden Sie *den kürzeren ziehen.* (Mc 1/96)

Die unterschiedlichen Sprachstile, von betulich (Schön, daß Sie so geduldig und hilfsbereit sind. Bi 15.11.95) bis szenesprachlich (Irgendwie reden Sie total aneinander vorbei. Al 4/95) mit aufgelockerter Syntax (Der Kerl ödet Sie an? Wegschmeißen. Pe 6/95), spiegeln das Verhaltensangebot, das sich bestimmten, auch zeitschriftentypbezogenen Mustern fügen soll. Einige neue Frauenzeitschriften pflegen einen lässigen Sprachstil, der schon einmal bekannte (Werbe-)Sprüche zitiert (Nicht immer, aber immer öfter, Al 4/95) oder sprachspielerisch Redewendungen und Sprichwörter variiert: *"Fahren Sie alle Antennen aus."* (Jf 9/95) „Konto gut, alles gut." (Mc 1/96)

„Nicht alles ist Gold, was man Ihnen so glänzend *unter die Nase reiben will*." (Le 22/96)

Gegenüber Anglizismen sind nicht nur die an jüngere Karrierefrauen richtenden Female-Yuppie-Zeitschriften[8] sehr aufgeschlossen, der *Lover* (Al 4/95) braucht *Action* (Mx 2/95), soll karrieremäßig besonders *ranpowern* (Fr 4/97), bevor er dann mit ruhigem Gewissen *relaxen* (Fü 21/95) darf: „*Cool* bleiben, heißt die Devise" (Jf 25/95).

„Alles *steht unter einem guten Stern*" (Nw 46/95) – natürlich findet man in den Horoskopen die Phraseolexeme aus dem Bildbereich 'Stern', daneben auch Termini der Astrologie, die zur Beglaubigung des wissenschaftlichen Anspruchs eingesetzt werden: Merkur, Jupiter und andere Planeten stehen in Gegenzeichen, Trigon, Quadrat usw., es herrscht eine Mars-Konjunktion.

Der generelle Anspruch auf Gültigkeit des Mitgeteilten wird nicht in Frage gestellt, lediglich in der neuen Frauenzeitschrift »Allegra« findet sich eine Aussage, die einen ironischen Hintergrund andeutet: Und Sie wissen doch: Sterne lügen nicht (Al 4/95).

Nun kann man je nach Zeitschriftentyp sicherlich unterschiedliche Horoskoptypen mit verschiedenartiger Schwerpunktsetzung ausdifferenzieren. Die Varianz der stilistischen Mittel ist bei den hier betrachteten Horoskoptexten beträchtlich: Adressierungsverfahren, Referenzprozeduren, Textbildungsmuster, Sprachstile. Durchgängig ist aber in allen untersuchten Texten ein sehr hoher Anteil von Phraseologismen[9] feststellbar: Gemeinplätze, Sprichwörter,

---

[8] Donalies 1992
[9] Ich lege, im Anschluß an Häcki Buhofer/Burger (1992, 12 ff) und ohne mich an dieser Stelle durch sonstige Ableitungen zu legitimieren, einen weiten Begriff von Phraseologismus zugrunde, der Wort- und Satzidiome einschließlich Kollokationen, Funktionsverbgefüge und satzwertige Mikrotexte wie Sprichwörter und Gemeinplätze umfaßt; zum

Routineformeln, Funktionsverbgefüge, Kollokationen und sehr frequent Phraseolexeme. Das folgende Beispiel kann diese Beobachtung gut illustrieren:

> Nun mal ganz langsam! Sie müssen ja nicht gleich *aus der Haut fahren* und die Grundsatzfrage stellen, nur weil Ihr Liebster oder der Chef Ihre *Pläne* mit sachlichen Argumenten knallhart *durchkreuzt*. Nutzen Sie lieber den Einfluß der Venus, setzen Sie voll auf Charme. Aufgeschoben ist ja noch lange nicht aufgehoben. (Jf 2/97)

Auf die polylexikalischen Einheiten *Kollokation* und *Funktionsverbgefüge* soll hier nur kurz verwiesen werden; im Gebrauchskontext dieser Textsorte sind Funktionsverbgefüge, die als Charakteristikum der Fach- und Verwaltungssprache gesehen werden müssen (Heringer 1988), in der relativen Häufigkeit eigentlich nicht zu erwarten. *Routineformeln* (Coulmas 1981) sind Satzidiome, die ebenso wie entsprechende Partikeln (hier: ja) Angleichungen an die gesprochene Alltagssprache vornehmen und spontanes Sprechen nachbilden: nichts wie ran! (Fr 5/97). *Sprichwörter* finden sich nur wenige, bei der Themensetzung in Initialposition oder als finale, pointierende Zusammenfassung:

> Stille Wasser sind tief. Ganz heimlich und leise arbeiten Sie auf ihr Ziel hin. (...) (Br 14/95)
> Es ist noch kein Meister vom Himmel gefallen. Warum wollen Sie partout alles, was Sie anfassen, auf Anhieb richtig und wie echte Profis machen? (...) (Nw 46/95)
> (...) Denken Sie auch über Weiterbildung nach. Wer rastet, der rostet. (Fr 49/96)

Dagegen werden apodiktisch formulierte Lebensweisheiten (Weidhase 1978), *Gemeinplätze* (Gülich 1978), also nicht-idiomatisierte Sätze, die scheinbar allgemein gültige Propositionen ausdrücken sollen, auch in Form von Tautologien (Fritz 1981), häufig verwendet. Beispiele für diese Bezüge auf unterstelltes Alltagswissen sind:

> Was Sie sich nehmen, haben Sie. (St 42/95)
> Es gibt immer einen Ausweg. (Neue Post (Np) 49/96)
> Leichtsinn rächt sich früher oder später. (Bi 15.11.95)
> Hast schadet nur. (St 24/95)
> Mit Bewährtem experimentiert man nicht. (Fi 47/96)
> Sicher ist sicher. (Fi 48/96)

Die überaus größte Gruppe der Phraseologismen in Horoskopen bilden die Phraseolexeme, deren Vorkommen und Funktion im nächsten Kapitel untersucht werden soll. Sandig nimmt an, daß „familiäre Redewendungen" (1978, 128) der den Horoskopen inhärenten Bedingung der unbestimmten Referenz sehr entgegenkommen und von den Lesern aufgrund ihrer regelhaften Allge-

---

„terminologischen Babylon" (H.E. Wiegand) vgl. zuletzt Palm 1995.

meingültigkeit akzeptiert werden. Eine weitergehende Untersuchung der Phraseolexeme nimmt sie nicht vor.

2. Phraseolexeme in Horoskopen

Phraseologische Einheiten weisen die Merkmale Mehrgliedrigkeit, (relative) Stabilität, Idiomatizität und Lexikalisierung auf. Hier sollen nun die Phraseolexeme betrachtet werden, die das Zentrum des phraseologischen Bestands im Deutschen bilden.[10]

Neben den frequenten substantivischen Wendungen wie *die Kehrseite der Medaille* (Le 22/96), *ein deutliches Wort* (Bi 14.11.95), *dicke Luft* (Mx 11/95), *ein Leben auf großem Fuß* (Ta 46/95) und Paarformeln wie *klipp und klar* (Gr 47/95), *nach und nach* (Lw 76/95), *im großen und ganzen* (Ba 1/97) bilden die verbalen Phraseolexeme die größte vorfindbare Untergruppe.[11]

Man findet in Horoskopen sowohl vollidiomatische verbale Phraseolexeme (*jdm. zu schaffen machen*, Fr 5/97; *es fliegen die Fetzen*, Mx 2/95) als auch teilidiomatische (*in Grund und Boden reden*, Br 24/96; *nach Strich und Faden verwöhnen*, Al 4/95), Phraseolexeme mit für Muttersprachler durchsichtiger Metaphorisierung (*aus der Welt schaffen*, Np 50/96; *unter den Teppich kehren*, Pr 2/95) wie auch undurchsichtige Wendungen (*für die Katz sein*, St 43/95; *Trübsal blasen*, Lw 76/95). Natürlich auch Phraseolexeme mit Synsemantika (Wörter mit geringer Eigenbedeutung, d.h. Artikel, Pronomen, Präpositionen, beziehungsweite Verben) wie *jdm ist nach etwas* (Pe 6/95), *drin sein* (Mx 11/95) oder *gut drauf sein* (Mc 1/96).

Die offensichtliche Eignung von Phraseolexemen für Horoskope läßt sich besonders an den Horoskopen zeigen, die für jeden Themenbereich wie 'Beruf', 'Liebe' lediglich einen oder zwei Sätze bereitstellen: „Beruf: Wenn's durcheinandergeht, *bewahren Sie einen kühlen Kopf*. Liebe: Vorsichtig und abwartend. Schwer *aus der Reserve zu locken*." (Bi 14.11.95)

Eine Kombination von Phraseolexemen in zwei aufeinanderfolgenden Sätzen oder sogar in einem Satz ist nicht unüblich:

Man *empfängt Sie mit offenen Armen. Kommen Sie nicht mit leeren Händen.* (St 43/95)

Auch wenn eine alte Beziehung *in die Brüche gegangen ist*, werden Sie sich nicht hinsetzen und *Trübsal blasen.* (Lw 76/95)

---

[10] Fleischer 1982, 72
[11] In den 564 unterschiedlich langen Horoskoptexten kommen ca. 290 verbale Phraseolexeme vor.

Viele Texte bestehen sogar überwiegend aus miteinander kombinierten Phraseolexemen, sie werden im folgenden als Ganztexte – Texte mit kohärenten Handlungsabfolgen sowie mit zum Teil unverbundenen Parataxen – dokumentiert.[12]

> *Am Ball bleiben.* Eigentlich sind Sie voller Tatendrang und möchten am liebsten Ihr ganzes Leben gründlich *auf den Kopf stellen.* Doch dann *bekommen* Sie plötzlich *Angst vor der eigenen Courage.* Sie sollten jetzt *allen Mut und alle Energie zusammennehmen,* um nicht *auf der Stelle zu treten.* Außerdem lenkt Sie der tägliche Kleinkram leider völlig von Ihrem Ziel ab. *Verlieren Sie den roten Faden nicht!* (Br 13/95)

> SIE Die Kraftphase hält auch weiterhin an. Wer bisher noch nicht so richtig *in die Gänge kam,* wird jetzt mächtig aufholen. Privat sollte viel *auf dem Programm stehen,* aber auch beruflich lohnt sich jetzt gezielter Einsatz. ER Handwerkliche Dinge *gehen Ihnen nun gut von der Hand.* Alle, die mit Ihrem PC *auf Kriegsfuß standen,* können nun (dank technischem Durchblick) *Frieden* mit ihm *schließen.* (Fr 4/97)

> So mancher *zeigt sich gerade von seiner allerbesten Seite. Kein Wunder,* daß ihm *viele Herzen zufliegen.* Wer diesen Umstand unfair ausnutzt, *bekommt einen Dämpfer.* Gute Freunde waren dringend auf einen Besuch. Glückszahlen: 6, 21, 33, 40. (Np 49/96)

> Lassen Sie sich dies *eine Lehre sein:* Mit Bewährtem experimentiert man nicht. Finanziell *kleinere Brötchen backen.* Es macht die Runde, daß Sie gesundheitlich *nicht gut drauf sind.* Und von überall erhalten Sie Zuspruch: Freuen Sie sich über Ihre Freunde. (Fi 47/96)

Die den Phraseolexemen eigene Unschärfe, semantische Dehnbarkeit und Vagheit (Palm 1995, 16) gewährleistet die Anschlußfähigkeit an unterschiedliche konkrete Lebenssituationen der Leser. Ko- und Kontext aktualisieren normalerweise aus dem Bedeutungspotential, das dem Phraseolexem eigen ist, und legen die Bedeutung weitgehend fest – oder auch nicht: „Die Anstrengungen der letzten Wochen *machen sich nun bezahlt:* Sie können die *Früchte Ihrer Arbeit ernten* und Erreichtes langfristig absichern." (Ma 46/95)

Möglicherweise ist die komplexe, relative semantische Unschärfe Voraussetzung für die Benennung mentaler Sachverhalte, die als eine dominante Funktion von Phraseologismen angesehen wird (vgl. Černyševa 1984; Palm 1995, 118).

Phraseolexeme sind hervorragend geeignet, Affekte direkt zu thematisieren

---

[12] Satzzeichen sind ein weiterer Untersuchungsaspekt. Die Markierung von Handlungsabfolgen kann außer durch Konjunktionen und Subjunktoren auch durch Doppelpunkt und Semikolon unterstützt werden. Doppelpunkte strukturieren in vielen Fällen den Text, indem sie Referenz und Prädikation trennen.

oder eine emotionale Sprechereinstellung mitschwingen zulassen. Gréciano (1988) hat diese Dichotomie korpusbezogen für Phraseolexeme herausgearbeitet. Diese der Sprachgemeinschaft bekannte, lexikalisierte Form des Sprechens über Gefühle schafft Einverständnis zwischen Horoskopverfassern und Lesern, sie signalisiert dem Leser Verständnis für seine Situation. Direkte Affektbenennung wird in Horoskoptexten – angesichts der Themenbereiche auch nicht verwunderlich – frequent vorgenommen und findet sich beispielhaft in den folgenden Auszügen:

'Zorn' → *mit der Faust auf den Tisch hauen* (Nw 46/95)
'Wut' → *jdm platzt der Kragen* (Fü 21/95)
'Angst' → *ins Bockshorn jagen lassen* (Ta 46/95)
'Glück' → *im siebten Himmel schweben* (Fi 8/97)
'Ärger mitteilen' → *seinem (ganzen) Ärger (endlich) Luft machen* (Br 23/96)
'Freude' → *aus dem Häuschen sein* (Mx 2/96)
'Liebe' → *Herz steht in Flammen* (Nw 46/95)
'Abneigung' → *die kalte Schulter zeigen* (Mc 1/96)
'Wohlbefinden' → *gut/bestens drauf sein* (5 Nennungen)

Affektivbewertendes Sprechen über emotionale Dispositionen und Handlungen ermöglichen Phraseolexeme ebenfalls, sprachökonomisch werden Aussagen mit Emotionalität angereichert und akzentuiert; die Paraphrasen mit den bewertenden Merkmalen sind Langenscheidts Großwörterbuch DaF entnommen:

Einen privaten Plan sollten Sie vorerst aufgeben, sonst *kommen* Sie gewaltig *ins Schleudern*. (Ta 46/95; in e-r Situation unsicher werden, bes. weil man Angst hat od. etw. nicht weiß, (841)) Eine Begegnung um den 5.Januar geht Ihnen nicht mehr aus dem Kopf. Wer bereits gebunden ist, *spielt mit dem Feuer* (Mc 1/96; aus Leichtsinn handeln u. dadurch sich od. andere in Gefahr bringen, (330)) Wenn Sie in einer Partnerschaft leben, sollten Sie nicht *um den heißen Brei herumreden*. Sie neigen dazu, sich selbst etwas vorzumachen. (Br 13/95; es nicht wagen, ein problematisches Thema direkt anzusprechen, (183))

Neben Affektivität, den Ausdruck menschlicher Gefühle, tritt Expressivität, die subjektiv-modale Markiertheit. Die „vielbeschworene" (Palm 1995, 118) Expressivitätssteigerung durch den Gebrauch von Phraseolexemen und deren prinzipiell expressiv-wertender Charakter beruht auf den Konnotationen, die den Formeln des Bewertens (Sandig 1991) inhärent sind. Der semantische Mehrwert betrifft die Gradierung und positive oder negative Implikationen, die auch handlungsanweisende Komponenten sind (Koller 1985, 32); somit wäre eigentlich von einem semantisch-pragmatischen Mehrwert zu sprechen. Negativ bewertende Phraseolexeme sind beispielsweise *um den heißen Brei herumreden* (Br 13/95), *jdn in Grund und Boden reden* (Br 24/96), *es auf die Spitze treiben* (Mc 1/96), *auf allen Hochzeiten tanzen* (Br 1/97), *mit etwas hinterm Berg halten* (Le 22/96). Zu den positiv bewertenden Phraseolexemen gehören im vorliegenden Korpus *alte Zöpfe abschneiden* (Mx 2/96), *Ärmel aufkrempeln* (Mx 2/96), *sich auf eigene Füße stellen* (Fr 47/95), *etw in die Hand nehmen* (Br 14/95). Gradierungen, auch zum Ausdrücken des Extrempols, sind mitgemeint bei: *etw über Bord werfen* (Pe 6/95), *jdn auf 180 bringen* (Fr 4/97), *mit einem blauen Auge davonkommen* (Jf 23/96), *die Fetzen fliegen* (Mx 2/95), *die Faxen dick haben* (Br 24/96).

Die von Koller (1977, 1985) in anderen Textsorten und dort an zentralen Stellen vorgefundenen und klar definierbaren sieben Funktionen von Phraseologismen sollten noch als Arbeitshypothesen bei der Untersuchung von Horoskoptexten dienen (vgl. Anmerkung 7). Die massive Häufung im Kleintext Horoskop erleichtert die genaue Bestimmung von Funktionen nicht – einige werden schlicht als Leerformeln betrachtet werden müssen.

Phraseolexeme finden sich an unterschiedlichen funktional zu definierenden Positionen in den Texten; sie

• leiten das Thema des Gesamthoroskops anspielungsreich ein,
• eröffnen Teilthemen, oder
• geben zum Schluß pointiert Ratschläge.

Wenn Phraseolexeme in Initialposition stehen, können sich kurze, thematisch kohärente Texte entwickeln, zumal wenn die halbfett hervorgehobene Überschrift das Thema einleitet:

Beleidigte Leberwurst. Ihre lieben Mitmenschen müssen Sie *wie ein rohes Ei behandeln*, damit Sie sich nicht *auf den Schlips getreten* fühlen. Zum Jahresbeginn scheint Humor für Sie ein Fremdwort zu sein. Jede noch so harmlose Bemerkung *bringt Sie auf die Palme. Nehmen* Sie nicht gleich alles so *tragisch*, und *gehen Sie aus sich heraus:* Ein Tratsch mit der besten Freundin kann manchmal *Wunder wirken.* (Br 1/97)

Dampf ablassen. Es ist, als hätte sich plötzlich ein Ventil geöffnet. Alles, was Sie in letzter Zeit genervt hat, sprudelt jetzt aus Ihnen heraus. Ihnen tut es gut, Ihrem *ganzen Ärger* endlich mal *Luft zu machen.* Trotzdem sollten Sie sich dabei etwas *im Zaum halten* und versuchen, Ihren Frust wohldosiert an *den Mann zu bringen.* Sie könnten sonst Menschen *vor den Kopf stoßen*, die es *wirklich gut mit Ihnen meinen.* (Br 23/96)

Szenarien werden entworfen, in denen Dispositionen, Handlungen und Handlungsalternativen durch Phraseolexeme ausgedrückt und verbunden werden – möglicherweise ließen sich Bezüge zum mentalen Lexikon nachweisen (Dobrovol'skij 1995; vgl. Anmerkung 7).

> In dieser Woche *geht es rund*. Viel Arbeit und eine Menge Termine *machen Ihnen zu schaffen*. Einen privaten Plan sollten Sie vorerst aufgeben, sonst *kommen Sie gewaltig ins Schleudern*. Stellen Sie sich am besten einen Zeitplan auf, dann gibt es keine Leerläufe, und für Ruhepausen bleibt mehr Zeit. (Ta 46/95)
>
> Jetzt ist die richtige Zeit, um im Job *klar Schiff zu machen*. Nutzen Sie Ihren guten Draht zum Chef aus und reden Sie mit ihm über ihre Wünsche und weiteren Absichten. (Fr 49/96)

Einige Horoskoptexte handeln ihre Themen (Liebe, Beruf, ..) in unverbundenen Themenblöcken ab und eröffnen die Teilthemen mit Phraseolexemen; in einigen Fällen werden die idiomatischen Ausdrücke anschließend paraphrasiert (die Paraphrasen sind durch Unterstrich markiert):

> (..) Zu Hause *fliegen die Fetzen*. Aber <u>Streit</u> schadet der Liebe nicht.(..) (Mx 2/95)
> (..) Sie *sind total gut drauf*, <u>schwungvoll</u>, <u>unternehmungslustig</u>, <u>interessiert</u> an allem Neuen.(..) (Fr 49/96)
> Sie *sitzen* in dieser Woche vermutlich *zwischen zwei Stühlen*. <u>Zum einen</u> freuen Sie sich über den beruflichen Erfolg, <u>zum anderen</u> aber ärgern Sie sich über die Machenschaften eines Kollegen oder Geschäftspartners.(..) (Ma 46/95)
> (..) Nehmen Sie sich danach Zeit für romantische Gefühle, denn *Ihnen steht das Glück ins Haus*. Eine <u>alte Liebe könnte noch schöner werden, ein Verehrer sich als künftiger Ehemann erweisen, ein Unbekannter Sie so betören, daß ihr Herz in Flammen steht</u>. (Nw 46/95)

Phraseologische Metaphorik und exemplarisch genannte, nichtphraseologische Aussagen ergänzen sich, durch Erstpositionierung des Pharaseolexems dominieren die konnotativen Aspekte.

Ratschläge in Form von schlußbewertenden Phraseolexemen können Texte effektvoll ausleiten:

> Wenn Sie sich etwas zügeln, vermeiden Sie Konflikte. Ab und zu ruhig *nach der Pfeife Ihrer Freunde und Kollegen tanzen*! (Br 13/95)
> Widmen Sie sich Unternehmungen, die Ihnen wirklich *am Herzen liegen*. (Pr 2/95)

Diese Position ist allerdings oft von Gemeinplätzen oder – seltener – Sprichwörtern besetzt: „(..) Umsonst ist schließlich gar nichts" (Pe 6/95). „(..) und von nichts kommt nun mal nichts" (Fi 47/96).

Es ist sehr schwierig, Leitbegriffe, die onomasiologische Felder (Bedeutungsbereiche) konstituieren, zu benennen. Solange die phraseologische Forschung keine weithin akzeptierten Thesauren zustandebringt, ist man in der Sprachvermittlung gezwungen, in Auswahl auf die bereits vorliegenden empirisch erhobenen oder unterrichtsorientierten Sammlungen zurückzugreifen, die eine Reihe von Schwächen aufweisen.[13] Es bietet sich als ein methodischer Schritt an, die in den Horoskoptexten vorgefundenen Phraseolexeme im Unterrichtsgespräch zu gruppieren.

Einige wenige für die Textsorte Horoskop typische Leitbegriffe sollen nun beispielhaft samt den dazugehörenden Phraseolexemen präsentiert werden, Benennungen und Zuordnungen sind sicherlich diskussionsbedürftig, kontextspezifizierende Konnotationen bleiben außer acht; Auswahlkriterium ist Mehrfachvorkommen der Phraseolexeme bzw. Mehrfachzuordnung zu einem Leitbegriff:

'sich schonen' → *kürzer treten* (Le 22/96; Br 1/97), *sich in Watte packen* (Le 22/96); 'Erfolg/Macht haben' → *auf der Erfolgswelle schwimmen* (Le 22/96), *die Früchte der Arbeit ernten* (Ma 46/95), *süße/schönste Früchte tragen* (Fr 9/96; Jf 25/95), *einen dicken Fisch an Land ziehen* (Gr 47/95), *obenauf sein* (Ta 46/95; Bi 14.11.95), *die Trümpfe in der Hand haben* (L2 22/96), *alle/gute Karten (in der Hand) haben* (Le 22/96; Np 6/97; Mx 11/95), *das Sagen haben* (Np 6/97), *etw läuft wie am Schnürchen* (Fr 5/97; Fr 49/96), *die Nase vorn haben* (Gr 47/95); 'jdn wütend machen' → *jdn auf 180 bringen* (Fr 4/97), *jdn auf die Palme bringen* (Br 26/96; Br 1/97); 'Handlungsalternativen haben' → *mehrere Eisen im Feuer haben* (Br 14/95; Ta 46/95); 'etw beenden' → *einen Schlußstrich ziehen* (Mx 2/95; Fi 8/97; St 43/95); 'gemeinsam handeln' → *an einem Strang ziehen* (Fr 5/97; Li 47/95); 'aktiv werden' → *in die Gänge kommen* (Fr 4/97), *die Gelegenheit beim Schopf ergreifen/packen* (Fr 5/97; Ma 46/95), *etw in die Hand nehmen* (Br 14/95), *Ärmel aufkrempeln* (Mx 2/96); 'resignieren' → *sich ins Schneckenhaus zurückziehen* (Fr 49/96; Gr 47/95); 'jdn motivieren' → *auf Trab bringen* (Fr 49/96; Mx 11/95); 'wütend sein' → *jdm platzt der Kragen* (Fü 21/95), *seinem Ärger Luft machen* (Br 23/96).

Einige der unter den Leitbegriffen aufgeführten Phraseolexeme können synonym gebraucht werden, und antonyme Relationen sind beispielsweise möglich zwischen *Trübsal blasen* (Lw 76/95) und *im siebten Himmel schweben* (Fi 8/97), *etw auf die lange Bank schieben* (Br 1/97) und *Ärmel aufkrempeln* (Mx 2/96). Nur selten stellen die Leitwörter beide Möglichkeiten durch einfache Negierung bereit wie bei *gute Karten haben* (Le 22/96; Np 6/97) vs. *(denkbar) schlechte Karten haben* (Br 1/97).

Phraseolexeme können Bildbereiche eröffnen und reaktualisieren, wie die folgenden beiden Beispiele verdeutlichen sollen:

---

[13] Vgl. Kap 3; im speziellen die Rezension von Schemanns Synonymwörterbuch (1992) durch H. Burger in *Deutsch als Fremdsprache* 31.1994, 184-187. 1997 ist ein Übungsbuch mit einer onomasiologisch gegliederten Sammlung deutscher Redewendungen von R.Hessky und S.Ettinger erschienen.

Aber bis dahin haben Sie wieder neue Kraftquellen erschlossen und *stehen über den Dingen.* Und von oben ist die Aussicht – sternentechnisch betrachtet – hervorragend. (Al 4/95)
Ihr Planet Saturn sorgt am 26. für Ordnung. Sie sollten bei kleinen Pannen jetzt *kein Auge mehr zudrücken,* im Gegenteil: Gerade Ihre Aufmerksamkeit für das, was falsch läuft, ist gefragt. Je genauer Sie hinsehen, desto besser. (Fü 21/96)

Es finden sich im Korpus nur rare Beispiele für Redecharakterisierungen, die bevorzugt im spontanen mündlichen Diskurs eingesetzt werden.[14] Metakommunikative Steuerungsmittel, wie Syntagmen zu interpretieren seien, sind in der Textsorte Horoskop überflüssig, Bildlichkeit und Idiomatizität sind akzeptiert. Das nächste Beispiel zeigt die Implizit-Variante mit Anführungszeichen, die nur ein Element des Phraseolexems als idiomatisch markieren: *einen „dicken Fisch" an Land ziehen* (Nw 46/95; Gr 47/95)[15]; der unmarkierte Gebrauch ist aber der übliche.

Singulär im Korpus ist der wortspielerische Umgang mit dem folgenden Ausdruck, der bei Anspielung auf die idiomatische (es herrscht eine gute Stimmung) und die nicht-idiomatische Bedeutung (Post wird verschickt) bei *es geht die Post ab* eigentlich explizit die nicht-idiomatische Lesart markiert, und es wird ein Bildbereich von 'Post verschicken → Nachricht erhalten' eröffnet: „In diesen Tagen *geht* im wahrsten Sinne des Wortes *die Post ab.* Sie erhalten eine erfreuliche Nachricht, die Arbeitslust und Privatleben ungemein beflügelt."(Fr 6/96)

Den produktivsten Bildbereich ergeben in diesem Korpus die somatischen Phraseolexeme, die auch in anderen Kontexten die umfangreichste phraseologische Subgruppe[16] bilden: Stehen „Sie mutig zu Ihren Gefühlen – *Ihr Herz kann sich nicht irren!"* (Be 46/95)

Gefühl und Herz sind in der Welt der alltäglichen Vorstellungen und des alltäglichen Wissens miteinander verknüpft, und um Gefühle geht es sehr häufig in den Texten, so daß in ihnen textsortenspezifisch das Leitwort 'Herz' dominant vorkommt; dies in charakteristischer Umkehrung des Verhältnisses zum Leitwort 'Hand', das bei Friedrich (1966) und Schemann (1993) das produktivste ist und etwa bei Schemann mit 2:1 (Hand:Herz) gezählt wird. Weitere somatische Phraseolexeme werden, in abnehmender Frequenz, mit den Leitwörtern 'Kopf', 'Auge', 'Fuß', 'Hand', 'Ohr' und 'Niere' gebildet: *auf sein Herz hören* (Np 6/97; Mx 2/96), *aus den Augen verlieren* (Fi 8/97;

---

[14] Metakommunikative Mittel des Typs „um das mal bildlich auszudrücken"; vgl. Niehüser 1986, Dobrovol'skij/Lûbimova 1993
[15] Diese Markierungspraxis ist mir nicht verständlich, da das Verb ebenfalls idiomatisiert ist, wird aber relativ häufig angewendet: Auf dem Weg zum Handball-Double hat der TBV Lemgo bereits die „halbe Miete" eingefahren. »Neue Westfälische« 10.3.97
[16] So bilden sie in allen von Reger (1978, 314) untersuchten Presseerzeugnissen die jeweils größte Gruppe.

Mc 1/96), *sich auf eigene Füße stellen* (Fr 47/95), *etw in die Hand nehmen* (Br 14/95), *ein offenes Ohr haben* (Br 1/97), *an die Nieren gehen* (Jf 25/95; Mx 2/96).

Andere umfassende Bildbereiche beziehen sich, wiederum in abnehmender Frequenz, auf naturhafte Vorgänge, konsequentermaßen oft astrologische Phraseolexeme bildend, sowie auf die Bereiche Sport, Farben und Medientechnik. Als Beispiele seien genannt: 'Natur' *etw auf Eis legen* (Pe 6/95; Fr 6/96), *dunkle Wolken verziehen sich* (Fr 6/96), *etw in den Wind schlagen* (Prima (Pr) 46/95); 'Stern' *unter einem guten/glücklichen Stern stehen* (Le 22/96; Nw 46/95; Pr 2/95); 'Sport' *am Ball bleiben* (Fr 9/96; Br 13/95; Br 13/95; St 43/95; Mc 1/96); 'Farben' *Farbe bekennen* (Fr 9/96), *schwarz sehen* (Br 1/97); 'Medientechnik' *Sendepause haben* (Fr 49/96), *alle Antennen ausfahren* (Jf 9/95).

Eine gradierende, emotionale Bewertung mentaler Dispositionen und zwischenmenschlicher Beziehungen scheint innerhalb der vorgefundenen Bildbereiche angemessen auszudrücken sein, wie auch die Häufung in aufeinanderfolgenden Sätzen belegen kann:
Reißen Sie in dieser Woche ruhig *ein paar Bäume aus*. *Berge* müssen Sie aber nicht gleich *versetzen*. Sie könnten sich sonst leicht übernehmen. (Le 22/96)
Öffnen Sie Ihr Herz ganz weit. Und übergehen Sie kleine Streitereien mit Humor. Schnell werden *sich die Wogen wieder glätten*. Sie beide gehören einfach zusammen. (Fi 8/97)

3. Phraseologie und Deutsch als Fremdsprache

Phraseologismen gehören ohne Zweifel zum heutigen Deutsch[17], man mag sogar annehmen, wie es Hausmann (1993) provokant formuliert hat, daß in einer Sprache „(fast) alles idiomatisch" ist. Sie finden sich in der alltagssprachlichen Kommunikation, in Fachsprachen, journalistischen Texten, begegnen also dem Deutschlernenden *auf Schritt und Tritt*. Vor diesem Hintergrund muß man allerdings konstatieren, daß die Phraseologie ein Stiefkind der DaF-Didaktik ist[18], was ich im folgenden anhand der Lehrwerke, Wörterbücher und Unterrichtsmaterialien kurz skizzieren möchte.

Eine Analyse gängiger Lehrwerke DaF zeigt, daß dekontextualisierte Strukturübungen dominieren und der semantische und pragmatische Mehrwert von Phraseologismen in vielen Fällen nicht berücksichtigt sind. Bei den Phraseolexemen werden „bildhafte Wendungen" (Bsp. Lernziel Deutsch) bevorzugt

---

[17] Häcki Buhofer/Burger 1992
[18] Wotjak 1996; Kühn 1992 spricht sehr treffend vom „phraseodidaktischen Dornröschenschlaf" der Fremdsprachendidaktik Deutsch.

oder lediglich phraseologische Vergleiche und Paarformeln (Bsp. Deutsch aktiv neu) eingeführt. Der Schwerpunkt in den DaF-Lehrwerken liegt aber eindeutig auf den Sprichwörtern (Bspe. Stufen, Wege, Themen, Mittelstufe Deutsch), die oft mit kritisch einzuschätzenden Arbeitsaufgaben versehen sind.[19]

Ein „kompaktes phraseologisches Gebrauchs- und/oder Lernwörterbuch für Nicht-Muttersprachler" (67) fehlt zur Zeit, muß Földes noch 1996 feststellen. Für die Praxis des DaF-Unterrichts sollte es meiner Ansicht nach einen semasiologischen und onomasiologische Zugang ermöglichen, so wie es Görner (1979) vorgelegt hat. Dort sind die Phraseolexeme alphabetisch und nach einem echt-onomasiologischen Ordnungsprinzip gruppiert, d.h. nach ihrer idiomatischen Gesamtbedeutung.[20]

Es gibt etymologisch angelegte und einige umfassende Wörterbücher, deren Mängel auch darin begründet liegen, daß sie Muttersprachler im Blick haben.[21] Und es gibt die phraseodidaktischen Sammlungen, die, nach behaupteter „Häufigkeit" ausgewählt – es sind mal 274, 400, 500, 600, 800 oder 1000 phraseologische Einheiten –, auch noch oft auf „bildkräftige" Phraseolexeme beschränkt sind. Illustrationen wie in Griesbach/Schulz (1993) sind wenig hilfreich, da das vom Phraseolexem evozierte Bild in den meisten Fällen keine Beziehung mehr zur Gesamtbedeutung aufweist; in der genannten Sammlung muß man sie in einigen Fällen, wie bei *etwas über Bord werfen* oder *ein Klotz am Bein sein*, sogar als frauenverachtend bezeichnen:

---

[19] Suchen von Äquivalenten und interkultureller Vergleich; zu Sprichwörtern in DaF-Lehrwerken vgl. Baur/Chlosta 1996, zu Redewendungen Kühn 1996.

[20] Seit der wohlwollend-kritischen Rezension durch Franz Josef Hausmann (*Sprache und Literatur in Wissenschaft und Unterricht* 16.1985, H.56, 107) ist kein gleichartiges Nachschlagewerk für DaF erschienen. Die Entwicklung von phraseologischen Thesauren ist nach Dobrovol'skij (1992) eine aktuelle Aufgabe der Phraseographie.

[21] Zur lexikographischen Darstellung und Kritik vgl. Kühn 1987, 1989; Schemann 1989. Zu den phraseodidaktischen Sammlungen vgl. auch Sternkopf 1996.

Werfen Sie alle Ihre Sorgen über Bord ... (15)

Seine Familie ist ihm ein Klotz am Bein (104)

Ein abschließender Blick auf zwei neuerschienene und im DaF-Bereich empfohlene Wörterbücher soll die Schwächen verdeutlichen. Der Duden 11, der in seinem Vorwort auf die Zielgruppe der Deutschlerner, man muß schon sagen, schielt, arbeitet bei den Bedeutungserklärungen mit Zirkularitäten und synonymischen Relationen, die sehr oft völlig ohne weitere semantische Differenzierung auskommen:

> *jn in den April schicken* → jn am 1.April zum besten halten → jn necken, irreführen // *jn hinters Licht führen* → jn täuschen // *jn an der Nase herumführen* → jn täuschen, irreführen // *jn zum Narren halten* → jn täuschen, anführen.

Beispiele für den typischen Gebrauch der Wendungen im Kontext können, darauf hat Zöfgen (1986) nachdrücklich hingewiesen, sehr viel oder sogar alles zur Bedeutungserläuterung eines Lemmas beitragen; im Duden 11 sind sie in vielen Fällen nicht brauchbar:

> *April* – Die Arbeiter schickten ihn gern in den April. // *Licht* – Der Polizist ließ sich nicht hinters Licht führen und zog den Führerschein vorläufig ein. // *Nase* – Er habe sich maßlos darüber aufgeregt, wie die Belegschaft von der Firma an der Nase herumgeführt worden sei. // *Narren* – Laß dich doch von diesem Scharlatan nicht zum Narren halten.

Es mag bezweifelt werden, daß die den Artikeln angefügten umfangreichen sprachgeschichtlichen Erläuterungen tatsächlich immer mnemotechnische Relevanz bekommen, wie es in einer Rezension zu lesen war[22]; umfassende kritische Rezensionen unter Berücksichtigung der DaF-Perspektive liegen mit Korhonen (1993a) und Földes (1995) vor.

Das erste Lernerwörterbuch des Deutschen, Langenscheidts Großwörterbuch Deutsch als Fremdsprache (1993)[23], ist in der semantischen Markierung deutlich besser, wenn auch nicht fehlerlos (vgl. Wotjak/Dobrovol'skij 1996):

> *April* – einen Aprilscherz mit jemandem machen → Aprilscherz; ein Scherz (besonders eine erfundene Geschichte), mit dem man jemanden am 1.April neckt // *Licht* – täuschen // *Narr* – versuchen, jemanden zu täuschen, einen Spaß mit jemanden zu machen // *Nase* – jemanden mit Absicht täuschen.

Die Unterrichtsmaterialien DaF schließlich weisen oft dieselben kontextisolierten und synonymischen Übungstypen wie die Lehrwerke auf, die fast ausschließlich für die Festigungsphase (und zur Kontrolle) nützlich sind: Semantisieren und Ersetzen (häufig in Relation zu Einwortlexemen), Einset-

---

[22] D. Rösler *Informationen Deutsch als Fremdsprache* 22.1995, 185
[23] Vgl. Köster/Neubauer 1994

zen und Zuordnen.[24]

> Ich freue mich ja über den Besuch aus Amerika; aber daß er nun gerade während
> meines Urlaubs kommt, ...
> a) geht auf keine Kuhhaut.
> b) ist auf mich gemünzt.
> c) kommt mir spanisch vor.
> d) paßt mir nicht in den Kram.

Die Übungen setzen eine phraseologische Kompetenz voraus, statt sie methodisch sinnvoll vorzubereiten. Darüber hinaus fehlt zumeist die notwendige
Differenzierung in Übungen zum Verstehen und zum Anwenden (vgl. Hessky
1992). Auch das m.E. bislang beste Übungsbuch von Wotjak/Richter (1993),
das unter anderem Kontextualisierungen bei Produktionsaufgaben einbezieht,
enthält keine Übungen, die die rezeptive Kompetenz der Deutschlernenden
entwickeln hilft.[25]

4. Kontrastive Arbeit mit Horoskopen im DaF-Unterricht

Gebrauchspräferenzen phraseologischer Einheiten können am besten in ihren
authentischen Situations- und Textzusammenhängen, unter Einbezug kontra-
stiver Aspekte, vermittelt werden – dies ist die zentrale Position der Phraseodidaktik.[26] Das Problem, das sich bei der Vermittlung des Deutschen als
Fremdsprache zuvor stellt, ist die Ermittlung des frequenten Kernbereichs oder
phraseologischen Optimums (Hessky 1992, 167). Bislang konnte die Forschung keine begründete und verläßliche Frequenzliste bereitstellen.[27] Textsorten wie das Horoskop, in denen Phraseolexeme typischerweise vorkommen,
bieten sich nun für die unterrichtliche Arbeit an, da die Horoskopmacher
wegen der Zielgruppenorientiertheit der Unterhaltungsillustrierten von einem
naiven und nativen, von allen geteilten Welt- und Sprachwissen ausgehen
müssen; die Unterstellung ist also, daß sich in diesen Texten annäherungswei-
se usuelle und aktuell gebrauchte Phraseolexeme (und andere Phraseologis-

---

[24] Beim Testtyp Multiple Choice ist die Kenntnis der Distraktoren verlangt; der Hinweis
auf das Beispiel aus Deutsche Redensarten (R. Schmitt, 1975) findet sich bei Kühn 1992.
Studierende in meinem Seminar zur Phraseologie diskutierten ernsthaft Kontexte, in denen
auch die Zuordnungen a) und c) möglich sind.

[25] Wotjak 1996, 7; zu Entdeckungsstrategien vgl. Bernstein 1985, Kühn 1992

[26] Kühn 1992, Wotjak 1996

[27] Häcki Buhofer/Burger 1992, Palm 1995, Baur/Chlosta 1996. Hans Schemann kann zwar
in seiner 'Deutschen Idiomatik' (1993) die Produktivität von Leitwörtern zur Bildung phraseologischer Einheiten festmachen, die empirische Erhebung von Kenntnis, Gebrauch und
Beurteilung von Phraseologismen ist aber Desiderat.

men) finden lassen. Bewährt auch in meinem eigenen methodischen Vorgehen im DaF-Unterricht hat sich ein 3-Phasen-Modell, der phraseodidaktische Dreischritt von „Entdecken – Verstehen – Verwenden" (Kühn 1992), der die prioritäre Stärkung der rezeptiven Kompetenz mit textsortenspezifischer Aufgabenstellung verknüpft. In der ersten Phase werden die Lerner für das Entdecken sensibilisiert, indem sie auf Strukturbesonderheiten (*ø Fuß fassen*; vgl. Bernstein 1985), semantische Inkompatibilitäten (*auf der Nase liegen*) und kontextuell inkompatible Zusammenhänge (*jdm den Kopf waschen* – Syntagma oder Phraseolexem?) aufmerksam gemacht werden. Da die Horoskoptexte nicht in allen Fällen Kontexte zur Erarbeitung von Hypothesen über die Bedeutung der Phraseolexeme bereitstellen, werden in der zweiten Phase zusätzlich das Lernerwörterbuch (Langenscheidt), das Spezialwörterbuch (Duden 11) oder ein entsprechendes Übungsbuch mit alphabetischer Liste (Wotjak/Richter) konsultiert. Hierbei ist gegebenenfalls die gefundene Wortparaphrase um den im Phraseologismus impliziten semantischen Mehrwert zu ergänzen. Wenn die Lerner genügend Erfahrungen mit Horoskoptexten gemacht haben, können sie in der dritten (produktiven) Phase selber Horoskope verfassen. Die bei der Analyse herausgearbeiteten Charakteristika

• unbestimmte Personen- und Objektreferenzen,
• onomasiologische Felder,
• textsortenangemessene und themenbezogene Verwendung frequenter affektbenennender und expressivitätssteigernder Phraseolexeme,

werden nun umgesetzt in eigene Texte.

Integriert in das beschriebene methodische Vorgehen ist nach Möglichkeit immer der kontrastive Vergleich von Phraseolexemen in der Ausgangs- (L1) und Zielsprache (L2). In sprachlich homogenen Lerngruppen ist, folgt man dem Vorschlag von Hessky (1992), von totalen zwischensprachlichen Äquivalenzen auszugehen, um bei Übungen zu Phraseolexemen mit Nulläquivalenz in der L1 anzukommen. Hierbei kann man hilfsweise von drei Äquivalenztypen ausgehen, die nach dem Grad der semantischen Übereinstimmung in L1 und L2 bestimmt werden: totale Äquivalenz, partielle Äquivalenz und Nulläquivalenz.[28]

Bezogen auf die vorliegende Textsorte, kennen die Lerner aus ihren Kulturbereichen ebenfalls die enge Verbindung von Horoskopen und Phraseolexe-

---

[28] Wotjak 1992, 44; empirisch gewonnene Unterkategorien zur partiellen Äquivalenz bei Lundh (1992). Kulturspezifische Einbindung von Phraseologismen und interkulturelle Verständigungsschwierigkeiten sind ein wichtiger Gegenstandsbereich künftiger Forschung (vgl. Palm 1995). Zur kontrastiven Phraseologie vgl. Lundh (1992) und Wotjak (1992), Ueda (1991, 1993) und den Forschungsüberblick bei Korhonen 1993b.

men („Bildern"), so daß auch L1-Texte einbezogen werden können. In sprachlich heterogenen Lerngruppen[29] ergibt sich die Möglichkeit zu kleinen Projekten: Lerner stellen ihre L1-Äquivalente für L2-Phraseolexeme vor, werden sich so der Differenzen und Ähnlichkeiten zwischen L1- und L2-Phraseolexemen und der 'falschen Freunde' (Kongruenz: Identität einzelner formaler Komponenten bei unterschiedlicher phraseologischer Bedeutung) bewußt.

Ein solches weitgehend selbstverantwortetes Vorgehen initiiert und begleitet interkulturelles Lernen, das den landeskundlichen Hintergrund verdeutlicht und Wörter merkwürdig macht: Woanders reist man mit seinem Samowar nach Tula (russisch), trägt man Kohlen nach Newcastle (englisch), lehrt man den Priester das Vaterunser (portugiesisch), verpflanzt man Bäume an die Ostküste (madagassisch), verkauft man Wasser am Fluß (chinesisch), – wenn man bei uns *Eulen nach Athen trägt* und *offene Türen einrennt*[30] oder wie im Saarland *Schnecken nach Metz treibt.*

---

[29] Zum Beispiel Lernort Deutschland: junge Erwachsene aus vielen unterschiedlichen Sprachräumen in den PNdS/DSH-Kursen an der Universität Bielefeld. In diesen Kursen bereiten sie sich sprachlich und studientechnisch auf ihr Studium an einer deutschen Hochschule vor.

[30] Beispiele nach Wotjak 1992, 55

Literaturverzeichnis

Baur, Rupprecht S.; Chlosta, Christoph 1996: Welche Übung macht den Meister? Von der Sprichwortforschung zur Sprichwortdidaktik. In: Fremdsprache Deutsch 15. 17-24.

Bernstein, Wolf Z. 1985: Die Phraseologie als Verständnisproblem im Leseunterricht. In: Lebende Sprachen 30, 2. 70-74.

Černyševa, Irina 1984: Aktuelle Probleme der deutschen Phraseologie. In: Deutsch als Fremdsprache 21. 17-22.

Coulmas, Florian 1981: Routine im Gespräch. Zur pragmatischen Fundierung der Idiomatik. Wiesbaden: Athenaion.

Dobrovol'skij, Dimitri 1992: Angewandte Phraseologie: Zu einigen aktuellen Problemen. In: Grosse, Rudolf (Hg.) Beiträge zur Phraseologie, Wortbildung, Lexikologie. Frankfurt/Main et al.: Lang. 29-36

Dobrovol'skij, Dimitri 1995: Kognitive Aspekte der Idiom-Semantik. Studien zum Thesaurus deutscher Idiome. Tübingen: Narr.

Dobrovol'skij, Dimitri/Lûbimova, Nataliâ 1993: „Wie man so schön sagt, kommt das gar nicht in die Tüte." Zur metakommunikativen Umrahmung von Idiomen. In: Deutsch als Fremdsprache 30. 151-156.

Donalies, Elke 1992: Hippes Hopping und toughe Trendies. Über '(neu)modische', noch nicht kodifizierte Anglizismen in deutschsprachigen Female-Yuppie-Zeitschriften. In: Deutsche Sprache 20, 97-110

Duden Band 11 1992. Redewendungen und sprichwörtliche Redensarten. Idiomatisches Wörterbuch der deutschen Sprache. Mannheim: Duden.

Fleischer, Wolfgang 1982: Phraseologie der deutschen Gegenwartssprache. Leipzig: Bibliographisches Institut.

Földes, Csaba 1995: Überlegungen zum lexikographischen Konzept eines phraseologischen Wörterbuchs. In: Muttersprache 105. 66-78.

Földes, Csaba 1996: Gesucht...und gefunden? Idiomlexika und Deutsch als Fremdsprache. In: Fremdsprache Deutsch 15. 64-67.

Friedrich, Wolf 1966: Moderne deutsche Idiomatik. München: Hueber.

Fritz, Gerd 1981: Zur Verwendung tautologischer Sätze in der Umgangssprache. In: Wirkendes Wort 31. 398-415.

Gobyn, Luc 1992: 'Je gaat een gezellige week tegemoet, beste stier'. Een linguïstisch-stilistische beschrijving van horoscopen in tijdschriften. In: de Caluwe, Johan et al. (Hgg.):

Tekstsoorten. Een selectie uit het werk van Luc Gobyn. Gent: Seminarie voor Duitse Taalkunde. 127-158.

Görner, Herbert 1979: Redensarten. Kleine Idiomatik der deutschen Sprache. Leipzig: Bibliographisches Institut.

Götze, Lutz; Hess-Lüttich, Ernest W. B. 1989: Knaurs Grammatik der deutschen Sprache. München: Knaur.

Gréciano, Gertrud 1988: Affektbedingter Idiomgebrauch. In: Sandig, Barbara (Hg.): Stilistisch-rhetorische Diskursanalyse. Tübingen: Narr. 49-61.

Griesbach, Heinz; Schulz, Dora [8]1993: 1000 deutsche Redensarten. Berlin: Langenscheidt.

Gülich, Elisabeth 1978: „Was sein muß, muß sein." Überlegungen zum Gemeinplatz und seiner Verwendung. Bielefeld: Universität Bielefeld. (=Bielefelder Papiere zur Linguistik und Literaturwissenschaft 7)

Häcki Buhofer, Annelies/Burger, Harald 1992: Gehören Redewendungen zum heutigen Deutsch? In: Fremdsprachen lehren und lernen 21. 11-32.

Hausmann, Franz Josef 1993: Was eigentlich ist Wortschatz? In Börner, Wolfgang; Vogel, Klaus (Hgg.): Wortschatz und Fremdsprachenerwerb. Bochum: AKS-Verlag. 2-21.

Heringer, Hans Jürgen 1988: Lesen lehren lernen. Eine rezeptive Grammatik des Deutschen. Tübingen: Niemeyer.

Hessky, Regina 1992: Aspekte der Verwendung von Phraseologismen im Unterricht Deutsch als Fremdsprache. In: Fremdsprachen lehren und lernen 21. 159-168.

Hessky, Regina; Ettinger, Stefan 1997: Deutsche Redewendungen. Ein Wörter- und Übungsbuch für Fortgeschrittene. Tübingen: Narr.

Koller, Werner 1985: Die einfachen Wahrheiten der Redensarten. In: Sprache und Literatur in Wissenschaft und Unterricht 16. 26-36.

Koller, Werner 1977: Redensarten. Linguistische Aspekte, Vorkommensanalysen, Sprachspiel. Tübingen: Niemeyer.

Korhonen, Jarmo 1993a: Duden. Redewendungen und sprichwörtliche Redensarten [Rezension]. Gingko-Baum. Germanistisches Jahrbuch für Nordeuropa, Estland, Lettland und Litauen. 12. Folge. Bonn: DAAD. 306-310.

Korhonen, Jarmo 1993b: Zur Entwicklung der kontrastiven Phraseologie von 1982 bis 1992. In: Földes, Czaba (Hg.): Germanistik und Deutschlehrerausbildung. Wien: Praesens. 97-116.

Köster, Lutz/Neubauer, Fritz 1994: Langenscheidts Großwörterbuch Deutsch als Fremdsprache und seine Benutzer. In: Fremdsprachen lehren und lernen 23. 221-234.

Kühn, Peter 1989: Phraseologie und Lexikographie: Zur semantischen Kommentierung phraseologischer Einheiten im Wörterbuch. In: Wiegand, Herbert, E. (Hg.): Wörterbücher in der Diskussion. Tübingen: Niemeyer. 133-154.

Kühn, Peter 1992: Phraseodidaktik. Entwicklungen, Probleme und Überlegungen für den Muttersprachenunterricht und den Unterricht DaF. In: Fremdsprachen lehren und lernen 21. 169-189.

Kühn, Peter 1996: Redewendungen – nur im Kontext! Kritische Anmerkungen zu Redewendungen in Lehrwerken. In: Fremdsprache Deutsch 15. 10-16.

Langenscheidts Großwörterbuch Deutsch als Fremdsprache 1993. Das neue einsprachige Wörterbuch für Deutschlernende. Berlin: Langenscheidt.

Lundh, Karin 1992: Äquivalente Somatismen im Deutschen und Schwedischen – Wie soll das kontrastive Modell aussehen? In: Korhonen, Jarmo (Hg.): Untersuchungen zur Phraseologie des Deutschen und anderer Sprachen: einzelsprachspezifisch – kontrastiv – vergleichend. Frankfurt/Main et al.: Lang.163-173.

Martinell Gifre, Emma 1990: Comentario Lingüístico del horóscopo. In: Anuari de filologia. Secció F. Estudios de lengua y literatura españolas 13, 1. 57-63.

Niehüser, Wolfgang 1986: Vermeidung kommunikativer Risiken. In: Hundsnurscher, Franz; Weigand, Edda (Hgg.): Dialoganalyse. Referate der 1.Arbeitstagung Münster 1986. Tübingen: Niemeyer. 213-224.

Palm, Christine 1995: Phraseologie. Eine Einführung. Tübingen: Narr.

Reger, Harald 1978: Zur Idiomatik in der Illustriertenpresse. In: Muttersprache 88. 310-325.

Sandig, Barbara 1978: Stilistik. Sprachpragmatische Grundlegung der Stilbeschreibung. Berlin: de Gruyter.

Sandig, Barbara 1991: Formeln des Bewertens. In: Palm, Christine (Hg.): EUROPHRAS 90. Akten der internationalen Tagung zur germanistischen Phraseologieforschung Aske/Schweden 12.-15.Juni 1990. Stockholm: Almquist & Wiksell. 225-252.

Schemann, Hans 1989: Das phraseologische Wörterbuch. In: Hausmann, Franz Josef et al. (Hgg.): Wörterbücher. Dictionaries. Dictionnaires. Ein internationales Handbuch zur Lexikographie. Erster Teilband. Berlin: de Gruyter. 1019-1032.

Schemann, Hans 1992: Synonymwörterbuch der deutschen Redensarten. Stuttgart: Klett.

Schemann, Hans 1993: Deutsche Idiomatik. Stuttgart: Klett.

Skog-Södersved, Mariann 1992: Zum Vorkommen von Phraseolexemen in Leitartikeln deutscher und schwedischer Tageszeitungen. In: Korhonen, Jarmo (Hg.): Untersuchungen zur Phraseologie des Deutschen und anderer Sprachen: einzelsprachspezifisch – kontrastiv – vergleichend. Frankfurt/Main et al.: Lang. 175-188.

Sternkopf, Jochen 1996: Phraseologische Kontexte. In: Informationen Deutsch als Fremdsprache 23. 705-714.

Ueda, Yasunari 1991: Schwierigkeiten beim Verstehen der deutschen idiomatischen Wendungen. Ein Kapitel im Deutschunterricht für japanische Muttersprachler auf einer fortgeschrittenen Stufe. In: Informationen Deutsch als Fremdsprache 18. 3-14.

Ueda, Yasunari 1993: Kontrastive Phraseologie – Deutsch-Japanisch. In: Zielsprache Deutsch 24. 128-133.

Weidhase, Helmut 1978: Himmelsauskunft in irdischer Sprache. Materialien und Gedanken zum literarisch-publizistischen Kleingenre „Horoskop". In: Der Deutschunterricht 30. 109-138.

Wotjak, Barbara 1992: Probleme einer konfrontativen Phraseologieforschung am Beispiel verbaler Phraseolexeme (PL). In: Korhonen, Jarmo (Hg.): Untersuchungen zur Phraseologie des Deutschen und anderer Sprachen: einzelsprachspezifisch – kontrastiv – vergleichend. Frankfurt/Main et al.: Lang. 39-60.

Wotjak, Barbara 1996: Redewendungen und Sprichwörter. Ein Buch mit sieben Siegeln? In: Fremdsprache Deutsch 15. 4-9.

Wotjak, Barbara;Richter, Manfred [2]1993: sage und schreibe. Deutsche Phraseologismen in Theorie und Praxis. Leipzig et al.: Langenscheidt, Verlag Enzyklopädie.

Wotjak, Barbara/Dobrovol'skij, Dimitrij 1996: Phraseologismen im Lernerwörterbuch. In: Barz, Irmhild; Schröder, Marianne (Hgg.): Das Lernerwörterbuch Deutsch als Fremdsprache in der Diskussion. Heidelberg: Winter. 243-264.

Zöfgen, Ekkehard 1986: Kollokation – Kontextualisierung – (Beleg)Satz. Anmerkungen zur Theorie und Praxis des lexikographischen Beispiels. In: Barrera-Vidal, Albert et al. (Hgg.): Französische Sprachlehre und bon usage. München: Hueber. 219-238.

Jan Wirrer

Phraseologismen in der Argumentation

0. Phraseologismen: ihre denotative Bedeutung, ihre Gesamtbedeutung und ihr Gebrauch

Bekanntlich definieren sich Phraseologismen u.a. dadurch, daß man von der Bedeutung der Teile, aus denen sie bestehen, nicht auf ihre Gesamtbedeutung schließen kann. Dies gilt zumindest für die sog. bildhaften Phraseologismen, bei denen die denotative – die *wortwörliche* – Bedeutung mit Hinblick auf die phraseologische Gesamtbedeutung[1] lediglich im uneigentlichen Sinne zu verstehen ist. In phraseologischen Wörterbüchern wie z.b. in Drosdowski/Scholze-Stubenrecht (Hgg.) 1992[2] folgt daher auf den lemmatisierten Phraseologismus die Angabe der Gesamtbedeutung, an welche sich „in der Regel Beispiele für den typischen Gebrauch der Wendung im Kontext" (Drodowski/Scholze-Stubenrecht (Hgg.) 1992, 17) anschließen. Des weiteren enthalten die Artikel meist sprach- und/oder kulturgeschichtliche Erläuterungen, die sich auf die denotative, aber auch auf die Gesamtbedeutung beziehen. Als Beispiel möchte ich aus dem genannten Wörterbuch den Artikel zum Verbidiom[3] *vom Regen in die Traufe kommen* zitieren:

> **vom Regen in die Traufe kommen:** *aus einer unangenehmen Lage in eine andere [noch unangenehmere] geraten:* Er gehört zu den Menschen, die immer vom Regen in die Traufe kommen.

---

[1] Der Term *phraseologische Gesamtbedeutung* scheint mir eindeutiger und weniger mißverständlich zu sein als der von mir in früheren Publikationen verwendete Term *konnotative Bedeutung* (eines Phraseologismus) (vgl. Wirrer 1994, 1995). Diese ursprünglich auf Grzybek zurückgehende Terminologie (vgl. Grzybek 1987, 1989, 1991) ist deshalb unglücklich, weil der Begriff *Konnotation* bereits anders besetzt ist und meist im Gegensatz zur *Denotation* als *nicht expressis verbis ausgedrückte, 'mitschwingende' im Kontext nicht isolierbare Bedeutung* verstanden wird. Dies jedoch trifft auf die Gesamtbedeutung von Phraseologismen gerade nicht zu. Darüber hinaus darf nicht übersehen werden, daß auch Phraseologismen ihre spezifischen Konnotationen haben. Dies gilt z.B. für alltagstheoretische Folgerungen hinsichtlich ihrer Benutzer.

[2] Es handelt sich um den 11.Band der Dudenreihe *Das Standardwerk zur deutschen Sprache.* Der Band hat auf dem Cover den Untertitel *Idiomatisches Wörterbuch der deutschen Sprache,* gemäß der CIP-Einheitsaufnahme lautet der Untertitel dagegen *Wörterbuch der deutschen Idiomatik,* was eine eindeutige bibliographische Angabe des Werks nicht gerade erleichtert.

[3] Unter einem *Verbidiom* verstehe ich einen nicht-satzwertigen Phraseologismus, dessen syntaktischer Kern mindestens ein Vollverb enthält (vgl. Korhonen 1995a, 1995b). Burger et al. 1982 verwenden hier den Terminus *Phraseologische Ganzheit,* andere sprechen von *sprichwörtlichen Redensarten,* wobei dieser Begriff allerdings eine größere Extension hat und z.B. phraseologische Vergleiche mitumfaßt.

◊Aus der Dachtraufe läuft das vom Dach abfließende Regenwasser gesammelt nach unten. Wer also beim Unterstellen unter ein Dach nicht aufpaßt und sich ganz unter die
Traufe stellt, wird erst recht naß. (Drodowski/Scholze-Stubenrecht (Hgg.) 1992, 578).

Die in dem Wörterbuchartikel angegebene phraseologische Gesamtbedeutung
ergibt sich nicht zuletzt aus dem Gebrauch des Phraseologismus. Dies bedeutet:
der Autor des Artikels verfügt über ein explizites Wissen[4] darüber, in welchen
Situationen das Verbidiom adäquat angewendet wird und in welchen nicht. Daß
man über ein solches Wissen verfügen muß, um phraseologische Gesamtbedeutungen zu elizitieren, zeigen besonders deutlich die sog. *phraseologischen faux
amis* (Ettinger 1994). Die phraseologische Gesamtbedeutung von *suer sang et
eau* entspricht eben nicht der des auf denotativer Ebene äquivalenten deutschen
Verbidioms *Blut und Wasser schwitzen*, ist doch erstere mit *sich gewaltig
anstrengen, sich große Mühe geben*, letztere aber mit *große Angst haben, in
großer Aufregung sein* zu umschreiben (Ettinger 1994, 125). Ähnlich bedeutet
mettre la puce à l'oreille à qn eben nicht *jmdm. einen Gedanken, einen Wunsch
eingeben, der diesen dann nicht mehr ruhen läßt* (Drodowski/Scholze-Stuben-
recht (Hgg.) 1992, 519), wie man aufgrund der denotativen Äquivalenz mit
jmdm. einen Floh ins Ohr setzen vermuten könnte, vielmehr ist der Phraseologismus im Sinne von *jmdn. mißtrauisch, jmdn. hellhörig machen* zu verstehen.
    Der zitierte Lexikonartikel zeigt aber noch etwas anderes. Innerhalb eines noch
zu beschreibenden Rahmens können Gebrauch und Gesamtbedeutung variieren.
Regen und *Traufe* stehen entweder in einer Äquivalenzrelation – dies ist der Fall,
wenn das Verbidiom im Sinne von *von einer unangenehmen in eine andere
unangenehme Lage geraten* zu interpretieren ist, oder sie stehen in einer Relation
des Mehr (Traufe) und Minder (Regen), woraus sich als Gesamtbedeutung *von
einer unangenehmen Lage in eine andere, noch unangenehmere Lage geraten*
ergibt.
    Aus dem Gebrauch erschließt sich sich ebenfalls die durchgängig negative
Konnotation dieses Verbidioms. Mit seiner Metaphorik allein ist eine positive
Konnotation nämlich zumindest nicht unverträglich. Die phraseologische Gesamtbedeutung des Idioms wäre dementsprechend wie folgt zu umreißen: *von
einer angenehmen Lage in eine andere [noch angenehmere] Lage geraten*. Eine
solche Interpretation wäre z.B. in einer trocknen, wasserarmen Lebensumwelt
durchaus denkbar, wo diesem Wassermangel entsprechend eine größere Menge
an Wasser (Traufe) einer kleineren Menge (Regen) vorzuziehen ist.[5] Dieses –

---

[4] Fachwissenschaftlich nicht vorgebildete Sprecher dürften hier, wie in anderen Bereichen der
Sprache auch, lediglich über ein implizites oder besser: *Gebrauchswissen* im Sinne Alfred
Schütz verfügen (vgl. Schütz; Luckmann 1979/1984, Wirrer 1987).
[5] Daß unterschiedliche natürliche Lebensbedingungen zu solchen unterschiedlichen phraseo-
logischen Gesamtbedeutungen führen können, zeigt z.B. ein Vergleich zwischen Zulu-
Sprichwörtern und deutschen Sprichwörtern. In den erstgenannten wird *Schatten* stets positiv,

zugegebenermaßen etwas konstruierte – Beispiel zeigt, daß der korrekte Gebrauch eines Phraseologismus die Kenntnis außersprachlicher kultureller und natürlicher Lebensumstände voraussetzt, selbst wenn Sprecher oftmals nicht in der Lage sind, diese Kenntnisse zu verbalisieren.

Obgleich die Gesamtbedeutung eines Phraseologismus ohne Berücksichtigung seines Gebrauchs nicht adäquat zu beschreiben ist, trägt selbstverständlich auch seine denotative Bedeutung zu seiner Gesamtbedeutung bei. Dies liegt daran, daß die denotative und die phraseologische Gesamtbedeutung meist in einer analogen Beziehung zueinander stehen.[6] So ist in unserem Beispiel die Relation zwischen Regen und Traufe analog zu der zwischen einer unangenehmen und einer anderen unangenehmen – ggf. noch unangenehmeren – Lage. Wenn man nun z.B. von jemandem, der seinen Arbeitsplatz wechselt, behauptet, er käme vom Regen in die Traufe, so ist die konkrete Situation ihrerseits als Spezialisierung der phraseologischen Gesamtbedeutung anzusehen. Dies aber bedeutet: denotative Bedeutung und phraseologische Bedeutung sind vermittels einer generalisierenden Analogie miteinander verbunden, während die Anwendungssituation – semantisch gesehen – eine Spezialisierung der phraseologischen Gesamtbedeutung darstellt.

Die Gesamtbedeutung eines bildhaften Phraseologismus läßt sich aus seiner denotativen Bedeutung zwar nicht zwingend erschließen, die Beziehung zwischen beiden Bedeutungsebenen ist jedoch nicht gänzlich arbiträr und unterliegt der Bedingung der Analogiefähigkeit, welche den semantischen Rahmen für die Zuordnung einer phraseologischen Gesamtbedeutung setzt. Eine solche Analogiefähigkeit besteht z.B. nicht zwischen *vom Regen in die Traufe kommen* und *alle Kniffe kennen*, der phraseologischen Gesamtbedeutung von *wissen, wo Barthel den Most holt* (vgl. Drodowski/Scholze-Stubenrecht (Hgg.) 1992, 85).

Mit bildlosen Phraseologismen verhält es sich, soweit es die Beziehung zwischen beiden Bedeutungsebenen betrifft, deutlich anders als mit bildhaften. Der wesentliche Unterschied besteht vor allem darin, daß denotative Bedeutung und phraseologische Gesamtbedeutung hier nicht per Analogie miteinander verbunden sind und sich semantisch stark einander annähern, ja in vielen Fällen semantisch deckungsgleich sind. Der letztgenannte Fall bedarf keiner weiteren Erläuterung. Er trifft z.B. auf Gemeinplätze zu wie *Was nicht ist, kann noch werden*. Der erstgenannte ist dagegen erläuterungsbedürftig. Für den Phraseologismus *Irren ist*

---

in den letztgenannten dagegen negativ konnotiert (Nyembezi 1990, Wirrer 1996a).

[6] Von einer solchen anologen Relation zwischen denotativer Bedeutung und phraseologischer Gesamtbedeutung spricht auch Grzybek (vgl. Grzybek 1987, 1989, 1991). Ob allerdings die phraseologische Gesamtbedeutung und die Anwendungen eines Phraseologismus ebenfalls durch eine Analogie verbunden sind, wie Grzybek behauptet, scheint mir heute – im Gegensatz zu früher (Wirrer 1994, 1996a) – eher fraglich. Offensichtlich liegt hier eine Spezialisierung vor, so daß das Verhältnis zwischen der denotativen Bedeutung eines Phraseologismus und seinen Anwendungen mit dem Begriff der *doppelten Analogie* nicht adäquat beschrieben ist.

menschlich geben Drodowski und Schulze-Stubenrecht *jeder kann sich einmal irren* als Gesamtbedeutung an (Drodowski/Scholze-Stubenrecht (Hgg.) 1992, 363). Diese ist alltagstheoretisch und eo ipso phraseologisch korrekt, sie läßt sich aus der denotativen Bedeutung logisch jedoch nicht ableiten; denn auf der denotativen Ebene ist weder gesagt, ob das Irren – wie durch die phraseologische Gesamtbedeutung nahegelegt – eine essentielle oder vielleicht nur eine akzidentielle Eigenschaft der menschlichen Spezies sei, noch ist vom Modus der Potentialität die Rede.

1. Phraseologismen und ihre Verwendung in der Argumentation

1.1 Phraseologismen als Sentenzen

Phraseologismen, hier verstanden in einem weiten Sinne des Begriffs unter Einschluß von satzwertigen Phraseologismen inklusive Sprichwörtern, finden ihre Verwendung in Diskursen unterschiedlicher Art wie z.B. in Erzählungen und in Werbetexten. Im Mittelpunkt dieser Untersuchung stehen Vorkommen und Funktion von Phraseologismen in argumentativen Texten. Generell verstehe ich darunter Texte, in denen es darum geht, eine oder mehrere Thesen vermittels Begründung zu erhärten und somit einen Kommunikationspartner von der Richtigkeit derselben zu überzeugen. Argumentative Texte sind daher per definitionem persuasive Diskurse. Der Idealtypus eines argumentativen Textes ist die forensische Rede, ein Diskurstyp also, der darauf zielt, die Entscheidungsmächtigen, d.h. den oder die Richter, von der Richtigkeit der vorgetragenen Thesen zu überzeugen, um ein Urteil im Sinne des Redners herbeizuführen. Argumentative Texte haben aber auch in anderen Lebensbereichen wie z.B. der Politik, der Ökonomie, dem Erziehungssystem und der Wissenschaft einen prominenten Stellenwert. Aus weiter unten zu nennenden Gründen werde ich jedoch wissenschaftliche Texte in meiner Untersuchung nicht weiter berücksichtigen.

Ein enger Bezug zwischen Phraseologie und Klassischer Rhetorik läßt sich über den Begriff der *Sentenz* herstellen. Aristoteles umreißt diesen Begriff in seiner *Rhetorik* folgendermaßen:

> Es ist ... die Sentenz eine Erklärung, jedoch nicht über das, was den Einzelnen betrifft ..., sondern über etwas das Allgemeine betreffend, jedoch nicht alles betreffend ..., sondern nur darüber, was die menschlichen Handlungen betrifft: was beim Handeln zu wählen oder zu meiden ist. (Aristoteles [3]1989, 136)

Entsprechend heißt es bei Quintilian in seiner *Ausbildung des Redners*:

> Die Ältesten [Sentenzen, J.W.] sind die, die im eigentlichen Sinne 'Sentenzen' heißen, obgleich ja die Bezeichnung für alle Arten die gleiche ist, die bei den Griechen soge-

nannten γνῶμαι (Sinnsprüche). In beiden Sprachen [Griechisch und Latein, J.W.] haben sie ihren Namen deshalb, weil sie Ratschlägen oder allgemeinen Bestimmungen ähnlich sind. Eine Sentenz aber ist ein allgemeiner Satz, der auch unabhängig vom Zusammenhang eines Falles Anerkennung finden kann ... (Quintilianus 1972/1975, VIII, 203)

Sentenzen sind demnach allgemeine, nicht nur auf einen einzelnen Fall bezogene Aussagen, die häufig, aber nicht immer, wie Quintilian offensichtlich einräumt, als Ratschläge aufzufassen sind.

Im Zusammenhang mit dem Thema meiner Ausführungen ist es von Interesse, daß nach Aristoteles auch einige Sprichwörter zu den Sentenzen zählen. Wenn man darüber hinaus die Beispiele in Betracht zieht, die Aristoteles selbst anführt – er zitiert hier neben einer Maxime einige zu seiner Zeit sicher gut bekannte Sätze aus den Werken Euripides – , so gehören außerdem Maximen und zahlreiche Geflügelte Worte dazu.

Von einem phraseologischen Standpunkt aus haben Sprichwörter, Maximen und Geflügelte Worte bekanntlich folgende gemeinsame Eigenschaften: es handelt sich um satzwertige Phraseologismen, des weiteren sind sie als *Minitexte* zu klassifizieren, die bei Einbindung in einen umfangreicheren Diskurs als Text im Text angesehen werden können. Als Minitexte in diesem Sinne gelten außerdem Gemeinplätze, Omensprüche, Slogans und Wellerismen. Mit Ausnahme der letztgenannten können, wie zu zeigen sein wird, auch Gemeinplätze und Slogans als Sentenzen im Sinne der Klassischen Rhetorik fungieren[7]. Unter den nichtsatzwertigen Phraseologismen sind dagegen lediglich Verbidiome und gelegentlich Phraseologische Vergleiche sentenzfähig, nicht jedoch Zwillingsformeln, Modellbildungen und Phraseologische Termini.

In der *Rhetorik* äußert sich Aristoteles auch zur pragmatischen Verwendung von Sentenzen in der Rede. Dabei unterscheidet er Gesichtspunkte der Produktion von solchen der Rezeption. Zum erstgenannten Aspekt heißt es im 21. Kapitel:

In Sentenzen [wie z.B. *Es lebt kein Mensch, der allwege glücklich ist* (Euripides, Fragment 661), J.W.] zu sprechen .. schickt sich dem Alter nach für die älteren Menschen, und zwar in bezug auf die Dinge, über die man Erfahrung besitzt. Folglich ist für den, der sich noch nicht in einem solchen Alter befindet, das Reden in Sentenzen unschicklich ... Ist er aber über die zur Debatte stehenden Dinge unerfahren, dann ist es sogar albern und ungebildet. Das aber ist ein hinlänglicher Beweis dafür: Die ungehobelten Menschen sind in besonderem Maße dazu angetan, Sentenzen zu schmieden und ohne große Mühe von sich zu geben. (Aristoteles, [3]1989, 138)

Aristoteles betont hier, daß sich die persuasive Wirkung von Sentenzen – und eo

---

[7] Feste Phrasen wie z.B. *Das geht auf keine Kuhhaut* und kommunikative Formeln wie *Das glaubst Du wohl selber nicht* sind wegen der in ihnen enthaltenen Deiktika stets kontextgebunden und damit ein ungeeignetes Mittel, im Sinne des obigen Zitates aus der aristotelischen Rhetorik *Allgemeines* auszudrücken.

ipso von Phraseologismen, die als Sentenzen fungieren – nicht von allein einstellt, sondern hochgradig von pragmatischen Konventionen abhängt. Zu diesen gehört, daß der Redner glaubhaft machen kann, daß die allgemeinen Äußerungen, derer er sich in seiner Argumentation bedient, auf persönlichen Erfahrungen beruhen, und zwar, so sollte man hinzusetzen, unabhängig davon, ob dies tatsächlich der Fall ist oder nicht. Solche Erfahrungen werden älteren Menschen naturgemäß leichter zugestanden als jüngeren. – Zugleich hebt Aristoteles das allgemein geringe intellektuelle Niveau derer hervor, die in ihrer Argumentation auf Sentenzen zurückgreifen.

Was die Rezeption betrifft, so stellt Aristoteles folgendes fest:

> Für die Rede stellen die Sentenzen eine große Hilfe dar wegen der äußerst ungebildeten Art der Zuhörer. ... denn die Sentenz ... ist ein Ausspruch, der auf das Allgemeine zielt, und die Zuhörer freuen sich, wenn das als allgemeingültig ausgesprochen wird, was zufällig in einem speziellen Fall schon vorher ihre Meinung war; wenn z.B. jemand zufällig böse Nachbarn oder mißratene Kinder hat, so wird er es gut heißen, wenn der Redner sagt: „Nichts ist beschwerlicher als Nachbarschaft" oder „Nichts ist törichter als Kinder zu zeugen". Folglich muß man danach trachten, welche vorgefaßte Meinung die Zuhörer zufällig haben und dann darüber allgemeingültig reden. (Aristoteles, [3]1989, 140)

Sentenzen – und als Sentenzen fungierenden Phraseologismen – wird also in bestimmten Kommunikationskonstellationen eine große persuasive Kraft zugesprochen. Sie eignen sich – die Glaubwürdigkeit des Redners im obigen Sinne vorausgesetzt – offensichtlich besonders gut für Situationen, in welchen es darum geht, eine breite, wenig gebildete Zuhörerschaft zu überzeugen. Solche Rezipienten fühlen sich gern bestätigt, und die Sentenzen – so sollte man hinzusetzen – müssen daher so offen und allgemein formuliert sein, daß sie mit einem möglichst breiten Spektrum ähnlicher, aber doch unterschiedlicher Erfahrungen semantisch verknüpfbar sind. Prototypische Situationen dieser Art sind heute die öffentliche politische Rede, bestimmte Podiumsdiskussionen, die kommerzielle und politische Werbung und sicher auch die forensische Rede. Nicht dazu gehört der wissenschaftliche Diskurs, der zwar von sprachlicher Formelhaftigkeit durchaus nicht frei ist, der jedoch bei der intendierten Adressatengruppe an persuasiver Kraft verlöre, wollte er in seiner Argumentation von Sentenzen Gebrauch machen, von der rufschädigenden Wirkung einer solchen Argumentationsweise einmal abgesehen. Jeder Wissenschaftler wird es daher vermeiden, in seiner Argumentation auf Sentenzen – und auf als solche fungierenden Phraseologismen – zurückzugreifen, weshalb der wissenschaftliche Diskurs hier unberücksichtigt bleibt.

1.2 Phraseologismen als kanonisierte Spezialisierungen formaler Topoi

Ein zentraler Bestandteil der Klassischen Rhetorik ist die Topik. Zwei Grundtypen von Topoi lassen sich unterscheiden: *inhaltliche Topoi* und *formale Topoi*. Unter die ersten fallen stereotype Zuschreibungen von Prädikaten zu bestimmten Personengruppe wie Nationen oder Berufsgruppen, also etwa *der feurige Italiener, der ordnungsliebende Deutsche, der fleißige Japaner* bzw. *der schusselige Professor, der faule Student, der reiche Zahnarzt*. Zu den letztgenannten gehören z.B. der *Topos der Ursache*, der *Topos der Konsequenz* und der Topos *der Potentialität*[8]. Vor allem um diese geht es in der aristotelischen Rhetorik, und allein diese sollen hier Gegenstand meiner Ausführungen sein. Dabei ist zu berücksichtigen, daß die Liste der Topoi, wie sie sich bei Aristoteles findet, ergänzungs- und in manchen Fällen auch differenzierungsbedürftig ist. So liegt es z.B. nahe, einen Topos der Stabilität einzuführen. Des weiteren ist etwa der Topos des *Mehr oder Minder* bei Aristoteles ein reiner Schlußtopos, der von einem *Mehr oder Minder* im Sinne eines Aspekttopos zu trennen ist.[9]

Die Grundüberlegung ist die, daß zahlreiche Phraseologismen inhaltlich konkretisieren können, was durch die formalen Topoi argumentativ vorgegeben wird. Dies soll anhand der folgenden Beispiele demonstriert werden:

---

[8] Quintilian scheint hier zwischen *loci a persona* und *loci a re* zu unterscheiden (Quintilianus 1975, V, 540, Göttert [2]1994, 35) und mit dem ersten Begriff die Inhaltstopoi, mit dem zweiten die formalen Topoi zu bezeichnen (vgl. z.B. Quintilianus 1975, V, 556). Da Inhaltstopoi jedoch sowohl Personen als auch Sachen betreffen und die formalen – aristotelischen Topoi – sowohl durch Inhalte, die auf Personen, als auch durch solche, die auf Sachen referieren, repräsentiert werden können, scheint mir die hier vorgeschlagene Begrifflichkeit adäquater.

[9] Diesen Hinweis verdanke ich meinem Kollegen Walther Kindt.

TABELLE 1

TOPOI	PHRASEOLOGISMEN
Ursache	Der Apfel fällt nicht weit vom Stamm Übung macht den Meister Oh, wat schmickt de Tabak fuin, de mott joa woll iut Buine suin (Oh, was schmeckt der Tabak fein, der muß ja wohl aus Bünde sein)
Mehr oder Minder (Schlußtopos)	Was Hänschen nicht lernt, lernt Hans nimmermehr
Mehr oder Minder (Aspekttopos)	Reden ist Silber, Schweigen ist Gold Vater werden ist nicht schwer, Vater sein dagegen sehr (Wilhelm Busch, *Julchen*) Nicht kleckern, sondern klotzen Mehr Demokratie wagen vom Regen in die Traufe kommen den Teufel mit Beelzebub austreiben
Induktion	Wer einmal lügt, dem glaubt man nicht, und wenn er auch die Wahrheit spricht
wechselseitige Relationen von Bedingungen	Einer für alle, alle für einen
Konsequenz	Ist die Katze aus dem Haus, tanzen die Mäuse über Tische und Bänke Wer andern eine Grube gräbt, fällt selbst hinein Wer zu spät kommt, den bestraft das Leben Wie man sich bettet, so schläft man das Kind mit dem Bade ausschütten
Inkonsistenz/ Widerspruch	Die Kleinen henkt [meist fälschlicherweise: *hängt*] man, die Großen läßt man laufen den Bock zum Gärtner machen
Potentialität	Frisch gewagt, ist halb gewonnen Morgenstund hat Gold im Mund
Ähnlichkeit	wie ein geölter Blitz wie ein Fisch im Wasser wie von der Tarantel gestochen
Bedeutung des Namens	Nomen est omen
Autorität	Omnia vincit Amor (Vergil, *Eclogen*) Die Botschaft hör ich wohl, allein mir fehlt der Glaube (Goethe, *Faust I*) Der Ball ist rund (Sepp Herberger) Wer zu spät kommt, den bestraft das Leben (Gorbatschow)
Topos der Stabilität	neuen Wein in alte Schläuche füllen

Die Relationen zwischen den formalen Topoi und ihren phraseologischen Repräsentanten sind komplexer, als es dieser Tabelle nach – zumindest auf den ersten Blick – den Anschein hat. Generell sind formale Topoi als abstrakte Mittel zu betrachten, die im argumentativen Diskurs einer konkreten inhaltlichen Auffüllung bedürfen. Diese geschieht in der Regel durch phraseologisch ungebundene Gesamtsätze, Gliedsätze oder Satzglieder wie z.B. durch den Gliedsatz *weil es heute Nacht geschneit hat* in dem Gesamtsatz *Die Dächer sind weiß, weil es heute Nacht geschneit hat.* Es bedarf keiner weiteren Erläuterung, daß hier der Topos der Ursache inhaltlich aufgefüllt und damit zugleich auf eine konkrete Situation angewendet wird. Bei Phraseologismen wie den oben in der Tabelle genannten sind die Verhältnisse jedoch erheblich komplexer. Dies soll im folgenden anhand des Sprichwortes *Der Apfel fällt nicht weit vom Stamm* erläutert werden.

Die phraseologische Gesamtbedeutung bezieht sich generell auf die Beziehungen zwischen einem Produkt und seinem Produzenten. Dabei werden Eigenschaften des Produktes auf Eigenschaften des Produzenten zurückgeführt: das Produkt hat die Eigenschaft E_1, **weil** der Produzent ebenfalls die Eigenschaft E_1 hat. Das heißt: es wird eine bestimmte Art von genetischer Erklärung gegeben. Dabei setzt die Analogie zwischen denotativer Bedeutung und phraseologischer Gesamtbedeutung eine spezifische Interpretation der erstgenannten voraus. *Stamm* ist als uneigentlicher synekdochischer Ausdruck für *Baum* zu deuten (pars pro toto), *fallen* in Kombination mit *nicht weit* als verbum improprium für *erzeugen* und *übertragen von Eigenschaften* (Metapher). Die phraseologische Gesamtbedeutung ihrerseits unterliegt einer semantischen Spezialisierung, wenn sie im Sinne des Topos der Ursache in einer bestimmten Situation angewendet wird. Eine, wenn nicht **die** prototypische Anwendung des Sprichwortes ist das pejorativ bewertete Verhältnis zwischen Vater und Sohn: Der Sohn ist ein Gauner, der Vater ist auch ein Gauner. *Der Apfel fällt nicht weit vom Stamm*: Der Sohn ist ein Gauner, **weil** der Vater auch ein Gauner ist. Die Beziehung zwischen dem Topos der Ursache und seiner konkreten Anwendung wird hier also vermittelt über das Sprichwort und seine denotative Bedeutung sowie – und dies zuvörderst – seine phraseologische Gesamtbedeutung. Dabei ist zu berücksichtigen, daß bei Phraseologismen offenbar ein Anwendungskern mit prototypischen Anwendungen von einer Anwendungsperipherie mit weniger bzw. nichtprototypischen Anwendungen zu unterscheiden ist. Bezüglich *Der Apfel fällt nicht weit vom Stamm* gilt die Anwendung auf das Verhältnis zwischen Vater und Sohn als prototypischer als eine Anwendung auf die Beziehung zwischen Mutter und Tochter, wohingegen etwa eine Anwendung auf das Verhältnis eines Trainers zu der von ihm trainierten Fußballmannschaft an der Peripherie zu lokalisieren ist. Außerdem werden Anwendungen in pejorativer Absicht als prototypischer angesehen als solche in nicht-pejorativer Absicht.[10]

Trotz der häufig relativ großen Breite ist das Spektrum der Anwendungen von Phraseologismen aufgrund der hochgradig konventionalisierten phraseologischen Gesamtbedeutung begrenzt. Wenn Phraseologismen daher im Sinne formaler Topoi fungieren, stellen sie kanonisierte Spezialisierungen dieser Topoi dar. So kann man sich, wie oben dargestellt, vermittels des Sprichwortes *Der Apfel fällt nicht weit vom Stamm* lediglich auf einen bestimmten Typ von Ursachen, nicht jedoch auf beliebige Ursachen beziehen.

Welcher formale Topos durch einen Phraseologismus repräsentiert werden kann, hängt nicht zuletzt vom jeweiligen Kontext ab. Allerdings herrscht auch hier keine Beliebigkeit: *Der Apfel fällt nicht weit vom Stamm* mag in einigen Kontexten als Topos der Ursache, in anderen dagegen als Topos der Ähnlichkeit fungieren,[11] der Topos der Inkonsequenz dagegen ist mit der phraseologischen Gesamtbedeutung des Sprichwortes wie auch seiner denotativen Bedeutung grundsätzlich unverträglich. Solche Zuordnungen werden durch das Zusammenspiel beider Bedeutungsebenen blockiert.

Das Problem der Kontextabhängigkeit und der möglichen Zuordnung zu verschiedenen Topoi läßt sich leicht anhand des Sprichwortes *Was Hänschen nicht lernt, lernt Hans nimmermehr* verdeutlichen.[12] In Tabelle 1 ist das Sprichwort dem Topos des Mehr oder Minder (Schlußtopos) im Sinne der folgenden phraseologischen Gesamtbedeutung zugeordnet: *was man in der Jugend nicht gelernt hat, lernt man im Alter erst recht nicht.* Diese repräsentiert den Topos des Mehr oder Minder (Schlußtopos) z.B. dann, wenn man erklären will, warum eine Person P bei dem Versuch scheitert, bestimmte Fähigkeiten wie die Beherrschung einer Fremdsprache in einem höheren Alter zu erwerben: *wenn P schon in der Jugend nicht in der Lage war, eine Fremdsprache zu erlernen, um wie viel weniger wird er oder sie im Alter dazu fähig sein.*[13] Die prototypische Anwendung des Sprichwortes ist jedoch eher die pädagogische, in der es darum geht, einen jungen Menschen davon zu überzeugen, sich bestimmte Kenntnisse und

---

[10] Diesen Einschätzungen liegen mehrere allerdings informelle Umfragen unter Studierenden zugrunde, die ich in verschiedenen Seminaren zur Phraseologie durchgeführt habe. Dabei haben sich die Zuordnungen zum Anwendungskern einerseits und zur Anwendungsperipherie andererseits als relativ stabil erwiesen.

[11] So geben Drodowski/Scholze-Stubenrecht für das angeführte Sprichwort *jmd. ist in den negativen Anlagen den Eltern sehr ähnlich* als phraseologische Gesamtbedeutung an (Drodowski/Scholze-Stubenrecht (Hgg.) 1992, 47). Danach könnte das Sprichwort lediglich als kanonisierte Spezialisierung des Topos der Ähnlichkeit fungieren, eine, wie ich denke, unangemessene semantische Einengung.

[12] Zur Geschichte dieses Sprichwortes und seinen insbesondere pädagogischen Auslegungen vgl. Mieder 1995.

[13] Es geht mir hier selbstverständlich nur um ein möglichst leicht darstellbares Beispiel. Ob die Argumentation auch inhaltlich zutrifft, darf durchaus zu recht bezweifelt werden, soll hier aber nicht Gegenstand der Diskussion sein.

Fähigkeiten, etwa die Beherrschung von Fremdsprachen, möglichst früh anzueignen und nicht bis in ein späteres Lebensalter damit zu warten. Dieser Kontext setzt eine phraseologische Gesamtbedeutung voraus, die von der obigen ein wenig abweicht: *was man in der Jugend nicht lernen will, läßt sich später nicht mehr erlernen.* Hier besteht eine starke Affinität zum Topos der Konsequenz: *wenn du jetzt keine Fremdsprachen lernst, wirst du dein Leben lang keine lernen.*

1.3 Topoi und Phraseologismen als Bestandteile von Enthymemen

In der aristotelischen Rhetorik sind die Topoi mit der Schlußfigur des Enthymems aufs engste verknüpft. Generell sind Enthymeme als Reduktionen von Syllogismen anzusehen. Ein Enthymem liegt z.b. der Behauptung E1 zugrunde:

E1   X ist nicht in der Lage, eine Fremdsprache zu erlernen, weil er dies in seiner Jugend nicht gelernt hat.

Vollständig müßte der Schluß lauten:[14]

P1:   Für alle Menschen, die dem Jugendalter entwachsen sind, gilt: sie sind nicht in der Lage, eine Fremdsprache zu erlernen.

P2:   X ist ein Mensch, der dem Jugendalter entwachsen ist.

CC: X ist nicht in der Lage, eine Fremdsprache zu erlernen.

In E1 ist die – unter Fachleuten im übrigen zu recht umstrittene – Prämisse P1 nicht repräsentiert, ihre Gültigkeit wird vielmehr stillschweigend vorausgesetzt und damit einer möglichen Thematisierung weitgehend entzogen[15]. Da sie mit alltagstheoretischen Vorstellungen gut verträglich ist, knüpft sie an erwartbar vorhandene Wissensbestände der Adressaten von E1 an und erhöht somit die persuasive Kraft des Arguments. Ganz in diesem Sinne empfiehlt Aristoteles die Verwendung von Enthymemen in der öffentlichen Rede:

... man muß weder von weither noch alles aufgreifen und zusammenbringen; denn das

---

[14] In dem folgenden Schema und den entsprechenden weiteren Schemata steht *P* für *Prämisse* und *CC* für *Conclusio.*
[15] Dies ist auch dann der Fall, wenn die Gültigkeit durch einen Wahrscheinlichkeitsparameter – solche Parameter sieht im übrigen auch Aristoteles vor (Göttert ²1994, 90) – modifiziert wird, zumal derartige Gültigkeitsbedingungen in Enthymen in aller Regel ebenfalls nicht expressis verbis aufgeführt werden.

eine ist undeutlich wegen der Weitläufigkeit, das andere aber geschwätzig, weil man sagt, was offenkundig ist. Dies ist schließlich auch der Grund, weshalb die Ungebildeten beim Volke eher überredend wirken als die Gebildeten. Wie ja auch die Dichter sagen, daß die Ungebildeten vor dem Volke schicklicher reden; denn die Gebildeten sprechen Allgemeines und Allgemeingültiges aus, die Ungebildeten aber das, was sie wissen und das Naheliegende. Folglich soll man nicht aus allen Ansichten die Argumente wählen, sondern nur aus dem, was innerhalb eines bestimmten Gesichtskreises liegt: z.B. für die Richter oder für die, die man dafür gelten läßt, und daß es so zu sein scheint, das muß einleuchtend sein – entweder für alle oder für die meisten. Ferner muß man die Argumente nicht nur aus dem Notwendigen zusammenbringen, sondern auch aus dem, wie es für gewöhnlich ist. (Aristoteles, [3]1989, 141)

Dabei erweist sich die Unschärfe von Enthymemen durchaus nicht als Nachteil; denn nicht zuletzt diese Unschärfe ermöglicht es dem Redner, an durchaus verschiedene Wissensbestände anzuknüpfen und auf diese Weise eine größere Zahl von Zuhörern auf seine Seite zu ziehen, selbst wenn deren Übereinstimmung in der Sache – zumindest im Detail – durchaus nicht gegeben ist. Das heißt: es geht nicht nur um Allgemeinverständlichkeit, sondern auch Allgemeinverwendbarkeit (Göttert [2]1994, 89).

Die Beziehung zwischen Enthymemen und Topoi sind deshalb besonders eng, weil Topoi in der Regel in Form von Enthymemen sprachlich realisiert werden. Dies trifft z.B. auf E1 zu, wo der Topos der Ursache die argumentative Basis bildet.[16] Der Einsatz von Phraseologismen stellt hier wiederum einen Sonderfall dar. Zunächst erweisen sich Phraseologismen für die mit Enthymemen verfolgte Zielsetzung bereits deshalb als geeignet, weil gerade für sie die Eigenschaften der Allgemeinheit bzw. Gemeingültigkeit, der gedanklichen Unschärfe und der Allgemeinverwendbarkeit charakteristisch sind. Es ist daher zu erwarten, daß sie in bestimmten persuasiven Diskurstypen wie der institutionell ungebundenen Alltagsargumentation, der politischen Rede und dem Zeitungskommentar innerhalb von Enthymemen relativ frequent vorkommen. Enthymeme, die sich eines Phraseologismus bedienen, verlangen dem Rezipienten allerdings ein etwas größeres Maß an kognitiver Eigenleistung ab als solche, die das nicht tun. Dies liegt vor allem daran, daß die phraseologische Gesamtbedeutung vom Rezipienten zunächst einmal realisiert und daran anschliessend auf die konkrete Anwendungssituation bezogen werden muß, d.h. der Rezipient muß die Schritte von der denotativen Bedeutung zur phraseologischen Gesamtbedeutung und von dieser zur Anwendungssituation von sich aus vollziehen. Ich möchte dies an einem konstruierten Beispiel demonstrieren und dazu noch einmal das Sprichwort *der Apfel fällt nicht weit vom Stamm* heranziehen. Dabei gehe ich von der Annahme aus, daß das Enthymem auf den Topos der Ursache rekurriert.

---

[16] Daher ist in der Literatur auch von *Topen-Enthymemen* (Göttert [2]1994, 90) die Rede.

E2   Franz hat schon wieder ein Auto geknackt. Kürzlich habe ich seinen
      Vater kennengelernt. Na ja: Der Apfel fällt nicht weit vom Stamm.

Nach Aristoteles liegt dem Topos der Ursache als Grundannahme zugrunde,

> daß ... etwas ist, sofern sie [die Ursache, J.W.] vorhanden ist, daß etwas nicht ist, sofern
> sie nicht vorhanden ist; denn die Ursache und das Verursachte existieren zugleich und
> ohne Ursache gibt es nichts ... (Aristoteles, [3]1989, 155)

Zu Beginn der Analyse von E2 sollen die wichtigsten Anwendungsbedingungen
für *Der Apfel fällt nicht weit vom Stamm* als kanonisierte Spezialisierung des
Topos der Ursache, auf die oben bereits kurz eingegangen wurde, im folgenden
im Detail aufgelistet werden:

-    *Apfel* und *Stamm* (hier im Sinne des *pars pro toto* für *Baum* stehend)
     stehen für ein Produkt (*Apfel*) und seinen Produzenten (*Stamm*).

-    Die Relation *fällt nicht weit von* ist ein uneigentlicher Ausdruck für
     ist Produkt von und besagt, daß Apfel und Stamm bzw. Produkt und
     Produzent zumindest eine gemeinsame (meist negative) Eigenschaft EG_x
     haben und daß diese vom Produzenten an sein Produkt weitergegeben
     wurde und darin die Ursache dafür liegt, daß auch dem Produkt die Ei-
     genschaft EG_x zukommt.

-    Apfel und Stamm sowie die ihnen gemeinsame Eigenschaft EG_x einer-
     seits sowie ein gegebener Produzent PZ_1 und sein Produkt PDK_1 sowie
     die ihnen gemeinsame Eigenschaft EG_1 andererseits sind vermittels einer
     generalisierenden Analogie sowie einer semantischen Spezialisierung
     miteinander verbunden, nämlich:
     Apfel (EG_x) R Stamm (EG_x)
     $\approx$ Produzent (EG_y) R Produkt (EG_y)
     $\approx PZ_1$ (EG_1) R PDK_1 (EG_1)

Wenn man nun E2 syllogistisch aufschlüsseln will, so gehen diese Anwendungsbedingungen in die Prämisse P1 ein:

Syllogismus 1:

P1   Eigenschaften werden vom Produzenten an sein Produkt weitergegeben.

P2   Kinder sind die Produkte ihrer Eltern.

CC1   Eltern geben Eigenschaften an ihre Kinder weiter.

Syllogismus 2:

P4   = CC1.

P5   Väter sind Elter.

CC2   Väter geben Eigenschaften an ihre Kinder weiter.

Syllogismus 3:

P6   =CC2.

P7   Söhne sind Kinder von Vätern.

CC3   Väter geben Eigenschaften an ihre Söhne weiter.

Syllogismus 4:

P8   =CC3

P9   V ist Vater seines Sohnes Franz

CC4   V hat Eigenschaften an Franz weitergegeben.

Syllogismus 5:

P10   =CC4

P11   V hat die Eigenschaft, ein Krimineller zu sein

P12   Franz hat die Eigenschaft, ein Krimineller zu sein

CC4   V hat die Eigenschaft, ein Krimineller zu sein, (wahrscheinlich) an seinen Sohn weitergegeben.

Hinzu kommt als weitere Prämisse:

P13   Autos zu knacken, ist ein krimineller Akt.

Vergleicht man nun die aufgeführten Prämissen und Schlußfolgerungen, so fällt auf, daß in E2 auf der Textoberfläche nicht eine von ihnen realisiert ist und lediglich P13, P12, P11 und CC4 (unter Ausschluß der Wahrscheinlichkeitsannahme) im Zusammenspiel mit der phraseologischen Grundbedeutung und der prototypischen Anwendung des Sprichwortes *oberflächennah* impliziert werden. Lediglich aufgrund dieser Implikate und der phraseologischen Grundbedeutung kann E2 als semantisch kohärent gelten.

Die Produktions- wie die Rezeptionsbedingungen können vermutlich bis zu einem gewissen Grade variieren. Ob z.B. der Syllogismus 1 für den Produktions- und/oder den Rezeptionsprozeß relevant sind, hängt davon ab, wie weit die phraseologische Gesamtbedeutung und eo ipso der Anwendungsbereich des Sprichwortes interpretiert wird. Das gleiche gilt für den Syllogismus 2. Des weiteren ergibt sich aus E2 nicht notwendigerweise, daß das Sprichwort hier den Topos der Ursache repräsentiert: Eine Bezugnahme lediglich auf den Topos der Ähnlichkeit ist mit E2 nämlich nicht minder verträglich. Dabei soll mit *lediglich* darauf verwiesen werden, daß in diesem speziellen Falle, in welchem es zumindest um das Vorhandensein gleicher Eigenschaften geht, der Topos der Ähnlichkeit dem Sprichwort notwendig auch dann zugrunde liegt, wenn es im Sinne des Topos der Ursache interpretiert wird. Der Topos der Ähnlichkeit ist hier im Topos der Ursache gewissermaßen enthalten.

2. Zwei Beispiele

Mit ihrer Funktion als kanonisierte Spezialisierungen formaler Topoi ist die Rolle von Phraseologismen – und dies gilt auch für die bisher genannten – innerhalb von argumentativen Texten längst nicht erschöpft. Mitunter erfüllen sie vor allem im exordium und im Epilog eine appellative und kontaktive Funktion; innerhalb der narratio, der probatio, der refutatio[17] und anderen Teilen der Rede können sie zur Charakterisierung der politischen oder sonstigen Gegner dienen, sie mögen als Ausdruck der Evaluation fungieren, sie mögen über sprachliches Unvermögen hinweghelfen u.v.a.m. Ich kann in diesem Papier lediglich im Zusammenhang mit den beiden folgenden Analysen kurz darauf eingehen.

2.1 Ein Wahlflugblatt aus den Zeiten der Weimarer Republik

Beim ersten Beispieltext handelt es sich um ein in niederdeutscher Sprache verfaßtes Wahlflugblatt aus der Weimarer Republik. Zunächst soll das Flugblatt in

---

[17] Zur makrostrukturellen Gliederung der Rede, wie sie die antike Rhetorik vorsieht, vgl. auch Barthes 1990.

seinem originalen Design präsentiert werden (siehe S. 137), anschließend folgt eine von mir vorgenommene Übersetzung ins Standarddeutsche (siehe Seiten 147-148).

Hier sollen lediglich die in dem Text vorkommenden Phraseologismen und ihre rhetorischen Funktionen zum Gegenstand der Betrachtung gemacht werden. Hinsichtlich weiterer Gesichtspunkte möchte ich mich auf das Notwendigste beschränken, zumal ich an anderer Stelle dieses Flugblatt unter nicht primär phraseologischen Gesichtspunkten bereits ausführlich untersucht habe (Wirrer 1996).

Daß es sich bei dem Dokument um ein Wahlflugblatt handelt, lassen verschiedene Stellen des Textes, insbesondere dessen Schluß, erkennen. Da die im Text erwähnten Klebezettel vor allem in Städten eingesetzt wurden, richtet sich das Flugblatt aller Wahrscheinlichkeit nach an eine städtische Bevölkerung. Dafür spricht auch die areallinguistische Analyse, derzufolge es sich eindeutig um die Hamburger Varietät des Niederdeutschen handelt.

Die Datierung des Dokuments ist schwierig. Es war weder zu ermitteln, auf welches antisemitische und/oder nationalsozialistische Flugblatt das Wahlflugblatt antwortet, noch, ob es sich auf eine Reichstags- oder eine Bürgerschaftswahl bezieht, noch in welchem Jahr diese Wahl stattgefunden hat. Fest steht lediglich, daß es der Zeit der Weimarer Republik entstammt.

Ob der als *verantwortlich* zeichnende Karl Erdmann auch der Verfasser des Flugblattes ist, ließ sich nicht ermitteln. Karl Erdmann war Autor bzw. Mitautor verschiedener politischer Bücher, die nahelegen, daß er im politischen Spektrum der Weimarer Republik *links von der SPD* einzuordnen ist. Über *„Aufbau und Werden" Gesellschaft für praktische Volksaufklärung* ist lediglich bekannt, daß sie als Herausgeberin von Erdmanns Schrift *Der Mißbrauch der Revolution* fungierte.

Druck- und Erscheinungsort des Flugblattes sind nicht mit Sicherheit festzustellen. Der Druckort könnte durchaus außerhalb des niederdeutschen Sprachgebietes gelegen haben. Die zahlreichen Druckfehler lassen jedenfalls vermuten, daß der Setzer des Niederdeutschen und besonders der Hamburger Varietät nicht oder nur in einem relativ geringen Maße mächtig war. Die Tatsache, daß die in normaler Schriftgröße wiedergegebenen Zeilen im Lynotypeverfahren gesetzt wurden, spricht in der damaligen Zeit für eine gut ausgestattete größere Druckerei als Herstellungsort.

Plattdütsche Jungs un plattdütsche Deerns! Mann oder Fru!

Heft all mol de Zettel sehn, bei Smeerfinken Di an de Wand backt hebt, rot un witt un grenn un blau? Un heft ok all mol so'n Ding in'ne Hand hatt, wo Di klor wiest warden schall, dat man nu endlich för all dat Elend un all denn Jammer, den de Krieg mit sik brocht hett, ben richtigen Schinnerhannes funden hätt:

Den Jud' ! ! ! !

„Minsch", hew ik bi mi dacht, wenn ik so'n Ding lesen harr. „Minsch, kannst Du awer legen!" un to min Nober hew ik seggt:

„Markst Müüüüs? !"

Dat hew ik all lang rut, dat je ben Jud'n nich lieben könnt. Un dor hew ik ok nicks dorgegen! Awer wenn je denn anfangt un seggt — blos wiel je de Jud'n nich lieben könnt —, „de Juden sünd an allem schuld!" denn is mi dat to bull!

Den Juden hangt se op un de Annern lot se lopen!

Mit den Juden wullt je dat denn eb'nso maken, as wi dat ümmer iu Rußland, Polen un Rumänien makt worn is. Wenn dor irg'nd wat nich klappen däh, buns, dor hewt je ben Juden bi'm Ors sot kregen. Un denn hewt je sik Waffen holt, Gewehre, Knüppeln un Mistgobeln un hewt een groten Feldzug gegen de Jud'n föhrt, sünd in ehr Hüser ringahn, hewt de Judenmänner un Wieber rut holt, jem ben Kopp insslogen · · · un wenn je dann ben „Heldenkrom" lang nog makt harrn, denn holn je wedder opp! Wider is niz bi so'n Larm rutkomen!

All de Jammer un all dat Elend bleew all datsülbige!

De Arme bliewt dorbi un hett keen Geld un niz to freten, un de Rieken hewt dat Geld un freet sik wieder ben Buuk sull. All de Lebensmittel bliewt liefes so büer as vörher, un de Krieg is ok nich ut de Welt schafft. Ober de Jud' is doch un kann niz mehr seggen. Un de Lüüb, de seggt hebbt: „De Juden sünd an allem schuld!" de lach sik wat, be hewt sik sien ut de Affäre trocken. So wat nennt man „Pogroms", un so wat möcht'n de Smeerfink'n mit ehr Klebezettels ook bi uns in Dütschland inföhren! Dat mok jem Spoß, dei hewt ümmer so'n Lust an Blod hatt, ben'n kunn de Krieg gor nich lang nog duern. Un nu de Jammer bet baben öwer unser Volk komen is, nun heet dat op eenmol: „Dat hewt allens de Juden makt!"

Nee, Minsch, dor mok ik nich mit!

Dat mit de Juden is mi ganz egal. Ik kenn em nich wieder un hew so wied of gornix mit em to dohn. Un mi is dat ok ganz egol, ob de Lüüd, be dat veele Geld hewt un Annere utsuugen, ob dat nu „christliches" oder „jüdisches" Kapital is. Ik kann de Lüüb op'n Dod nich lieben un wull ehr an'n Krogen. Awer dat be nichtjüdischen Schieber nu op eenmol komen un seggt: „Ik hiw niz dohn, dat hätt all de Jud makt"! dat land ik nich verfolgen. Ik kann dat keen een wies maken, dat'n in'n Krieg blos jüdische Drückeberger gewen hätt! Dorför hew ik veeltoveel sehn. De groten Grundbesitzer, be wörn wiß nich vörn in de Grobens, un mit den annern „Reklamierten" wör dat ok noch so'ne Sof! Un dat's blos jüdische Schieber gewen sull, dat's ok nich wat Nües. Wenn all bison an all dat Hamster denke, be so öwer Land komt, dor sünd meist gorkeen Juden bi. Un wenn welk is de Buern komen sünd, denn sünd se liefes so rutsmeten worn, as wi be Annern! Dor ward gorkeen ünnerscheed makt. Un denn, wenn ik blos an denke, an all de Appeln un Beern un all dat Grönkram, dat ümmer nich dor wör, wenn wi'n Cent hebben wull, denn weet ik 'noog! Un denn de groten Grund-besitzer un be „Agrarier", dat sünd gorkeen Juden un grob dei hewt ehr Tüg verdammt düer an de Lüüd verkofft, de an de Stadt kömen. Nee, nee, lat ju man niz förmaken von be Lüüb mit de 'Juden! De hewt sik all gegensietig niz vörtosmieten! Bi Eenen giwt dat soveel Swienegels as bi de Annern. Wenn ji'n Kierl nich lieben könnt, gob, dor kannst niz gegen maken, denn magst em denn niz lieben! Awer wenn Du een'n niz lieben kannst, denn kannst em noch lang niz noseggen, dat he an allens schuld is, wat Di nich recht geiht! Un denn vör allem nich, wenn Du em nich neger kennen beihst!

Awer be tief Di'n beten neger an, de hewt sowiet öppricten bot un ümmer wat öber de „Juden" to quarken hewt! Denn eener ümmerlos schreet: „Haltet den Dieb!" denn hett be wat to verbargen; denn hett be de Lüüb op'n Annern, dormit je dat em nich anmarken (dormit hei sülwst sik sien verduften kann.)!

Also Lüüb, lot ju nich verfosken! Un wenn Di mal wedder so'n Smeerblatt in de Hand drückt ober so'n bunten Lappen Di an de Wand von Din Huus backt ward, denn · riet em dörch ober mak dat Smeerblatt aw un segg düsse Lüüb as wie'n echten plattbütschen Jung oder ne rechte plattdütsche Deern: „Du kannst mi mol!" Un wenn Du nu wählen schallst, denn segg ik Di nur noch eens: **Wählt, wen ji wullt!** Blos de Kierls, de niz könnt as op de „Juden" schimpen, be lot lopen!

De sünd niz för Di ! !

Du büst een plattbütschen Mann und Du büst een plattbütsche Fru, Du hest een hellen Kopp un een feste Fust.

Lot ju man niz förmoken!

„Aufbau und Werden"
Gesellschaft für praktische Volksaufklärung.
(Verantwortlich: Karl Erdmann).

Sowohl das Layout des Flugblattes als auch die Art der Argumentation sprechen für ein hohes Maß an Professionalität. Nur ein Indiz für diese Professionalität möchte ich nennen. Dem Verfasser bzw. dem Herausgeber war durchaus bekannt, daß Wahlflugblätter, wenn überhaupt, meist lediglich überflogen werden. Er mußte also damit rechnen, daß eine Mehrzahl von Lesern den Text nicht gründlich Zeile für Zeile liest und der Argumentation aufmerksam folgt. Dem wird dadurch entgegengewirkt, daß bereits die mittig gesetzten Zeilen deutlich darauf hinweisen, worum es dem Verfasser geht. Wenn man die fett gedruckten Passagen der in Normalgröße gesetzten Textteile noch hinzunimmt, so entsteht ein relativ präzises Kondensat des Textes:

Plattdütsche Jungs un plattdütsche Deerns! Mann oder Fru! Den Jud' ! ! ! !
„Markst Müüüüs? !" „de Juden sünd an allem schuld!" Den Juden hangt se op un de Annern lot se lopen! All de Jammer un all dat Elend bleew all datsülbige! de Jud' is dod Nee, Minsch, dor mok ick nich mit! „Haltet den Dieb!" wählen Wählt, wen ji wullt!" „Juden" schimpen, De sünd nix för Di ! ! Lot ju man nix förmoken! „Aufbau und Werden" Karl Erdmann

Das Flugblatt wird stark durch die in ihm vorkommenden Phraseologismen bzw. okkasionellen Variationen derselben geprägt. Auffällig sind zunächst die mittig gesetzten und durch die Wahl eines anderen Schrifttyps und einer anderen Schriftgröße hervorgehobenen Zeilen. Von diesen sieben Zeilen enthalten allein vier Phraseologismen, darunter eine Variation:[18] *„Markst Müüüüs?!"*, *Den Juden hangt se op un de Annern lot se lopen!, dor mok ick nich mit, Lot ju man nix förmoken!*, wobei die beiden letztgenannten als konversationelle Phraseologismen gelten dürfen. Einige Phraseologismen sind im fortlaufenden Text durch Fettdruck hervorgehoben:[19] *de Juden sünd an allem [sic!] schuld!* und *Haltet den Dieb!*. Weitere Phraseologismen sind im Original drucktechnisch nicht hervorgehoben: *dor hewt se den Juden bi'm [sic!] Ors to fot kreegen, De Rieken freet sick wieder den Buuk full, de Juden sind [sic!] an allem [sic!] schuld!* (zweites Vorkommen), *de hewt sik fien ut de Affäre trocken, ick kann de Lüüd op'n Dood nich lieden un wull ehr an'n Krogen, dat's mi ok wat Nües, lat [sic!] ju man nix vörmaken [sic!] von de Lüd mit de' Juden!, denn hett he wat to verbargen, lot ju nich verkohlen!, wenn di mal [sic!] wedder so'n Smeerblatt in de Hand drückt ... ward, „Du kannst mi mol!"*.

Lediglich auf die argumentativ und persuasiv wichtigsten Phraseologismen möchte ich hier eingehen. – Zunächst zu den Phraseologismen, die im Kontext dieses Flugblattes als Repräsentanten formaler Topoi fungieren.

Der erste dieser Phraseologismen ist der mittig gesetzte Satz *Den Juden hangt se op un de Annern lot se lopen!*, eine okkasionelle Variation von *Die Kleinen*

---

[18] Der Einfachheit halber werden bei nicht-satzwertigen Phraseologismen im folgenden die Sätze oder Teilsätze, in die sie eingebettet sind, vollständig zitiert.
[19] In der standarddeutschen Übersetzung habe ich die Sätze bzw. Teilsätze, in denen diese stehen, durch Kursivdruck hervorgehoben.

henkt (fälschlicherweise meist: *hängt*) *man, die Großen läßt man laufen.* Dieses Sprichwort, das übrigens häufig im Zusammenhang mit den Mauerschützenprozessen zitiert wurde, wird meist im Sinne des Topos der Inkonsequenz verwendet. Dies gilt auch für die im Flugblatt vorkommende Variation. Sie steht am Beginn der refutatio, also der Widerlegung, welche in dem Wahlflugblatt eng mit der probatio, also der Beweisführung, verknüpft ist.[20] Widerlegt werden soll die Behauptung, daß die Juden an der wirtschaftlichen und politischen Misere schuld seien. Seinem marxistischen Hintergrund entsprechend, sieht der Verfasser die Schuld bei den Großgrundbesitzern sowie den Kapitalisten, unabhängig davon, ob diese nun Juden sind oder nicht. Wer daher lediglich die Juden unter den Ausbeutern, nicht aber die gesamte 'herrschende Klasse' beschuldigt und bestraft, handelt inkonsequent. Die Variation des Sprichworts drückt genau dies aus.[21] Ihr Skopus umfaßt die gesamte refutatio und den größten Teil der probatio und erstreckt sich bis zum Ende des viertletzten Absatzes, also bis *kennen deihst.*

Nee, Minsch, dor mok ick nich mit!, im Zentrum des Textes mittig gesetzt, ist in die refutatio eingebettet. Im Zusammenspiel mit den beiden unmittelbar vorausgehenden Absätzen fungiert dieser eher konversationelle Phraseologismus im Sinne des Topos der Konsequenz: aus den in diesen Absätzen bereits enthaltenen Widerlegungen zieht der Verfasser für sich die Konsequenz, der antisemitischen Propaganda keinen Glauben zu schenken und sich antisemitischen Aktionen nicht anzuschließen. Von der Gesamtargumentation her ist es darüber hinaus wichtig, daß er seinen Gegnern Inkonsequenz vorwirft, sich selbst aber Konsequenz attestiert.

Der dritte hier zu behandelnde Phraseologismus findet sich ganz am Ende der peroratio, also des Schlußwortes: *Lot ju man nix förmoken!* Im Zusammenspiel mit der refutatio und dem drittletzten Absatz (*Awer de kiek ... verduften kann.)!),* der allein der probatio zuzuordnen ist und ein Argument aufgreift, welches bereits vorher anklingt – diejenigen, welche die Juden beschuldigen, wollen lediglich von ihren eigenen Schandtaten ablenken –, kommt hier wiederum der Topos der Konsequenz zum Ausdruck: Die Widerlegung der Behauptung, die Juden seien für die wirtschaftliche und politische Misere verantwortlich, der Nachweis, daß die antisemitischen Parolen nur von den eigenen Schandtaten der politischen Gegner ablenken sollen, und schließlich die dem Phraseologismus unmittelbar

---

[20] Die rhetorischen Funktionen der Redeteile sind in Quintilians *Institutionis Oratoriae* in den Büchern IV-VI genauer erläutert (vgl. auch Barthes 1990).Es kann im Zusammenhang mit der hier vorgelegten Analyse nicht genauer darauf eingegangen werden.

[21] Der Verfasser scheint seinen Gegnern einen rein religiös und keinen rassistisch motivierten Antisemitismus zu unterstellen. Außerdem scheint er diese Art von Antisemitismus, zumindest wenn er sich gegen einzelne Personen handelt, für eine Privatsache zu halten. Diese für uns heute schwer nachvollziehbare Haltung könnte für ein relativ frühes Datum des Flugblattes sprechen, für eine Zeit also, als der rassistische Antisemitismus der Nazis noch nicht sehr weit verbreitet war.

vorangehende Anrede führen konsequenterweise zu der Aufforderung, sich von der antisemitischen Hetzpropaganda nichts vormachen zu lassen.[22]

Der Phraseologismus *Markst Müüs* hat zwar keine topische Funktion, ist aber nichtsdestoweniger ein wichtiges Mittel der persuasiven Strategie des Textes. Er ist eingebettet in die narratio. Innerhalb der dort skizzierten Episode steht er am Ende des Transformationsteils[23], an welche sich die Resultatsituation anschließt. Er hat hier vor allem Appellfunktion. Wesentlicher aber ist folgendes: für *Markst Müüs* gibt es im Standarddeutschen keine genaue Entsprechung. Der Phraseologismus ist in der Regel nur Sprechern bekannt, die mit dem Niederdeutschen wirklich vertraut sind. Indem der Verfasser ihn aufgreift, gibt er sich seinen Adressaten gegenüber als einer von ihnen zu erkennen und zwar noch deutlicher, als dies durch die Wahl der Varietät des Nahbereichs ohnehin schon geschieht.

Relevant für den Text ist selbstverständlich die politische Parole des Gegners, gegen welche in dem Flugblatt argumentiert wird. Diese ist allerdings standardsprachlich abgefaßt und wurde vermutlich fast ausschließlich in dieser Form propagandistisch verbreitet. Eine stilistisch angemessene und vor allem grammatisch fehlerfreie Übersetzung ins Niederdeutsche wäre z.B.: *An allns sünd de Juden schuld.* In dieser Übersetzung ist die Parole aber weniger leicht erkennbar. Aus diesem Grunde nimmt der Verfasser möglicherweise eine stilistisch schwache und vor allem grammatisch fehlerhafte Übersetzung in Kauf.[24] Nicht auszuschließen ist ferner, daß es sich hier um ein Zitat aus dem nicht überlieferten Wahlflugblatt handelt, auf welches dieses Flugblatt reagiert.

Mit dem Zitieren des Phraseologismus *Haltet den Dieb!* nimmt der Verfasser den einzigen Codewechsel ins Standarddeutsche vor. Die phraseologische Bedeutung interpretiert er dahingehend, daß derjenige, der diesen Phraseologismus äußert, selbst etwas zu verbergen hat und von seinen eigenen Untaten ablenken will. Damit nimmt er in der Argumentation einen wichtigen, man könnte sagen *„ideologiekritischen"*, Stellenwert ein und ist in dieser Interpretation mit dem marxistischen Hintergrund des Verfassers gut verträglich.

---

[22] Dabei ist zu beachten, daß das erste Vorkommen des Phraseologismus im viertletzten Absatz auf diesen abschließenden Appell vorbereitet.

[23] Darunter ist der zentrale Teil einer Episode zu verstehen, in welcher eine Ausgangssituation in eine Resultatsituation überführt wird.

[24] Mit Ausnahme kleiner Randbereiche im äußersten Südwesten des Sprachgebietes kennt das Niederdeutsche – wie die anderen nordseegermanischen Sprachen auch – ein nur aus zwei Kasus bestehendes Deklinationssystem, in welchem – und darin liegt der Fehler der Übersetzung – der Unterschied zwischen Genitiv, Dativ und Akkusativ morphologisch nicht markiert wird.

2.1 „Ein Jahr Deutsche Einheit – Was fällt mir dazu ein?" Der Aufsatz einer Schülerin

In einem von Lehrern durchgeführten Forschungsprojekt wurden zwischen Oktober und Dezember 1991 in den Bundesländern Thüringen und Rheinland-Pfalz 1000 Aufsätze zum Thema *Ein Jahr Deutsche Einheit – Was fällt mir dazu ein?* anonym verfaßt. In einer Publikation der Projektergebnisse wurden 100 dieser Aufsätze veröffentlicht (Böhm et al. (Hgg.)1993). Der folgende Aufsatz wurde dieser Publikation entnommen. Stilistische, grammatische und orthographische Ungereimten und Fehler wurden nicht bereinigt.

Regelschülerin, 9. Klasse, Ostdeutschland

Eigentlich gefiel es mir früher besser. Man war sozial abgesichert, hatte Ruhe vor Skinheads u.ä. und man brauchte sich keine Gedanken über die Zukunft zu machen. Wenn man jetzt so sieht wieviele Menschen keinen Job haben, auf dem Arbeitsamt fast täglich stehen und Erfolg ist gleich Null...!

Genauso die Mieten. Wir bezahlen das 4fache von früher und sie sollen trotzdem noch angehoben werden. Wer soll denn das bei diesen Löhnen bezahlen können? Ich gehe jetzt in die 9. Klasse. Zukunftsvorstellungen habe ich noch keine. Wer weiß denn schon was noch kommt. Wenn man bei uns in Gera durch die Straßen geht ist alles so neu. Überall gehen Geschäfte kaputt o. werden kaputtgemacht. Ein Laden am anderen, aber gute Sachen gibt es auch nicht.

Und unsere Schulbücher, das Geld. Ich denke wir sind „die Kinder" des Staates. Warum hat der Staat nicht das Geld für „seine Kinder". Wenn man die Politiker dann noch sieht, was machen die denn groß für das viele Geld. Haben sie wirklich alle Versprechungen gehalten? Schon alleine der Rummel um den Paragraph 218! Was entscheiden denn das die Politiker. Ich denke „Wir sind das Volk"! Jede Frau hat das Recht, zu bestimmen, was mit ihrem Körper geschieht.

So könnte es in einem fortgehen. Positive Sachen gibt es für mich überhaupt nicht. Oder doch, eine! Wir können Reisen, aber dazu fehlt uns das liebe Geld.

Ich finde, die Wiedervereinigung ging viel zu schnell. Jetzt versucht man doch nur noch, unsere Betriebe kaputt zu machen und dann billig zu kaufen. (Böhm et al. (Hgg.) 1993, 57)

Dieser Aufsatz steht argumentativ auf einem relativ geringen Niveau und darf trotz seiner institutionellen Einbindung als ein Beispiel alltäglichen nicht-professionellen Argumentierens betrachtet werden. Dennoch ist deutlich, daß es der Verfasserin darum geht, eine von ihr vertretene Hypothese mit Argumenten zu stützen: *eigentlich war es früher besser,* hier im Text synekdochisch durch den ersten Satz wiedergegeben: *Eigentlich gefiel es mir früher besser.* In ihrem

Aufsatz bedient sich die Verfasserin einiger weniger Phraseologismen:[25] *sich ...
keine Gedanken ... über zu machen, ist gleich Null, was machen die denn groß
für?* (der Phraseologismus *etwas groß machen für* kommt offensichtlich nur als
rhetorische Frage vor), *alle Versprechungen gehalten, „Wir sind das Volk", das
liebe Geld*.[26] Lediglich die vier für die Argumentation wichtigsten Phraseologismen möchte ich hier behandeln.

An erster Stelle ist der Phraseologismus *Wir sind das Volk* zu nennen. Bekanntlich handelt es sich hier um die wichtigste politische Parole der Montags-
demonstrationen. Diese Parole wurde durch die Medien schnell verbreitet und
stieß sowohl innerhalb als auch außerhalb der DDR auf eine weitverbreitete
Akzeptanz. Dies dürfte der Verfasserin bekannt gewesen sein. Obgleich die
Parole – soweit ich weiß – keiner einzelnen prominenten Person zuzuschreiben ist
und zumindest im öffentlichen Bewußtsein die Teilnehmer an den ersten Mon-
tagsdemonstrationen[27] als kollektiver Urheber derselben gelten, liegt die Annahme nahe, daß sich die Verfasserin hier des Autoritätstopos bedient. Dafür spricht
die damals breite Zustimmung zu diesen Demonstrationen und das daraus
resultierende hohe Ansehen der Gruppe der Demonstrierenden. Der argumentative Stellenwert des Phraseologismus im vorliegenden Text ist darin zu sehen, daß
die in der Parole *Wir sind das Volk* zum Ausdruck gebrachten und von einer
breiten Öffentlichkeit geteilten Forderungen nach Meinung der Verfasserin durch
die politische Realität nach der staatlichen Vereinigung konterkariert werden. Im
Skopus der Äußerung *ich denke, „wir sind das Volk"* steht daher nicht nur die im
unmittelbaren Kontext erwähnte Problematik des § 218, sondern die gesamte
Misere mitsamt den dafür angeführten Beispielen. Dabei ist dieser Phraseologismus kontextuell in den Topos der Inkonsequenz eingebettet, der von der Verfasserin allerdings nur impliziert wird und folgendermaßen wiedergegeben werden

---

[25] Wie bei der Analyse des ersten Beispieltextes werden auch hier der Einfachheit halber bei
nicht-satzwertigen Phraseologismen im folgenden die Sätze oder Teilsätze, in die sie eingebettet sind, vollständig zitiert.

[26] Wenn man mit den Verhältnissen in der ehemaligen DDR nicht hinreichend vertraut ist,
könnte man vermuten, *die Kinder des Staates* seien eine DDR-spezifische phraseologische
Verbindung. Nachfragen bei Bürgern der ehemaligen DDR haben diese Vermutung nicht
bestätigt.

[27] Bekanntlich wurde die Parole später modifiziert und durch die im Vergleich zum ursprünglichen Wortlaut vulgäre Variante *Wir sind ein Volk* ersetzt. Tatsächlich unterschied sich die
Population, welche diese Variante skandierte nicht unerheblich von den ursprünglichen Mon-
tagsdemonstranten. In der ursprünglichen Parole ging es um das Einklagen von demokratischen Rechten und die Einhaltung der Menschenrechte, Werte, die mit der vulgären
Variante in den Hintergrund traten, welche die staatliche Einheit – ein im Vergleich zu den
demokratischen Rechten und den Menschenrechten durchaus sekundärer Wert – stark in den
Vordergrund stellte. Die Parole *Wir sind das Volk* ist eine Antwort auf die SED-Nomenklatura,
die ja immer wieder vorgab, im Namen des Volkes zu sprechen; *Wir sind ein Volk* nimmt
dagegen den Nationalstaatsgedanken des 19. Jahrhunderts auf.

könnte: *Obgleich sich die Politiker immer wieder auf ihre demokratische Legitimation berufen und vorgeblich im Sinne der Parole 'Wir sind das Volk' handeln, fällen sie ihre Entscheidungen gegen den Willen der Bevölkerung.* Genau auf dieser – vermeintlichen oder tatsächlichen – Inkonsequenz beruht die Argumentation der Verfasserin. Hätten die Politiker im Sinne der Parole gehandelt, wäre die Situation heute besser als früher. Da sie dies nicht tun, sind die heutigen Zustände eher schlechter.

Der Phraseologismus *was macht/machen x denn groß für ...?* steht mit dieser Begründung in einem engen Zusammenhang. Die Antwort auf diese rhetorische Frage lautet *nichts* bzw. *nichts Gutes, nichts Nützliches* o.ä., d.h. die Politiker, welche die Verfasserin vermittels des Phraseologismus charakterisiert, handeln nicht zugunsten und im Sinne der Bevölkerung und damit nicht konform mit den durch die Parole *Wir sind das Volk* implizierten Forderungen.

Das Verbidiom *gleich Null sein* und die phraseologische Verbindung *das liebe Geld* haben eindeutig negative Implikation. Im ersten Fall braucht dies nicht weiter erläutert zu werden, im zweiten Fall ist davon auszugehen, daß *das liebe Geld* vor allem auf das Geld referiert, das man nicht hat oder von dem man zu wenig hat. Es ist daher kein Zufall, daß diese Phraseologismen der Veranschaulichung von Beispielen für die allgemeine Misere dienen.

3. Schlußbetrachtung

In diesem Beitrag habe ich versucht, eine Brücke zwischen Phraseologie und Rhetorik zu schlagen. Die Beziehung zwischen beiden stellt sich vor allem über den Begriff der Sentenz her und ist in der klassischen Rhetorik bereits angedeutet. In der Phraseologieforschung selbst hat dieser Zusammenhang meines Wissens bislang keine Beachtung gefunden. Daher sind meine Ausführungen vor allem als Anregung für die weitere Forschung zu sehen. Angesichts der zahlreichen noch offenen Probleme möchte ich dies nicht als eine Spezialisierung des Bescheidenheitstopos mißverstanden wissen. Zu diesen ungelösten Fragestellungen gehören sowohl solche theoretischer als auch solche empirischer Art. So sind die argumentativen Funktionen, die Phraseologismen in einschlägigen Texten einnehmen können, weder hinreichend erfaßt noch hinreichend beschrieben. Auch für die Monosemierung der phraseologischen Gesamtbedeutung durch den Kontext gibt es bislang kein zufriedenstellendes theoretisches Modell. Empirische Fragestellungen sind von einer Lösung nicht weniger weit entfernt. Hinsichtlich der Textproduktion wäre z.B. nach der Motivation der Autoren zu fragen, sich eines Phraseologismus statt einer entsprechenden freien Wortverbindung zu bedienen, oder nach der Vorstellung, welche sich Autoren solcher Texte von ihren Adressaten machen. Grundlegend für Untersuchungen zur Rezeption wäre die Erhebung eines phraseologischen Minimums[28], noch nicht hinreichend geklärt sind Probleme der auf Phraseologismen – oder besser: phraseologischen Basen (Wotjak 1992) – beruhenden Inferenzbildungen und ihre rezeptionssteuernde Funktion u.v.a.m.

Die beiden analysierten Beispieltexte unterscheiden sich deutlich in ihrem rhetorischen und in ihrem argumentativen Niveau. Während das Wahlflugblatt einen hohen Grad an rhetorischer Professionalität erkennen läßt, darf der Aufsatz als ein Beispiel alltäglichen, rhetorisch ungeschulten Argumentierens gelten. Man kann davon ausgehen, daß die im Flugblatt vorkommenden Phraseologismen bewußt eingesetzte Mittel der persuasiven Strategie sind –zumindest gilt dies für die an makrostrukturell und/oder optisch prominenter Stelle stehenden Phraseologismen –, wohingegen im Aufsatz der Rückgriff auf Phraseologismen – wohl mit Ausnahme des Zitats der politischen Parole *Wir sind das Volk* – eher auf sprachlicher und argumentativer Hilflosigkeit beruht.

---

[28] Phraseologische Minima wurden im deutschen Sprachraum bislang lediglich mit Bezug auf Sprichwörter erhoben (vgl. Baur; Chlosta 1994, Chlosta et al. 1994).

Literaturverzeichnis

Aristoteles ³1989: Rhetorik. München: Fink. (= UTB 159)

Barthes, Roland 1990: Die alte Rhetorik. Ein Abriß. In: Kopperschmidt, Josef (Hg.): Rhetorik Bd. I: Rhetorik als Texttheorie. Darmstadt: Wissenschaftliche Buchgesellschaft. 35-90.

Baur, Rupprecht S.; Chlosta, Christoph 1994: Kennen Kinder heute noch Sprichwörter? Überlegungen zur Altersgrenze in Arbeiten zur empirischen Parömiologie. In: Chlosta; Christoph et al. (Hgg.): Sprachbilder zwischen Theorie und Praxis. Akten des Westfälischen Arbeitskreises *Phraseologie/Parömiologie* (1991/1992). Bochum: Brockmeyer. 1-30. (= Studien zur Phraseologie und Parömiologie 2).

Böhm, Jürgen et al. (Hgg.) 1993: Deutschstunden. Aufsätze. Was Jugendliche von der Einheit denken. Berlin: Argon.

Burger, Harald et al. 1982: Handbuch der Phraseologie. Berlin; New York: de Gruyter.

Chlosta, Christoph et al. 1994: Wer kennt denn heute noch den Simrock? Ergebnisse einer empirischen Untersuchung zur Bekanntheit deutscher Sprichwörter in traditionellen Sammlungen. In: Chlosta, Christoph et al. (Hgg.): Sprachbilder zwischen Theorie und Praxis. Akten des Westfälischen Arbeitskreises *Phraseologie/Parömiologie* (1991/1992). Bochum: Brockmeyer. 31-60. (= Studien zur Phraseologie und Parömiologie 2).

Drodowski, Günther; Scholze-Stubenrecht, Werner (Hgg.) 1992: Duden. Redewendungen und sprichwörtliche Redensarten. Wörterbuch der deutschen Idiomatik. Mannheim et al.: Duden. (= Duden 12)

Ettinger, Stefan 1994: Phraseologische faux amis des Sprachenpaares Französich-Deutsch. In: Sandig, Barbara (Hg.): Europhras 92. Tendenzen der Phraseologieforschung. Bochum: Brockmeyer. 109-138. (= Studien zur Phraseologie und Parömiologie 1).

Göttert, Karl-Heinz ²1994: Einführung in die Rhetorik. Grundbegriffe, Geschichte, Rezeption. München: Fink. (= UTB 1599)

Grzybek, Peter 1987: Foundations of Semiotic Proverb Study. *Proverbium* 4. 39-85.

Grzybek, Peter 1989: Invariant Meaning Structures in Texts – Proverb and Fable –. In: Eimermacher, Karl et al. (Hgg.): Issues in Slavic Literary and Cultural Theory. Bochum: Brockmeyer. 349-389.

Grzybek, Peter 1991: Das Sprichwort im literarischen Text. In: Sabban, Annette; Wirrer, Jan (Hgg.): Sprichwörter und Redensarten im interkulturellen Vergleich. Opladen: Westdeutscher Verlag. 187-205.

Grzybek et al. 1994: Ein Vorschlag zur Klassifizierung von Sprichwortvarianten bei der empirischen Sprichwortforschung. In: Sandig, Barbara (Hg.): Europhras 92. Tendenzen der Phraseologieforschung. Bochum: Brockmeyer. 221-258. (= Studien zur Phraseologie und

Parömiologie 1).

Korhonen, Jarmo 1995a: Morphosyntaktische Variabilität von Verbidiomen. In: Korhonen, Jarmo : Studien zur Phraseologie des Deutschen und des Finnischen. Bochum: Brockmeyer. 67-94. (= Studien zur Phraseologie und Parömiologie 7).

Korhonen, Jarmo 1995b: Valenz und Verbidiomatik In: Korhonen, Jarmo: Studien zur Phraseologie des Deutschen und des Finnischen. Bochum: Brockmeyer. 95-114. (= Studien zur Phraseologie und Parömiologie 7).

Mieder, Wolfgang 1995: „Was Hänschen nicht lernt, lernt Hans nimmermehr". Zur Überlieferung eines Luther-Sprichwortes. In: Mieder, Wolgang: Sprichwörtliches und Geflügeltes. Bochum: Brockmeyer. 23-32. (= Studien zur Phraseologie und Parömiologie 4).

Nyembezi, Sibusiso C.L. 1990: Zulu Proverbs. Pietermaritzburg: Shuter & Shooter.

Quintilianus, Marcus Fabius 1972/1975: Ausbildung des Redners. Darmstadt: Wissenschaftliche Buchgesellschaft.

Schütz, Alfred; Luckmann, Thomas 1979/1984: Strukturen der Lebenswelt. Frankfurt am Main: Suhrkamp. (= suhrkamp taschenbuch wissenschaft 284/428)

Wirrer, Jan 1987: „So sprickt dat Hart sick ut": Alltagswissen über Dialekte. In: Wimmer, Rainer: Sprachtheorie. Der Sprachbegriff in Wissenschaft und Alltag. Düsseldorf: Schwann. 256-279. (= Sprache der Gegenwart 71)

Wirrer, Jan 1994: Phraseologismen in der erzählenden niederdeutschen Literatur. In: Chlosta, Christoph et al. (Hgg.): Sprachbilder zwischen Theorie und Praxis. Akten des Westfälischen Arbeitskreises *Phraseologie/Parömiologie* (1991/1992). Bochum: Brockmeyer 273-304. (= Studien zur Phraseologie und Parömiologie 2).

Wirrer, Jan 1995: Akukho mful' ungenathunzi 'Kein Fluß ohne Schatten'. Weltmodell und Sprichwörter der Zulus. In: Well schriff – de bliff! Festagabe für Irmgard Simon zum 80. Geburtstag. *Niederdeutsches Wort* 35. 285-298.

Wirrer, Jan 1996: Lot ju man nix förmoken! Ein niederdeutsches Flugblatt gegen die Judenhetze. In: Hennig, Jörg; Meier, Jürgen (Hgg.) 1996: Varietäten der deutschen Sprache. Festschrift für Dieter Möhn. Frankfurt am Main et al.: Lang. 309-326. (= Sprache in der Gesellschaft 23).

Wotjak, Barbara 1992: Verbale Phraseolexeme in System und Text. Tübingen: Niemeyer. (= Reihe Germanistische Linguistik 125)

Plattdeutsche Jungen und plattdeutsche Mädchen!
Mann oder Frau!
Hast Du schon einmal die Zettel gesehen, die Schmierfinken Dir an die Wand geklebt haben, rot und weiß und grün und blau? Und hast Du auch schon einmal so ein Ding in der Hand gehabt, wo Dir deutlich gezeigt werden soll, daß man nun endlich für das ganze Elend und den ganzen Jammer, den der Krieg mit sich gebracht hat, den richtigen Schinderhannes gefunden hat:

Den Juden!!!
„Mensch", habe ich mir gedacht, als ich so ein Ding gelesen hatte, „Mensch, Du kannst aber lügen!" und zu meinem Nachbarn habe ich gesagt:
„Hörst Du was läuten?!" (wörtlich: *„Bemerkst Du [die] Mäuse?!"*)
Das habe ich schon längst herausgefunden, daß sie den Juden nicht ausstehen können. Und dagegen habe ich auch nichts! Aber wenn sie dann zu sagen beginnen – nur weil sie den Juden nicht ausstehen können – ,*"die Juden sind an allem schuld!"*, dann geht mir das zu weit!
Den Juden hängen sie auf und die anderen lassen sie laufen!
Mit dem Juden wollen sie das genauso machen, wie das immer in Rußland, Polen und Rumänien gemacht worden ist. Wenn dort irgendetwas nicht klappte, bums, *da haben sie den Juden beim Hintern zu fassen gekriegt.* Und dann haben sie sich Waffen geholt, Gewehre, Knüppel und Mistgabeln und haben einen großen Feldzug gegen die Juden durchgeführt, sind in ihre Häuser hineingegangen, haben die jüdischen Männer und Frauen herausgeholt, ihnen den Kopf eingeschlagen ... und wenn sie dann die „Heldentat" lange genug vollzogen hatten, dann hörten sie wieder damit auf. Weiter ist bei dem Lärm nichts herausgekommen!
Der ganze Jammer und das ganze Elend blieb dasselbe!
Die Armen haben weiterhin kein Geld und nichts zu essen, und die Reichen haben das Geld und *schlagen* [wörtlich: *fressen*] sich den Bauch wieder voll. Alle Lebensmittel bleiben genauso teuer wie zuvor, und der Krieg ist auch nicht aus der Welt geschafft. Aber **der Jude ist tot**, und kann nichts mehr sagen. Und die Leute, die gesagt haben: „*Die Juden sind an allem schuld!*", *die lachen* [sinnentstellender Druckfehler im Original: *lach* (Präteritum) statt *lacht* (Präsens)] *sich eins, die haben sich gut* [wörtlich: *fein*] *aus der Affäre gezogen.* So etwas nennt man „Pogrome", und so etwas möchten die Schmierfinken mit ihren Klebezetteln auch bei uns in Deutschland einführen! Das macht ihnen Spaß, die haben immer schon so eine Freude an Blut gehabt, denen konnte der Krieg gar nicht lange genug dauern. Und als nun der Jammer vollständig über unser Volk gekommen ist, da heißt es auf einmal: „Das haben alles die Juden gemacht!"
Nein, Leute, da mach ich nicht mit!
Das mit dem [grammatisch entstellender Druckfehler im Original: *de* statt *den*] Juden ist mir ganz egal. Ich kenne ihn nicht genauer und habe soweit auch gar nichts mit ihm zu tun. Und mir ist es auch ganz egal, ob die Leute, die das viele Geld haben und andere „aussaugen", ob das nun „christliches" oder „jüdisches" Kapital ist. *Ich kann die Leute auf den Tod nicht ausstehen* und *will ihnen an den Kragen.* Aber daß die nichtjüdischen Schieber nun auf einmal kommen und sagen: „Ich habe nichts getan, das haben alles die Juden gemacht!", das kann ich nicht vertragen.
Mir kann niemand weis machen, daß es im Krieg nur jüdische Drückeberger gegeben hat! Dafür habe ich zuviel gesehen. Die Großgrundbesitzer, die waren gewiß nicht vorn in den Gräben, und *mit den anderen „Reklamierten" war das auch so eine Sache!* Und daß es nur jüdische Schieber geben soll, *das ist mir auch neu* [wörtlich: *etwas neues*]. Wenn ich nur an all die Hamsterfahrer denke, die so über das Land fahren, unter denen sind meistens gar keine Juden. Und wenn welche [nämlich: Juden] zu den Bauern hingekommen sind, dann sind sie

gerade so rausgeschmissen worden wie die anderen! Da wurde gar kein Unterschied gemacht. Und dann, *wenn ich nur daran denke*, an die ganzen Äpfel und Birnen und das ganze Grün- zeug, das immer nicht da war, wenn wir es gebraucht hätten, dann weiß ich genug. Denn die Großgrundbesitzer und die „Agrarier", das sind gar keine Juden, und gerade sie haben ihre Ware verdammt teuer an die Leute verkauft, die aus der Stadt kamen. *Nein, nein, laßt euch nur nichts vormachen von den Leuten mit den Juden! Die habe sich allesamt gegenseitig nichts vorzuwerfen!* Bei den einen gibt es genau so viele Saubeutel [wörtlich: *Igel* bzw. *„Schweinei- gel"*] wie bei den anderen. Wenn ihr einen Menschen nicht ausstehen könnt, gut, dagegen kannst du nichts machen, dann kannst Du ihn eben nicht ausstehen. Aber wenn Du jemanden nicht ausstehen kannst, dann kannst Du ihm noch lange nicht nachsagen, daß er an allem schuld ist, was Dir zum Nachteil gereicht. Und vor allem dann nicht, wenn Du ihn nicht näher kennst.

Schau Dir aber die ein wenig näher an, *die ihr Maul so weit aufreißen* und immer etwas über die „Juden" zu schimpfen haben. Wenn einer immerzu schreit: *„Haltet den Dieb!"*[im Original ebenfalls standardsprachlich], dann *hat er was zu verbergen;* dann hetzt er die Leute aufeinander, damit sie ihm das nicht anmerken (damit *er sich aus dem Staub machen kann* [wörtlich: *damit er sich fein verduften kann*].)!

Also Leute, *laßt euch nicht verkohlen!* Und *wenn Dir mal wieder so ein Schmierzettel* [wörtlich: *Schmierblatt*] *in die Hand gedrückt wird* oder Dir so ein bunter Lappen an die Wand Deines Hauses geklebt wird, dann reiß ihn durch oder mach den Schmierzettel ab, und sag diesen Leuten wie ein echt plattdeutscher Junge oder ein richtiges plattdeutsches Mädchen: *„Du kannst mich mal!"* Und wenn Du jetzt **wählen** sollst, dann sage ich Dir noch eines: **„Wählt, wen ihr wollt!"** Nur die Leute, die nichts können als auf die **„Juden"** schimpfen, die laß laufen!

Die sind nichts für Dich!

Du bist ein plattdeutscher Mann und Du bist eine plattdeutsche Frau, Du hast einen *hellen Kopf* und eine *feste Faust.*

Laßt euch nur nichts vormachen!

„Aufbau und Werden" Gesellschaft für praktische Volksaufklärung (Ver- antwortlich: **Karl Erdmann**)

Lew Zybatow
Übersetzen von Phraseologismen oder was bringt die kognitive Linguistik dem Übersetzer?

1. Zur Einstimmung

Phraseologismen sind sowohl praktizierenden Übersetzern und Dolmetschern als auch theoretisierenden Translatologen seit langem als lästige bis unüberwindliche Stolpersteine beim Übergang vom Ausgangstext (AT) zum Zieltext (ZT) oder – neutraler ausgedrückt – als übersetzerische Herausforderung bekannt. Auch der Autor dieses Beitrags hat beim Übersetzen oft selbst erlebt, wie ein Phraseologismus den AT so gut wie unübersetzbar macht oder die übersetzerischen Maßnahmen zur Rettung der sprachlichen Formelhaftigkeit den ZT notgedrungen ausdehnen wie z.B. in (1), wo er die im Kontext eines geistreichen feuilletonistisch-publizistischen Textes über Leipzig sehr relevante lokale Redensart „In Leipzig man beweibt sich" nur durch einen längeren ZT-Reim hat retten können.

(1)   In Leipzig *man beweibt sich.*

(1')   *Blaženstvom budet okružen*
            Von Seligkeit wird umgeben

            Kto v Lejpcige *nachodit žen*
            wer in Leipzig findet (sein) Weib

Doch Phraseologismus ist nicht gleich Phraseologismus. Denn Phraseologie ist ein sehr komplexer Begriff, unter dem in der Sprachwissenschaft verschiedene Erscheinungen subsumiert werden. Wilss (1992:178) unterscheidet deshalb zwischen Phraseologie im engeren Sinne (i.e.S.) und Phraseologie im weiteren Sinne (i.w.S.). Unter Phraseologie i.e.S. versteht er die Erforschung fester und halbfester Wortverbindungen und redensartlicher Sprachweisen. Das Kriterium der Zuordnung einer sprachlichen Einheit zu den Phraseologismen i.e.S. ist semantischer Natur. Und zwar handelt es sich um feststehende polylexeme Ausdrücke, deren Gesamtbedeutung durch ihre Komponenten nicht direkt motiviert ist. Die Phraseologie i.e.S. ist also gleichbedeutend mit Idiomatikforschung.
    Die Phraseologie i.w.S. beschäftigt sich nach Wilss mit der Untersuchung von syntaktisch-syntagmatischen Ausdrucksmustern, d.h. Ausdrucksschemata, die der Sprecher je nach Kommunikationssituation inhaltlich unterschiedlich ausfüllen kann und die seiner Meinung nach vor allem für fachsprachliche Texte konstitutiv sind.

Während die Phraseologismen i.e.S. bereits seit vielen Jahrzehnten in der Sprachwissenschaft Beachtung finden, ist die Phraseologie i.w.S. weder einzelsprachlich
noch kontrastiv umfassend dokumentiert. Allenfalls wurden sie in den Stilistiken
als Floskeln für bestimmte Verwendungszwecke erwähnt. Erst mit der Entwicklung der Textlinguistik wurden solche Phraseologismen als sprachliche Handlungsmuster erkannt, die im menschlichen Sprachbewußtsein mehr oder minder
fest verankert sind und als unreflektiert vorhandene Versatzstücke eine normierte
Textproduktion und Texterschließung ermöglichen. In welcher Art die intralingu-
al für bestimmte Textsorten ermittelten Phraseologismen interlingual gegenübergestellt werden könnten, demonstriert Wilss (1992:179ff).

Für die Phraseologismen i.w.S. hat die textorientierte Fachsprachenlinguistik
erste Denkanstöße gegeben. Es handelt sich bei diesen Phraseologismen um ein
„offenes System" (s. Wilss 1992:182), das unterschiedliche semantische Aktualisierungen phraseologischer Ausdrucksmuster zuläßt. Die einzeltextunabhängige
Verfügbarkeit phraseologischer Handlungsschemata ist nach Wilss eine entscheidende Vorbedingung für ihre textuelle Operativität. Insofern wird in der Phraseologie i.w.S. der Bezug zur Kognition gesucht, indem die erwähnte textuelle
Operativität als Korrelat einer Sprachauffassung gesehen wird, in der das Sche-
madenken dominiert. Durch die Phraseologismen werden die den sprachlichen
Formulierungen zugrundeliegenden Denkleistungen standardisiert und damit
auch der für diese Formulierungen erforderliche Kraftaufwand. Nach Wilss
(1992:183) wird die sprachliche Informationsverarbeitung an sprachliche Module
abgegeben, die fertigkeitsorientiertes sprachliches Handeln ermöglichen. Aufgabe
der übersetzungsbezogenen (fach)sprachlichen Forschung zu den einzelnen
Modulen sei es, dem zukünftigen Übersetzer das notwendige Wissen über die
textuelle Reichweite solcher Handlungsmuster zu vermitteln. (Zur Relevanz der
Phraseologie i.w.S. beim Simultan- bzw. Konferenzdolmetschen am Beispiel der
Großtextsorte „Wissenschaftlicher Vortrag" vgl. Zybatow in Vorbereitung.)

In dem vorliegenden Beitrag spielen jedoch die Phraseologismen i.w.S. keine
Rolle, sondern wir widmen uns den Phraseologismen i.e.S. aus übersetzungs-
wissenschaftlicher und kognitiv-linguistischer Sicht.

Die Kognitive Linguistik wird allgemein mit der Hoffnung verknüpft, einen
differenzierteren Einblick in den Schwarzen Kasten des menschlichen Geistes zu
gewähren. Und da sich Übersetzen und Dolmetschen ja auch in unserem Geist
abspielen, scheint der Anspruch begründet, über die Prämissen und Erkenntnisse
der Kognitiven Linguistik auch relevante übersetzungswissenschaftliche Daten zu
erschließen (vgl. Zybatow 1997a). Dazu gehört auch die kognitiv-linguistische
Untersuchung der Phraseologismen.

Es soll nicht unerwähnt bleiben, daß sich die Phraseologieforschung in der
slavistischen/ russistischen Tradition seit langem großer Beliebheit erfreut – vgl.
Mel'čuk (1960), Apresjan (1970), Eismann (1984a; 1984b), Permjakov (1988),
Günther/Eckert (1992), Mokienko (1980), Telija (1981), Grzybek (1991),

Rathmayr (1997). In letzter Zeit ist der kognitive Betrachtungsaspekt hinzuge-kommen – v.a. Baranov/Dobrovol'skij (1991; 1996), Dobrovol'skij (1995).

Wie Dobrovol'skij (1995:9) unterstreicht, kann die Phraseologieforschung zwar auf eine recht lange Geschichte zurückblicken, hat aber bis vor kurzem nie im Zentrum des sprachwissenschaftlichen Interesses gestanden. Dies hat sich mit der kognitiven Wende in der Sprachwissenschaft dahingehend verändert, daß die phraseologischen Daten zum Teil neu interpretiert werden und im Zusammen-hang mit der Untersuchung des mentalen Lexikons besondere Beachtung finden. Nach Dobrovol'skij erlebt die Sprachwissenschaft in jüngster Zeit insgesamt eine Umstrukturierung, indem die traditionellen Disziplinen, die auf der Ebenenmeta-pher basieren (Phonetik, Morphologie, Syntax, Lexikologie usw.), durch Diszi-plinen ersetzt werden, die sich an der Untersuchungsmethode orientieren wie Kognitive Linguistik, Psycholinguistik, Ethnomethodologie, Diskursanalyse u.a.m.

> In dieser Situation muß sich auch die Phraseologie nach einem neuen Paradigma umse-hen. Die traditionelle Phraseologieforschung verstand sich als eine Disziplin, die sich mit den festen Wortkomplexen verschiedener Typen befaßt. Im modernen Gefüge sprachwissenschaftlicher Disziplinen ist eine solche Gegenstandsbestimmung unzurei-chend, weil sie hinsichtlich der Ziele und Methoden nicht profiliert genug ist. (Dobro-vol'skij 1995, 9)

So orientiert sich die neuere Phraseologie i.e.S. an der Kognitiven Linguistik, indem sie versucht, die konzeptuell-semantischen Gruppierungen und Vernetzun-gen der Phraseologismen in Form von Thesauri aufzudecken. Die dadurch wie-derbelebte Tradition der onomasiologisch/ideographisch orientierten Lexikogra-phie findet in Verbindung mit der kognitiv-basierten Modellierung der seman-tischen Beziehungen eine Weiterentwicklung und eröffnet u.a. neue Perspektiven für eine nichttraditionelle Idiomatiklexikographie, deren Vorteile für kontrastiv-linguistische Fragestellungen sowie für das praktische Übersetzen in den Ab-schnitten 3 und 4 demonstriert werden sollen. Doch zuvor wollen wir einen kurzen Blick auf die bisherige Behandlung der Phraseologismen i.e.S. in der Übersetzungswissenschaft werfen.

2. Phraseologismen i.e.S. in der Übersetzungswissenschaft

Kontrastiv-linguistische und übersetzungswissenschaftliche Studien von Phra-seologismen thematisieren zumeist die Kulturspezifika von Phraseologismen, sprachenpaarbezogene Entsprechungstypen sowie – bestenfalls – Vorschläge möglicher Übersetzungsverfahren wie etwa wörtliche Übersetzung, Übersetzung durch ein Analogon, implizierende Verdichtung, explizierende Umschreibung, phraseologische Permutation u.ä. Bis heute beschränkt sich die Übersetzungswissenschaft zumeist auf Auflistungen von phraseologischen Äquivalenztypen, die z.B. an Heesch (1977:178) anknüpfen und Totale Äquivalenz, Approximative Äquivalenz, Fakultative Äquivalenz und Null-Äquivalenz unterscheiden. Kosta (1986:103), der sein „eigenes Modell der PET (Phraseologische Entsprechungstypen) zur Diskussion stellen" möchte, fügt den angeführten Typen lediglich einen fünften hinzu – die Maximale Äquivalenz. Die Übersetzungsverfahren für Phraseologismen werden dabei mit eben diesen PET in Verbindung gebracht, die als retrospektive statische Entsprechungssammlungen präsentiert werden. Der Nachteil solcher Herangehensweisen liegt m.E. darin, daß sie das Prozedurale des Übersetzungsprozesses zu wenig beachten und daß eine kontextuelle Analyse des jeweiligen Phraseologismus hinsichtlich seiner Rolle und seiner Relevanz für den AT und – nach Maßgabe des Übersetzungsauftrags – auch für den Zieltext ZT ausbleibt. Denn je nach Übersetzungssituation und Übersetzungsauftrag (im Falle des Dolmetschens, insbesondere des Simultandolmetschens, kann das Auslassen bzw. nicht-phraseologische Übersetzen von Phraseologismen u.U. sogar als gelungene Vermeidungsstrategie gelten!), können Fragen des phraseologischen Übertragens ganz unterschiedlich beantwortet werden (vgl. Zybatow 1992; 1997b). Auch für das schriftliche Übersetzen sind Fragen der kontextuellen Relevanz des Phraseologismus für den AT bzw. für den ZT ausschlaggebend.

Einen ersten Vorstoß, die Äquivalenz von Phraseologismen nicht in statischen Entsprechungstypen retrospektiv zusammenzufassen, sondern die Äquivalenzsuche ausgehend von der konkreten textuellen Funktion des Phraseologismus zu operationalisieren unternimmt Schmidt (1995). Was ihr Herangehen wesentlich von anderen übersetzungswissenschaftlichen Untersuchungen mit der Angabe statischer Entsprechungstypen unterscheidet, ist die Tatsache, daß die Äquivalenzsuche prozedural erfolgt. Das soll heißen, daß die Äquivalenz als Äquivalenz der aktuellen, kontextgebundenen Bedeutung des Phraseologismus verstanden wird, da beim Übersetzen Textrelationen errichtet werden.

Schmidt (1995:165) benennt folgende Phänomene, die ihrer Meinung nach unter die textuellen Funktionen eines Phraseologismus zu zählen sind:

1. Bezugnahme des Phraseologismus auf eine konkrete, vom Kontext aufgebaute Situation, in der bestimmte semantische Merkmale des Phraseologismus mit semantischen Merkmalen des Kontexts kohärent sind;

2. Charakterisierung der Redeweise einer fiktionalen Figur in der Personensprache oder erlebten Rede;

3. Hervorrufen spezieller Effekte wie Witz, Ironie, Sarkasmus, Expressivität u.a. durch das Spannungsverhältnis zwischen Phraseologismus und seinem sprachlichen wie situativen Kontext;

4. Die Aufgabe des Phraseologismus, einer bestimmten Textsortenkonvention zu genügen (bzw. sie zu verletzen).

Ausgehend von diesen potentiellen textuellen Funktionen weist ihnen Schmidt bei der Äquivalentsuche folgende Aufgabe zu (vgl. Schmidt, 165):

- Bewertung der verschiedenen Eigenschaften des QS[1]-Phraseologismus (einschließlich der einzelnen Bedeutungsbestandteile) hinsichtlich ihrer Relevanz für die textuelle Funktion des Phraselogismus. Das Ergebnis ist eine Gewichtung der einzelnen Merkmale.
- Äquivalentsuche nach den als funktional relevant bewerteten Merkmalen (Wenn in der ZS[2] kein Ausdruck mit der gewünschten Merkmalkombination vorhanden ist, wird eine Rettungsaktion („rescue operation") versucht. Bekanntermaßen kann zwecks einer solchen Rettungsaktion zu verschiedenen Übersetzungstechniken gegriffen werden, wie z.b. Lehnübersetzungen (wörtlich oder durch ein Analogon), nicht-phraseologische Übertragungen und Umschreibungen, gegebenfalls mit kompensatorischem Einfügen von anderen Phraseologismen an einer anderen Stelle im ZT.)
- Auswahl des besten Kandidaten nach vergleichender Bewertung der „tentativen Äquivalente". (In der Regel stehen für jeden AT-Phraseologismus mehrere ZS-Äquivalente zur Verfügung. Deshalb stellt der Übersetzer eine Liste „tentativer Äquivalente" auf, die der Suchgröße einigermaßen nahekommen. Bei der sich anschließenden Bewertung werden die einzelnen Kandidaten zum einen mit den Suchvorgaben verglichen und zum anderen die Ergebnisse des Vergleichs untereinander.)

Bereits diese kurz skizzierte Problemstellung zeigt, daß die Übersetzung eines Phraseologismus in der jeweiligen kontextuellen Einbettung des AT von sehr vielen Faktoren gesteuert werden kann, nicht zuletzt auch von texttypologischen. Denn selbst wenn man von der ganz groben Dichotomie – inhaltsbetonte vs. formbetonte Texte – ausgeht, so dürfte klar sein, daß die Erhaltungsrelevanz von Phraseologismen in formbetonten Texten höher sein müßte als in inhaltsbetonten. Es geht aber letztlich immer um die Relevanz des Phraseologismus für die anzunehmende Gesamtbotschaft des herzustellenden ZT insgesamt. Was ich hier als Gesamtbotschaft des ZT bezeichne, die die übersetzerische Vorgehensweise bis ins einzelne steuert, ist im Rahmen verschiedener übersetzungstheoretischer Konzepte hinreichend ausführlich behandelt worden, so als übersetzerische top-down Prozeduren – Neubert (1988) ; Übersetzungsauftrag – Nord (1988; 1989); Skopostheorie – Reiss/Vermeer (1984). In all diesen translatologischen Modellen geht es letztlich um finalistische funktionale Kriterien, die die Wahl einer adäquaten Übersetzungsstrategie ausgehend von der kommunikativen ZT-Makrohandlung bis hin zu einzelnen textuellen Teilhandlungen in einem top-down Verfahren determinieren; einschließlich der Frage „Sein oder Nichtsein" für jeden konkreten Phraseologismus.

Dabei hat der Übersetzer m.E. als Default-Fall davon auszugehen, daß jeder

---

[1] QS = Quellensprache
[2] ZS = Zielsprache

AT-Phraseologismus es zunächst einmal wert ist, erhalten zu werden (es sei denn, es gibt Gründe, die dagegen sprechen bzw. dies verhindern.) Wenn also anzustreben ist, daß ein AT-Phraseologismus in einer wie auch immer gearteten phraseologischen Erscheinungsform im ZT erscheint, so ist es für den Übersetzer enorm wichtig, einen schnellen Zugang zu den denkbar vielen, potentiell äquivalenten phraseologischen Ausdrücken der ZS zu haben. Und eben einen solchen Zugang eröffnet die kognitiv-linguistische Beschreibung bzw. die kognitive Lexikographie der Phraseologie i.e.S., was in den folgenden Abschnitten gezeigt werden soll.

3. Phraseologismen i.e.S. aus kognitiv-linguistischer Sicht

Für die Phraseologismen i.e.S. existieren nicht nur verschiedene Bezeichnungen (neben Phraseologismus z.B. Idiom, phraseologische Einheit, Phraseolexem, Phrasem), sondern auch sehr verschiedene Definitionen. So schreibt Dobrovol'skij (1995:13):

> Trotz einer langen Forschungsgeschichte ist es immer noch unklar, was ein Idiom ist. Es gibt keine weitgehende Übereinstimmung der Ansichten in dieser Frage. ... Konkrete Versionen der Definition des Idiom-Begriffs hängen oft von den konkreten Aufgaben ab, die die jeweilige Untersuchung zu lösen hat.

Auch in den verschiedenen phraseologischen Wörterbüchern, die ja die lexikographische Grundlage für das Übersetzen bilden, finden sich recht unterschiedliche Bestimmungen.

Doch unabhängig davon, was als Phraseologismus angesehen wird und wieviele davon in den zweisprachigen Wörterbüchern erfaßt sind, ist das Prinzip ihrer lexikographischen Aufbereitung gleich. Man sucht traditionell 1:1-Entsprechungen der Idiome, indem ein Kernwort aus dem Idiom als Stichwort ausgewählt und dafür ein Übersetzungsäquivalent angeboten wird. Daß die lexikographische Praxis dabei sehr unvollständig ist, weiß jeder, der schon einmal einen Phraseologismus nachgeschlagen hat. Biedermann (1988) vergleicht Einträge in deutschen, russischen und polnischen bzw. deutsch-russischen und deutsch-polnischen Wörterbüchern[3] und kritisiert dabei folgende Tendenzen: 1. Die Aus-

---

[3] Die von Biedermann analysierten deutschen, russischen und deutsch-russischen Nachschlagewerke sind:
- Handwörterbuch der deutschen Gegenwartssprache. In zwei Bänden. Von einem Autorenkollektiv unter der Leitung von Günter Kempcke. Berlin 1984
- Gerhard Wahrig. Deutsches Wörterbuch. Gütersloh 1978 (1968)
- Deutsch-Russisches Wörterbuch. Begründet von Hans Holm Bielfeldt. In der Endfassung erarbeitet von einem Autorenkollektiv unter der Leitung von Ronald Lötzsch. 3 Bände. Berlin 1983/84

gangsphraseologismen werden nicht immer korrekt wiedergegeben. 2. Die Phraseologismen erhalten häufig keine zielsprachlichen Äquivalente, sondern werden erklärt, obwohl ein Äquivalent vorhanden wäre. 3. Zahlreiche phraseologische Wendungen werden gar nicht erst aufgenommen – z.b. „die Nase vorn haben" oder „seinen Hut nehmen".
Im Gegensatz dazu gehen kognitiv-linguistische Untersuchungen der Phraseologismen (wie z.b. Dobrovol'skij 1995) davon aus, daß die Sprachträger feste Wortkomplexe, also polylexikalische Einheiten, als ein relativ autonomes Modul im mentalen Lexikon gespeichert haben, das den einfachen Wörtern gegenübergestellt wird. Somit können die Sprachträger entscheiden, ob sie es mit einem Idiom zu tun haben oder nicht, ohne zu wissen, was die verschiedenen linguistischen Theorien dazu sagen. Die Differenzierung zwischen den lexikalisierten und frei gebildeten Mehrworteinheiten basiert, kognitiv gesehen, auf dem lexikalischen Wissen des Sprechers. Wenn er ein Idiom zum erstenmal hört und aufgrund seines Bildes bzw. seiner kontextuellen Einbettung versteht, was es bedeutet, kann er nicht entscheiden, ob es sich um ein Idiom oder einen ad hoc gebildeten metaphorischen oder metonymischen Ausdruck handelt. Idiome sind also so eine Art Usus-Wissen, das eine Komponente des mentalen Lexikons darstellt.

> Die Grenzen der Klasse der Idiome sind ... im individuellen Idiolekt des Sprechers begründet. Real operieren die Sprecher mit einer intersubjektiven Schnittmenge, an deren Peripherie ambivalente Entscheidungen möglich sind. (Dobrovol'skij 1995, 16)

Für seine Definition des Idiom-Begriffs sucht Dobrovol'skij Legitimation in den Prämissen der Kognitiven Linguistik, die mit universellen, psychologisch begründbaren Kategorien operiert. Dobrovol'skij basiert die Kategorie „Idiom" auf dem Wittgensteinschen Konzept der Familienähnlichkeit. Das soll heißen, daß eine Liste von Merkmalen die Kategorie definiert, aber nicht jeder Punkt der Liste erfüllt sein muß, damit ein sprachlicher Ausdruck zu den Idiomen gehört. Vielmehr besagt das Konzept der Familienähnlichkeit, daß unterschiedliche Merkmalskombinationen dieser Liste die Grundlage für die Kategorisierung einer Wortverbindung als idiomatisch bilden.
Zu den möglichen Irregularitätsmerkmalen der Idiome gehören:

a) die Nichtkompositionalität der Idiom-Bedeutung bei der Sprachproduktion (z.B. *ins Gras beißen*);
b) die Allomorphie zwischen formaler und semantischer Struktur bei der Rezep-

---

- E.I. Leping u.a. Das Große Deutsch-Russische Wörterbuch. 2 Bände. Moskva 1969
- Slovar' russkogo jazyka v četyrech tomach. Moskva 1981/84
- Russko-nemeckij slovar'. Pod. red. E.I.Leping i dr. Moskva 1976
- L.È.Binovič i dr. Nemecko-russkij frazeologi eskijčslovar' (DRPW). Moskva 1975

tion (z.B. *Haare spalten*),
c) semantische Simplizität (z.B. *jmdn. übers Ohr hauen* = 'betrügen'),
d) syntaktische Undurchlässigkeit (z.B. **etw. ist ein großes Buch mit sieben festen Siegeln*),
e) Fixiertheit des Konstituentenbestandes (z.B. *jmdn. die Bude einrennen – *jmd. rennt jmdm. seine Bude gehörig ein*, aber *etw. im Griff haben – etw. in den Griff bekommen/kriegen*),
f) markierte konnotativ-pragmatische Extension der Idiom-Bedeutung (z.B. *jmdm. in den Arsch kriechen*),
g) markierte formale Spezifikation (z.B. *in Bausch und Bogen*, aber nicht **in Bogen und Bausch*),
h) unikale Konstituenten (z.B. *jmdm. den Laufpaß geben*),
i) Defektivität des Paradigmas (z.B. *jmdm. den Kopf waschen – *Du wäschst mir den Kopf*),
j) semantische Inkompatibilität der Konstituenten (z.B. *Haare auf den Zähnen haben*)
k) nur eine figurative Lesart (z.B. *zwei linke Hände haben*),
l) Opakheit (z.B. *jmdm. durch die Lappen gehen*).

Nach der Erfüllung oder Nichterfüllung dieser (und möglicherweise noch weiterer) Irregularitätsmerkmale bilden die Phraseologismen im Verständnis der Kognitiven Grammatik eine radiale Kategorie, in deren Kernbereich die Idiome mit den meisten Irregularitätsmerkmalen und an deren Peripherie die festen Wortkomplexe stehen. Dabei ist zu beachten, daß die kategoriale Differenzierung nicht auf einer binären Opposition „ + / - " beruht, sondern auf einer graduellen Opposition, was die Grenzen der Kategorie fließend macht. Die radiale Kategorie der Phraseologismen weist prototypische Effekte auf, indem die „guten Vertreter" der Idiome (die mit den meisten Irregularitätsmerkmalen von hohem Gewicht[4]) als Elemente des Lexikons und somit als wortähnliche Einheiten klassifiziert werden, während die „Kaum-noch-Idiome" (s. Dobrovol'skij 1995, 49), die freien Wortverbindungen ähneln, wahrscheinlich nicht im Lexikon stehen. Auf dieser Basis unterscheidet Dobrovol'skij lebendige Idiome einer Sprache, die intersubjektiv geläufig sind, und „tote" Idiome, die absolut nicht geläufig sind und als ad hoc-Bildungen verarbeitet werden müssen.

Das lexikographische Darstellungsformat für Phraseologismen im Rahmen der Kognitiven Linguistik ist der Thesaurus[5]. Dabei werden den Phraseologismen auf

---

[4] Die Gewichtung der Merkmale hängt von ihrer Relevanz für die kategoriale Zugehörigkeit ab. Baranov/Dobrovol'skij (1991:8f.) schlagen vor, die approximative Gewichtung der einzelnen Irregularitätsmerkmale in quantitativen Werten (w1 - w3) auszudrücken.

[5] Unter einem Thesaurus ist ganz allgemein eine Menge bedeutungstragender Elemente zu verstehen, auf der semantische Relationen verschiedener Typen expliziert sind. Diese allgemeine Charakteristik kann in zwei Richtungen spezifiziert werden, wonach Thesaurus

der Grundlage des naiven Weltmodells bestimmte Deskriptoren zugeordnet. Dies geschieht nach der Methode der semantischen Dekomposition, wobei die Merkmale allerdings nicht als atomare Elemente angesehen werden, aus denen nach bestimmten Kompositionsregeln die Bedeutung konstruiert wird, sondern als Ähnlichkeitsbeziehungen. Analog zum Verständnis der Basisebene der Kategorisierung in der Prototypensemantik, die psychologisch unableitbare Begriffe enthält, von denen aus zu abstrakteren und konkreteren Begriffen übergegangen werden kann, werden den Phraseologismen je nach Anzahl der vorhandenen Basiskategorisierungsmerkmale Deskriptoren zugeschrieben.[6] So bekommt nach Dobrovol'skij (1995:89) ein Idiom wie

(2)   *jmd./etw. am/auf dem Hals haben*

die Deskriptoren 'Belastung', 'Mühe', 'Ärger' zugeordnet.

Als Methoden zur Gewinnung der Deskriptoren werden angeführt: Analyse von Wörterbuchdefinitionen und Texten, Befragungen in Form von Fragebögen und Interviews, das Verfahren der teilnehmenden Beobachtung. Dabei können sich auch z.T. ausschließende Deskriptoren ergeben. So bedeuten nach Dobrovol'skij die Idiome in (3) je nach Kontext 'verrückt sein', 'dumm sein', 'inadäquat handeln'.

(3)   *einen Dachschaden haben; nicht alle Tassen im Schrank haben; nicht (recht) bei Trost sein; bei jmdm. ist eine Schraube locker*

Hinter diesen unterschiedlichen Charakterisierungen verbergen sich offensichtlich verschiedene Wirklichkeitsperspektiven, woraus Dobrovol'skij den Schluß zieht, daß es Unschärfen der Konzeptualisierung bei bestimmten figurativen Bedeutungen geben kann und somit einigen Idiomen auch eine gewisse Vagheit innewohnen kann.

Um die jeweiligen Konzepte eines Idioms zu erfassen, schlägt Dobrovol'skij ein spezifisches lexikographisches Verfahren vor, das er als Cluster-Technik bezeichnet und das wie folgt beschrieben wird:

---

zum einen als ein lexikographisches Produkt besonderen Typs – wie z.B. der berühmte „Roget's thesaurus of English words and phrases" – verstanden wird und zum anderen als ein bestimmtes Modell der Welt bzw. ein Fragment eines bestimmten Weltmodells (vgl. Dobrovol'skij 1995:59).

[6] Dobrovol'skij (1995:87f.) verweist in diesem Zusammenhang darauf, daß die Benutzung des Konzepts der Basisebene bei der Beschreibung der Idiom-Semantik nicht ganz unproblematisch sei, da es sich dabei um ein individuell-psychologisches Konzept und nicht um ein linguistisches handele. Deshalb versteht er den linguistischen Gebrauch des Terminus 'Basisebene' als metaphorisch im Sinne einer 'mittleren Abstraktionsstufe in lexikalisch-semantischen Taxonomien'.

(4)   Gegeben seien die Idiome I_i, I_{ii}, I_{iii}, I_{iv}, I_v, die auf intuitiver Ebene eine gewisse se-
        mantische Ähnlichkeit aufweisen. Jedem dieser Idiome seien jeweils die folgen-
        den Deskriptoren zugeschrieben:

        I_i - D_a, D_b, D_c
        I_{ii} - D_a, D_b
        I_{iii} - D_b, D_c
        I_{iv} - D_b, D_c, D_d
        I_v - D_a, D_d

Alle Deskriptoren D_a, D_b, D_c und D_d bilden einen konzeptuellen Cluster $D_{(abcd)}$,
welcher das gleichnamige undifferenzierte Taxon $T_{(abcd)}$ konstituiert. Alle Idiome
I_i, I_{ii}, I_{iii}, I_{iv}, I_v finden sich in diesem Taxon.

Die Cluster, die von einem taxonomischen Standpunkt aus manchmal auch
unlogisch sein können, entsprechen nach Dobrovol'skij den ontologischen Charakteristika der komplizierten und oft diffusen Konzepte der Idiome besser als
strenge Taxonomien. Außerdem können sie im Sinne der Wittgensteinschen
Familienähnlichkeit als natürliche Gruppierung aufgefaßt werden. Dabei müssen
nicht alle Idiome, die in einem Taxon zusammengefaßt sind, ein gemeinsames
Merkmal aufweisen. Vielmehr muß nur jedes der in einem Taxon zusammenge-
faßten Idiome mit einem anderen einen Deskriptor teilen. D.h., die konzeptuellen
Entitäten, die dem Deskriptoren-Clustering zugrunde liegen, stellen Kettenstruk-
turen dar, in denen jedes Element mit dem nächsten zumindest durch ein rele-
vantes Merkmal verkettet ist.

Eine Folge der Gruppierung der Idiome nach dem Cluster-Prinzip ist das Auftreten prototypischer Effekte, d.h., es gibt „gute" und „schlechte" Phraseologismen innerhalb eines Taxons. Ähnlich wie bereits bei der Bestimmung des
Phraseologismus i.e.S. als radiale Kategorie läßt sich auch bei den Clustern von
Kategorien mit unscharfen Rändern sprechen.

In der „naiven" Kategorisierung gehen solche Begriffe wie bspw. 'Hilfe',
'Eintreten für den anderen', 'Beschützung des anderen', 'Gewährung freier
Arbeitsmöglichkeiten', 'Zusammenarbeit' u.ä. grenzenlos ineinander über,
weswegen es natürlich ist, Idiome wie (5) innerhalb des entsprechenden konzeptuellen Clusters zu betrachten, statt klare Grenzen postulieren zu wollen.

(5)   *jmdm. zur Hand gehen; jmdm. unter die Arme greifen; jmdm. aus der Pat-*
        sche helfen; auf jmds. Seite stehen/sein; jmdm. zur Seite stehen; für jmdn.
        durchs Feuer gehen; für jmdn./etw. die Hand ins Feuer legen; jmdn. unter
        seine Fittiche nehmen; jmdm./einer Sache nichts in den Weg legen; jmdm.
        freie Hand lassen; ein offenes Ohr für jmdn./etw. haben; jmdm. die Daumen
        drücken/halten; Hand in Hand arbeiten; an einem/am gleichen Strang zie-
        hen; sich/gegenseitig die Bälle zuspielen/zuwerfen; jmdn. auf dem laufenden
        halten; jmds. rechte Hand; mit Rat und Tat (Dobrovol'skij 1995, 95)

Prinzipiell gibt es für die Taxa eines Idiomatik-Thesaurus keine strikten Festlegungen. Sie können allgemeiner oder spezifischer gefaßt sein. Bei Dobrovol'skij dominieren – wie gesagt – Deskriptoren, die an der mittleren Ebene der Kategorisierung angelehnt sind. Da die Basisebene selbst ein variabler Begriff ist, lassen sich recht umfangreiche und „unscharfe" Taxa postulieren, aber auch kleinere, konkretere.

Insgesamt scheint mir das Fehlen von Festlegungen für die Bestimmung der Taxa ein Schwachpunkt der bisherigen Theorie. Denn wenn wir davon ausgehen, daß die Phraseologismen ein eigenes Modul des mentalen Lexikons darstellen, muß es m.E. auch Kriterien für die Bedeutungsbeziehungen zwischen den einzelnen Phraseologismen geben, die sich in den Beziehungen zwischen den Taxa spiegeln könnten. Doch Dobrovolskij bleibt in dieser Frage ganz allgemein und definiert den Idiomatik-Thesaurus als

ein System von einander überdeckenden begrifflich-semantischen Kategorien. Technisch wird dieses Problem gelöst, indem die zentralen Elemente eines Taxons, die die entsprechende Kategorie in reiner Form repräsentieren, im Thesaurus meistens nur einmal erscheinen, während die peripheren Elemente, die für die Überschneidung von Kategorien verantwortlich sind, mehrfachen Zuordnungen unterliegen. ... Die Zentrum-Peripherie-Relationen werden soweit wie möglich durch die Reihenfolge der Deskriptoren im Cluster und der Idiome im Taxon lexikographisch gekennzeichnet. (Dobrovol'skij 1995, 98f)

4. Kognitiv-linguistische Idiomatik-Thesauri im Dienste des Übersetzens

Der bisher dargelegte Aufbau der Idiomatik-Thesauri läßt m.E. erkennen, daß sie sich sowohl für praktische Zwecke der kontrastiven Linguistik als auch der zwei- bzw. mehrsprachigen Lexikographie eignen. Denn wenn die Idiome verschiedener Sprachen in solchen Thesauri aufbereitet sind, dann ist es möglich, sie unter semantischem, strukturellen, pragmatischen und kulturwissenschaftlichen Aspekt miteinander zu vergleichen.

In der zweisprachigen Lexikographie eröffnet das Prinzip des Deskriptoren-Clustering die Möglichkeit, das synonyme bzw. quasisynonyme Potential der Idiomatik in zwei Sprachen wesentlich umfangreicher zur Verfügung zu stellen als es traditionelle Wörterbücher mit den angestrebten 1:1-Entsprechungen vermögen. So lassen sich z.B. die deutschen Idiome mit der Bedeutung „Preisgabe von Geheimnissen, Geschwätzigkeit, Klatsch" usw. in dem Cluster unter (6) einem analogen Cluster – wie z.B. des Russischen unter (7) – zuordnen.

(6)   PREISGABE VON GEHEIMNISSEN; GESCHWÄTZIGKEIT; GEREDE;
      KLATSCH; GERÜCHTE; ÜBERFLÜSSIGE DETAILS;
      UNSACHLICHKEIT;   LEERE VERSPRECHEN; PRAHLEREI;

SELBSTÜBERSCHÄTZUNG:
etw. an die große Glocke hängen; aus der Schule plaudern, das Herz auf der Zunge
tragen; über Gott und die Welt reden; wie ein Wasserfall reden; jmds. Mund steht
nicht still; vom Hundertsten ins Tausendste kommen; von Mund zu Mund gehen;
in aller Munde sein; den Mund zu voll nehmen.

(7)   BOLTLIVOST'; PRISTRASTIE K SPLETNJAM/PRAZDNOMU
RAZGLAGOL'STVOVANIJU; NEUMENIE CHRANIT' MOLČANIE;
RAZGLAŠENIE SEKRETOV; PRAZDNOE
RAZGLAGOL'STVOVANIE; PUSTOSLOVIE; BACHVAL'STVO:
predavat' širokoj oglaske; (ras)trezvonit'/(ras)trubit' o čem-l.; dlinnyj jazyk; razvjazat'/razvjazyvat' jazyk; brosit' kamešek v čej-libo ogorod; prožužžat' vse uši:
popadat'sja komu-libo na jazyk; premyvat' kostočki; kričat' o čem-libo na vsech
perekrestkach; perelivat' iz pustovo v porožnee; zanimat'sja boltologiej; točit'
ljasy; raspuskat' sluchi, govorit' skorogorvorkoj; u kogo-to slovesnyj ponos; česat'
jazyk; byt' pritčej vo jazycech; davat' volju jazyku; byt' slovoochotlivym; predavat'sja prostrannym izlijanijam; rasskazyvat' nebylicy; vrat' s tri koroba

Nun stellt sich für uns natürlich die Frage, ob die nach solchen Prinzipien aufge-
bauten Cluster mit den ihnen zugeordneten Taxa „verwandter" Phraseologismen
zweier Sprachen auch übersetzungsgwissenschaftlich relevant und übersetzungs-
praktisch von Nutzen sein können?
Daß diese Frage sich m.E. ohne Einschränkung positiv beantworten läßt, möchte
ich im folgenden zu demonstrieren versuchen.
    Wie bereits oben festgehalten, hat der Übersetzer – von Ausnahmen abgesehen
– in seiner Praxis als Defaultfall vom Erhalt des Phraseologismus des AT im ZT
auszugehen. Gerade dies erweist sich aber in der Regel als kein leicht zu lösendes
Übersetzungsproblem. Reflexionen der Übersetzer über ihre eigene Tätigkeit zeu-
gen davon, daß die muttersprachliche, arbeitsfremdsprachliche bzw. sprachenpaarbezogene Kompetenz im phraseologischen Bereich meist nicht in der Form
vorhanden ist, daß ein – selbst routinierter – Übersetzer für jeden Phraseologismus im AT – Kontext gleich ein oder einige Äquivalente in der ZS in seinem
mentalen Lexikon parat hielte. Daß ein versierter Übersetzer die lebendigen
Phraseologismen beider Sprachen, die intersubjektiv geläufig sind, verstehen
kann, gehört zu der rezeptiven Kompetenz, die allein hier leider keine Abhilfe
schafft. Meine eigenen Erfahrungen, Tests und diesbezügliche Gespräche mit
Berufsübersetzern und -dolmetschern sprechen dafür, daß das Problem keineswegs in der Entscheidung zwischen verschiedenen möglichen Phraseologismen
aus der ZS liegt, sondern in der schnellen mentalen Verfügbarkeit über die
potentiellen Äquivalente mit phraseologischem Status, da jeder Phraseologismus
i.e.S. in der Regel idiosynkratisch ist.
    So ist es auch kein Zufall, daß Übersetzer bei Phraseologismen meist zu phra-
seologischen Wörterbüchern greifen. Doch hier muß der Übersetzer – wie bereits
erwähnt – oft feststellen, daß das Wörterbuch wenig hilfreich ist.

Wenn wir z.b. die in dem deutschen Taxon (6) angegebenen Phraseologismen hinsichtlich ihres in dem Deutsch-Russischen Phraseologischen Wörterbuch (DRPW) angegebenen Übersetzungsvorschläge untersuchen, so stellt sich heraus, daß – ähnlich wie in der Untersuchung Biedermanns (1988) – die meisten deutschen Phraseologismen kein phraseologisches Äquivalent erhalten, sondern in ihrer Gesamtbedeutung wörtlich umschrieben werden.

Eine wirklich effiziente Hilfe für übersetzerische Problemlösungen im phraseologischen Bereich wäre ein schneller Zugang zu denkbar vielen – im Wittgensteinschen Sinne – „verwandten" und potentiell äquivalenten ZS-Phraseologismen. Und gerade solche Sammlungen stellen die oben skizzierten und im wesentlichen noch zu erstellenden zweisprachigen Cluster mit den entsprechenden Phraseologismen – Taxa dar, die dem Übersetzer die Möglichkeit eröffnen, bei der Übersetzung phraseologische Einheiten zu erhalten, auch wenn sie im stringenten Sinne keine wörtlichen Entsprechungen darstellen.

Zum einem kann dank dieses breiten Auswahlspektrums an potentiellen phraseologischen Wiedergabemitteln die formal-ästhetische Ausdrucksform, d.h. der phraseologische Charakter im ZT generell aufrecht erhalten werden. Zum anderen erlaubt eine breite Auswahl an analogen ZS-Phraseologismen, einen „besseren", kontextuell adäquateren ZS-Phraseologismus ausfindig zu machen als dies mit Hilfe der traditionellen Phraseologie-Wörterbücher möglich wäre. So finden wir im DRPW (1975, 610) z.B. für den Eintrag „wie ein Wasserfall reden" als einziges Äquivalent „govorit' skorogovorkoj" mit dem Illustrationsbeispiel:

(8)   Für einen Dolmetscher ist nichts schlimmer, als wenn ein Delegierter *wie ein Wasserfall redet.* (Moderne Deutsche Idiomatik)

(8')   Dlja perevodčika net ničego chuže, kogda delegat
        Für (einen) Dolmetscher (ist) nichts schlimmer, (als) wenn (ein) Delegierter

        govorit skorogovorkoj.
        spricht in einem fort.

Für einen Gebrauchskontext wie (9) wäre jedoch „govorit' skorogovorkoj" (dt. *in einem fort reden*) weniger gelungen als eine Reihe anderer Phraseologismen aus dem Cluster unter (7), z.B. der in Mode gekommene und hier sowohl die Konzeptualisierung von „wie ein Wasserfall reden" als auch insgesamt die Stilebene in (9) besser treffende Phraseologismus „u kogo-to slovesnyj ponos" (dt. *jmd. hat einen verbalen Durchfall*)

(9)   Deine Art, ständig zu quasseln, Deine piepsliche Stimme, Deine Anfälle, *wie ein Wasserfall zu reden,* all das geht mir echt auf die Nerven.

(9')   Tvoja manera, postojanno boltat', tvoj piskljavyj golosok v sočetanii s
        Deine Art ständig (zu) quasseln, dein piepsliches Stimmchen in Verbindung

pripadkami slovesnogo ponosa vse èto dejstvuet mne na nervy.
mit Anfällen eines verbalen Durchfalls, alles das geht mir auf (die) Nerven.

Zum dritten stellt das auf dem Wege des oben beschriebenen kognitiven Cluste-
ring erhältliche Kontinuum verwandter, quasi-synonymer Phraseologismen von
AS und ZS eine wahre Fundgrube dar, wenn es um Problemfälle der phraseologischen Null-Äquivalenz geht. So ist z.b. der Phraseologismus „den Mund (zu) voll
nehmen" im Russischen weder verfügbar, noch läßt er sich gut wörtlich bzw. als
eine analoge ad hoc – Bildung übertragen. Eine weitere Schwierigkeit liegt in der
Vagheit des deutschen Phraseologismus, denn die Anlässe bzw. kontextuellen
Aktualisierungen dessen, was als „den Mund (zu) voll nehmen" eingeschätzt
wird, können sehr unterschiedlich sein, weshalb dem deutschen Phraseologismus
sehr unterschiedliche Deskriptoren zugeordnet werden können:

(10) **Phraseologismus**   **Deskriptoren**

                                     Angeberei, Prahlerei (11; 13)
den Mund zu voll nehmen   leere Versprechen (12)
                                     ungehemmtes Reden (11; 13; 14; 15)
                                     lyrischen Ergüssen frönen (14)
                                     jmdn. von oben herab behandeln (15)
                                     Selbstüberschätzung (12)
                                     vor Überfluß an Gefühlen, vor freudiger Aufregung
                                     reden (15)
                                     viel unbescheiden sein (15)

Wenn der Übersetzer trotz Fehlens einer direkten phraseologischen Entsprechung
in dem zweisprachigen Taxon dennoch verschiedene russische Phraseologismen
finden kann, die den in (7) angeführten Deskriptoren entsprechen, so kann er in
seinem russischen ZT immer eine kontextbedingte phraseologische Spezifizierung vornehmen. Vgl.:

(11)   Es ist zu früh, *den Mund so voll zu nehmen*. Noch ist die Frage nicht
            entschieden.

(11')   Rano *predavat'sja bachval'stvu*! Vopros ešče ne rešen.
            Es ist zu früh, sich hinzugeben der Prahlerei! (Die) Frage (ist) noch nicht gelöst

(12)   Er hat *den Mund so voll genommen*, ohne zu wissen, ob seine Versprechen
            überhaupt erfüllbar sind.

(12')   On *nagovoril emu vsjakich nebylic*, ne znaja, vypolnimy li voobšče
            Er redete ein ihm allerlei Erfundenes, nicht wissend, erfüllbar ob überhaupt

ego obeščanija.
seine Versprechen

(13)   Sonst aber *nahm er* sogar *den Mund sehr voll* und gab den Neugierigen ein
        bedeutendes Bild von der Ausbreitung seiner Liga.

(13')   Obyčno že *on byval* daže *očen' slovoochotlivym* i risoval ljubopytstvujuščemu
        Gewöhnlich aber er war sogar sehr redselig und malte (dem) Neugierigen

        vnušitelšnuju kartinu rasprostranenija svoej ligi.
        (ein) eindrucksvolles Bild (der) Ausbreitung seiner Liga

(14)   Aber Scham und Scheu halten uns ab, erzählerisch *den Mund voll zu
        nehmen* von dem, was da erscholl und geschah (Th. Mann, „Der Zauberberg")

(14')   No styd i robost uderživajut nas *ot prostrannych izlijanij* o
        Aber Scham und Scheu halten ab uns von allzu ausführlichen Ergüssen über

        tom, čto tam govorilos' i delalos'.
        das, was dort geredet und gemacht wurde.

(15)   Dr. Alwin lächelte. Warum sollte er *den Mund nicht auch einmal etwas
        voller nehmen* dürfen, er war immer zu bescheiden gewesen, aber wenn er schon
        mit Ilse durch die Stadt fuhr, so festlich gekleidet ... das war schon eine Freude,
        die einem den Mund füllen durfte (M.Walser „Ehen in Philippsburg")

(15')   Doktor Al'vin ulybnulsja. Počemu by *emu ne razvjazat' jazyk*, on vsegda
        byl tak Doktor Alvin lächelte. Warum (Konj.)ihm nicht lösen (die) Zunge, er im-
        mer war so

        skromen; no teper', kogda on echal s Il'zoj po gorodu v sobstvennoj mašine,
        bescheiden; aber jetzt, wenn er fuhr mit Ilse durch die Stadt im eigenen Auto

        prazdnično odetyj, ... čuvstva perepolnjali ego i rvalis' naružu
        feierlich gekleidet,... (die) Gefühle überfüllten ihn und stürzten sich nach außen.

Wie man sieht, stellen die Cluster-Sammlungen nicht nur phraseologische Quasi-
Äquivalente zur Verfügung, sondern sie ermöglichen, unter Nutzung verschiedener Übersetzungsverfahren (wie z.B. „Diversifizierung" oder „Spezifizierung")
das Äquivalent ZT-gerecht auszuwählen.
    Beim Übersetzen besonders zu beachten sind dabei jene AS-Phraseologismen,
die unter die im Abschnitt 2 nach Schmidt zitierten vier Fälle der relevanten
textuellen Funktionen fallen (und möglicherweise gibt es davon noch mehr), in
denen z.B. der Phraseologismus für den Inhalt des AT bzw. für die AT-Kohärenz
entscheidend ist oder das Spannungsverhältnis zwischen dem Phraseologismus
und seinem sprachlichen bzw. situativen Kontext für das Zustandekommen eines

Wortspiels oder eines speziellen Effektes wie Witz und Ironie verantwortlich ist.
Ein Beispiel für die letzte Konstellation ist (16), in dem der AT-Phraseologismus „die Zunge wetzen" gleichzeitig eine wortspielerische Beziehung mit dem Ausdruck „mit oder ohne Kieselstein" eingeht.

(16)   Diese Sklavenhalter konnten sich das leisten, so lange zu quasseln. Während sie *mit oder ohne Kieselstein die Zunge wetzten,* siebenundsiebzigmal die Wasseruhr rauf und runter, konnten sich ihre Sklaven ... mit Olivenpflücken abrackern (H.Kant „Die Aula)

(16')   Èti rabovladel'cy mogli podolgu boltat'. I poka *oni točili ljasy – s kremnem ili bez kremnja* – i sem'desjat sem' raz perevoračivali vodjanye časy, raby v pote lica sobirali masliny.[7]

Der nächstliegende auch das Kernwort „Zunge" enthaltende ZS-Phraseologismus wäre im Russischen „česat' jazyk" (dt. *die Zunge kämmen/kratzen*). Aber dieser Phraseologismus enthält kein Verb, das ein dem AT analoges Wortspiel im ZT ermöglichen könnte. Beim Durchsuchen des Clusters unter (7) nach einem passenden Äquivalent fällt jedoch der Phraseologismus „točit' ljasy" auf, der zwar insgesamt (aufgrund der Unikalität der Konstituente *ljasy*) weniger transparent ist als „česat' jazyk", dafür jedoch gerade das für das Wortspiel in der ZS erforderliche Verb „točit' „ (= *wetzen, schärfen*) enthält. Damit kann dieser Phraseologismus in Verbindung mit „s kremnem ili bez kremnja" = *mit oder ohne Kieselstein* (vgl. 16') zum Erhalt des Wortspiels genutzt werden.
    Dieses konkrete Beispiel soll demonstrieren, daß die phraseologische Lexikographie auf der Basis zweisprachiger Cluster generell für kontextspezifische Konstellationen, in denen ein Phraseologismus für die Übersetzung von besonderer Relevanz ist, eine effiziente Hilfe bei der Lösung übersetzerischer Probleme bieten kann.

5. Statt einer Schlußbemerkung

Es läßt sich weder ein universelles Patentrezept für den übersetzerischen Umgang mit Phraseologismen aufstellen, noch können die zweisprachigen Cluster von Phraseologismen i.e.S. die letztlich ausschlaggebende Intuition und Kunst des Übersetzers auch und gerade im phraseologischen Bereich ersetzen, wenn man zuweilen an die Grenzen der Übersetzbarkeit stößt und diese überwinden und Äquivalente bzw. übersetzerische Lösungen auch jenseits von zweisprachigen Clustern suchen muß – wie z.B. in der sehr gelungenen Übersetzung des Sinowjewschen Einstiegs in sein Buch „Homo sovieticus" – vgl. (17) und (17'):

---

[7] Beipiele (8), (8'); (13), (13') - (16), (16') aus DRPW (s. Anmerkung 3)

(17)   večnaja problema nomer odin „*Byt' ili ne byt* '?" dlja russkogo čeloveka predstaet
       v forme: *pit' ili ne pit* '? I dvuch mnenij tut ne možet byt': konečno, pit'! I ešče kak
       pit'! Potom povtorit'. Potom dobavit' ešče. Èta problema nomer odin v russkom
       jazyke možet byt' sformulirovana takže v inoj forme: *bit' ili ne bit* '? I opjat'-taki
       dvuch mnenij ne možet byt': bit', nepremenno bit'! I glavnym obrazom – v mordu.
       (A.Zinov'ev 1991:6)[8]

(17') So stellt sich beispielsweise die ewige Frage „*Sein oder Nichtsein?*" für einen
       Russen in der Form „*Einen rein oder nicht rein?*", wobei es nur eine Antwort
       geben kann: einen rein natürlich! Immer nur rein in die Gurgel. Und dann noch
       einen. Und noch einen. Und dann das Ganze wieder von vorn. Diese existenzi-
       elle Frage Numero eins läßt sich auf Russisch auch noch anders formulieren,
       nämlich: „*Eine rein oder nicht rein?*" Und wieder kann es nur eine Antwort
       geben kann: eine rein, was denn sonst! Und meistens direkt in die Visage. (Sino-
       wjew 1987:11)

Und dennoch wäre es für die überwältigende Mehrheit der Fälle, in denen der
Übersetzer zum Phraseologischen Wörterbuch greift, eine große Hilfe, wenn die
Wörterbücher bzw. Datenbanken für CAT entsprechend den Erkenntnissen der
Kognitiven Linguistik neu strukturiert und optimiert wären. Das Prinzip des
Deskriptoren-Clustering der Kognitiven Linguistik hat Konsequenzen für viele
Bereiche der angewandt-linguistischen interdisziplinären Forschung und eröffnet
insbesondere die Möglichkeit für eine die phraseologische Vielfalt erfassende
ein-, zwei- bzw. mehrsprachige Lexikographie, deren übersetzungswissenschaft-
liche wie übersetzungspraktische Relevanz unbestritten ist.

---

[8] Das russische Wortspiel beruht auf der phonetischen Ähnlichkeit der Verben byt' (*sein*),
pit' (*trinken*), bit'(*schlagen*), die jeweils in dem Muster der Hamletschen Frage „Sein oder
Nichtsein" gebraucht werden.

Literaturverzeichnis

Baranov, Anatolij N.; Dobrovol'skij, Dmitrij. O. 1991: K universal'nomu opredeleniju idiomy. In: Telija, V.N. (Hg.): Maket slovarnoj stat'i dlja Avtomatizirovannogo tolkovoideografičeskogo slovarja russkich frazeologizmov: obrascy slovarnych statej. Moskva: AN SSSR. 7-17.

Baranov, Anatolij N.; Dobrovol'skij, Dmitrij O. 1996: Idiomatičnost' i idiomy. In: Voprosy jazykoznanija 5. 51-64.

Biedermann, Johann 1988: Deutsch-Russisch-Polnische Kontraste in der Phraseographie. In: Bajor, K. et al. (Hgg.): Die russische Sprache im Vergleich zur polnischen und deutschen Sprache. Frankfurt/M. et al.: Lang. 37-53.

Dobrovol'skij, Dmitrij 1995: Kognitive Aspekte der Idiom-Semantik. Studien zum Thesaurus deutscher Idiome. Tübingen: Gunter Narr.

Eckert, Rainer; Günther, Karl 1992: Die Phraseologie der deutschen Sprache. Leipzig et al.: Langenscheidt.

Eismann, Wolfgang 1984a: Bemerkungen zur Bedeutung von G.L.Permjakovs Theorie des Klischees für die Linguistik. In: Grzybek, P. (Hg.): Semiotische Studien zum Sprichwort – Simple Forms Reconsidered I. Tübingen: Kodikas/Code Vol. 7, No. 3/4. 277-294.

Eismann, Wolfgang 1984b: Russische Phraseologie. In: Jachnow, H. et al. (Hg.): Handbuch des Russisten – Sprachwissenschaft und angrenzende Disziplinen. Wiesbaden: Harrassowitz. 206-240

Grzybek, Peter 1991: Das Sprichwort im literarischen Text. In: Sabban, A./Wirrer, J. (Hgg.): Sprichwörter und Redensarten im interkulturellen Vergleich. Opladen: Westdeutscher Verlag, 187-205

Heesch, M. 1977: Zur Übersetzung von Phraseologismen. In: Fremdsprachen Heft 3. 176-184

Korhonen, Jarmo 1991: Kontrastive Verbidiomatik Deutsch-Finnisch. Ein Forschungsbericht. In: Sabban, A./Wirrer, J. (Hgg.): Sprichwörter und Redensarten im interkulturellen Vergleich. Opladen: Westdeutscher Verlag. 37-65

Kosta, Peter 1986: Entsprechungstypen und Übersetzungsverfahren bei der Translation von Phraseologismen (anhand der west- und südslavischen Übersetzungen tschechischer Prosa). In: Rathmayr, R. (Hg.): Slawistische Linguistik 1985. Referate des XI. Konstanzer Arbeitstreffens Innsbruck 1985. München: Otto Sagner. 95-131.

Mel'čuk, Igor A. 1960: O terminach „ustojčivost'" i „idiomatičnost'". In: Voprosy jazykoznanija 4. 73-79.

Mokienko, Valerij M. 1980: Slavjanskaja frazeologija. Moskva: Vysšaja škola.

Neubert, Albrecht 1988: Top-down-Prozeduren beim translatorischen Informationstransfer. In: Jäger, G./Neubert, A. (Hgg.): Semantik, Kognition und Äquivalenz. Übersetzungswissenschaftliche Beiträge 11. Leipzig: Enzyklopädie. 18-30.

Nord, Christiane 1988: Textanalyse und Übersetzen. Heidelberg: Julius Groos.

Nord, Christiane 1989: Textanalyse und Übersetzungsauftrag. Übersetzungswissenschaft und Fremdsprachenunterricht. Neue Beiträge zu einem alten Thema. München: Goethe-Institut. 95-119.

Permjakov, G.L. 1988: Osnovy strukturnoj paremiologii. Moskva.

Rathmayr, Renate 1997: Funkcional'nye i kul'turno-sopostavitel'nye aspekty pragmatičeskich kliše (na materiale russkogo i nemeckogo jazykov). In: Voprosy jazykoznanija. 15-22.

Reiss, Katharina/Vermeer, Hans J. 1984: Grundlegung einer allgemeinen Translationstheorie. Tübingen: Niemeyer.

Schmidt, Heide 1995: Žizn' prožit' – ne pole perejti. Zur translatorischen Äquivalenz von Phraseologismen. In: Eichler, E. et al. (Hgg.): Wort und Text. Slavistische Beiträge zum 65. Geburtstag von Wolfgang Sperber. Frankfurt/M. et al.: Lang. 161-171.

Telija, Veronika N. 1981: Tipy jazykovych značenij. Svjazannoe značenie slova v jazyke. Moskva: Nauka.

Wilss, Wolfram 1992: Übersetzungsfertigkeit. Annäherungen an einen komplexen übersetzungspraktischen Begriff. Tübingen: Gunter Narr.

Zybatow, Lew 1992: Übersetzungsauftrag und Übersetzungskritik. Ein Plädoyer für eine neue Wörtlichkeit. In: Fremdsprachen 2/3. 22-28.

Zybatow, Lew 1997a: Bausteine zu einer kognitiven Translationslinguistik. In: Fleischmann, E. et al. (Hgg.): Translationsdidaktik. Beiträge der VI. Internationalen Konferenz zu Grundfragen der Übersetzungswissenschaft. Leipzig 11.-13.9.1996. Tübingen: Gunter Narr. 67-75.

Zybatow, Lew (1997b): Übersetzungstechniken in der Dolmetsch- und Übersetzungsdidaktik oder Wie verfahren ist die Diskussion über Übersetzungsverfahren. In: Huber, D.; Worbs E. (Hgg.) Ars transferendi. Sprache, Übersetzung, Interkulturalität. Frankfurt am Main et al.: Lang. 395-416

Zybatow, Lew (in Vorbereitung): Phraseologismen im weiteren Sinne und die textsortenspezifische Kompetenz eines Simultan- bzw. Konferenzdolmetschers (am Beispiel der Großtextsorte 'Wissenschaftlicher Vortrag')

Michael Pätzold

English proverbs and their treatment
in English-German Dictionaries

1.Introduction

A bird in the hand is worth what it will bring[1]

This essay is about some of the problems that bilingual lexicographers face when
they deal with proverbs. I will first give a brief definition of proverbs and then
make a few remarks on their formal aspects, for which I draw on research carried
out on one of the large computer corpora now available for English. This formal
interest will be taken up in the second part of my essay, where I look at how some
bilingual English-German dictionaries treat English proverbs.[2] At the centre of
attention will however be some aspects of their translation into German. For this I
have chosen a list of 50 proverbs which the critic and novelist Anthony Burgess
put together for *Harrap's Shorter French and English Dictionary*, published in
London in 1982, which I print in an appendix at the end of this essay. To make
sure that the writer's choice is representative of English proverbs currently in use
I have checked them against a recent dictionary of English proverbs that sets out
to list all English "proverbs in common use in Britain in the twentieth century".[3]
The result is that 49 of Burgess's list are also listed in Simpson's dictionary, while
only *forgive and forget* is not. This is however listed in many other dictionaries of
current English, notably in volume two of the *Oxford Dictionary of Current
Idiomatic English*[4] so that its absence from Simpson's book is more likely to be a
difference about its status as proverb than anything else.

   Differences of definition as well as of region may lie behind the fact that
Burgess's list seems somewhat more typical of British English than American
English. In their book *The Dictionary of Cultural Literacy* the authors have 12
pages in which they list sayings that they consider essential for anybody who
wants to be a culturally literate American, i.e. to be an insider with respect to

---

[1] Mieder 1993b: 79.
[2] Dictionaries will be referred to by short titles in the main body of the essay. For full
references see the bibliography at the end.
[3] Simpson: ix. The only Burgess item not in Simpson is *forgive and forget*, which is however well attested in other general monolingual dictionaries. Dictionaries will be referred
to by a short title in the main body of this essay. For the full titles of all dictionaries
consulted see the bibliography at the end of this essay.
[4] See Cowie.

American culture.[5] Checking both their proverbs and idioms sections, I have
found that they include 40 items of Burgess's list[6] and give a further two in
different forms: *more haste, less speed* appears in two forms, *Make haste slowly,
Haste makes waste*, both of them also well attested in British English[7], while *An
Englishman's home is his castle* not surprisingly takes the form of *a man's home
is his castle*. However, another recent comprehensive American dictionary of
Modern Proverbs and Proverbial Sayings[8] does list some of the items that Hirsch
and his collaborators have excluded. By and large then Burgess's list can be
considered representative of the proverbs that the majority of educated native
speakers of English commonly know. A certain lack of agreement between
scholars is typical of a stage in which no representative data are available on
proverbs drawn from widely distributed questionnaires, neither for Britain, the
United States nor any other country with English as its first or second language.[9]

This lack of agreement is of course no less to be expected for the German
translations. I have tried to establish their currency by consulting relevant monolingual German dictionaries like Dud11, Duden and Röhrich. For some translations I have also consulted native German informants, whom I would like to
thank here for their help.[10]

---

[5] Hirsch et al 1988: 46 .

[6] They do not list these items: *As well be hanged for a sheep as a lamb; charity begins at
home; don't wash your dirty linen in public; enough is as good as a feast; every little
helps; first come, first served; if the cap fits, wear it; it's an ill wind that blows nobody any
good; least said, soonest mended; there are none so deaf as those that will not hear.*

[7] See Simpson: 108.

[8] Whiting 1989.

[9] See Grzybek 1984 on the question of a minimum set of proverbs that should be taught,
and Häcki-Buhofer and Burger 1992 on research methods and hypotheses as well as some
empirical results. For frequency and currency aspects of proverbs in Russia, Germany,
Britain and the United States of America see the chapter on "'Proverbs Everyone Ought to
Know'. Paremiological Minimum and Cultural Literacy", in Mieder 1993a: 41-57.

[10] I owe the greatest debt of thanks to Josie, who has generously given me of her time and
expertise and has encouraged me all along the way. Next, I would like to single out
Veronika Schnorr, Karin Achterholt and Martina Stange-Peters for their close reading of a
first draft of the article and some helpful criticism. The other informants, and friends, are
Brigitte, Carla, Elfriede, Gertraud, Jan, Jens, Harro and Susanne, ranging in age from 19 to
87.

PART I: PROVERBS: DEFINITION AND FORMS

2. A Brief Definition of Proverbs

Least said is soonest disavowed[11]
I believe in burning my boats when I come to them...[12]

In this section of my article I will give a brief linguistic characterization of proverbs before I look at some of the aspects of their treatment in bilingual dictionaries.[13] Proverbs are traditional, fixed expressions whose authors are unknown. Both aspects set them off from such forms as slogans or mottoes, which are more modern and for whom an author is known. A third aspect is that proverbs are often used with a didactic intention, whereas this seems to be less typical of the uses of such other popular forms as jokes and tales.

Of the many other criteria that are commonly employed to differentiate between fixed expressions, the most useful for my purposes is that between expressions that can stand alone and those that cannot. Proverbs are fixed expressions that commonly correspond to sentences (in written language) or complete utterances (in spoken language). This syntactic criterion distinguishes them from other fixed expressions such as idioms, collocations and proverbial sayings, which are shorter than a complete sentence. Having said this, I hasten to add that proverbs are not always found in the form of complete sentences, as is shown by these examples:

...the way they casually treated the sign as just part of the landscape caused Augustus to brood a good deal about the contempt that familiarity breeds.[14]

The gym sat in the middle of its block, over A & K Auto Body. The bay doors to the auto body were open, and catcalls and kissy sounds drifted out to me when I crossed the cement apron. My New Jersey heritage weighed heavy, demanding I respond with a few demeaning comments of my own, but discretion being the better part of valor, I kept my mouth shut and hurried on by.[15]

In the first example, the canonical form *familiarity breeds contempt* is transformed into an object-NP and a relative clause, while the proverb *discretion is the better part of valour* in the second example is embedded as a participial clause in the dependent *but*-clause.[16] A further feature of many proverbs is that

---

[11] Mieder 1993b: 79.

[12] Dibdin 1993: 23.

[13] The following discussion relies on Norrick 1985 and Gramley and Pätzold 1992.

[14] McMurtry 1987: 90.

[15] Evanovich 1994: 46.

[16] Cf. also *I should look before you leap* in Simpson: 138.

they show irregular syntax, as do in their different ways *as well be hanged for a sheep as for a lamb* (no subject), *more haste less speed* (no subject or predicate) or *once bitten twice shy* (no subject or copula verb). This is a feature that distinguishes proverbs from commonplaces, another type of sentential fixed expression, which are never shortened and do not show irregular syntax. Moreover, many proverbs show a two-part structure that is not characteristic of commonplaces. For illustration see the examples just quoted and compare also *when in Rome do as the Romans do* or *it never rains but it pours*.

Moving on now to lexis and semantics, I note that metaphorical language is another difference between proverbs and proverbial sayings on the one hand and commonplaces on the other: proverbs and proverbial sayings use figurative language while commonplaces do not. Compare the commonplaces *we live and learn, you never know, enough is enough* with the proverbs *all that glitters is not gold, birds of a feather flock together* and the proverbial sayings *carry coals to Newcastle* or *buy a pig in a poke*. Similarly typical of proverb(ial saying)s are semantic opacity and vocabulary that is archaic or old-fashioned and/or often refers to life in an agrarian, pre-industrial society (e.g. *birds of a feather flock together, don't put all your eggs in one basket, make hay while the sun shines, you cannot make a silk purse out of a sow's ear* or *never look a gift horse in the mouth*).

Finally, assonance and alliteration (confer *live and let live* and *look before you leap*) and occasional rhyme (e.g. *birds of a feather flock together, when the cat's away the mice will play*) can also be characteristic of proverbial material.

3. The Forms of English Proverbs

All That Glisters Is Worth a Lot Less[17]

Dictionary entries for English proverbs can easily mislead the user because they choose as a rule traditional forms that are often found in changed form in actual language use. The most frequent alterations to the canonical form in present-day English are substitutions, subtractions and additions.

First, substitution. For *one's man's meat is another man's poison* Cowie says that adaptations are common in which the opposites *meat...poison* are changed to *religion...superstition, realism...obscenity, chore...relaxation*[18], while Japanese Airlines have used a variation of this proverb to advertise their special brand of service, *One man's sushi is another man's steak.*[19] Next, the two syntagmatic

---

[17] *Time Magazine*, August 18, 1997: 38 (headline of article on the sliding price of gold).
[18] Cowie 1983: 438.
[19] Mieder 1993b: 69.

changes of subtraction and addition, of which the first is perhaps more frequent: "On many occasions when people invoke proverbs in speech and writing, they simply allude to them, rather than complete them."[20] In shortening proverbs, speakers tend to use the first half only and leave the addressee to complete the proverb for herself. Thus we can expect to find *don't count your chickens..., if the cap fits..., it's an ill wind...*or *the proof of the pudding...* I find this example in Simpson: *I see...you don't use sugar or milk – well, one man's meat, as the old saying goes.*[21] Because they are well-known, recognition of proverbs is ensured even when only a shortened form is used.

Shortened forms usually result from the deletion of elements at the end rather than at the beginning of proverbs, as in the examples above. Examples that preserve the end are less common, but compare this excerpt from a play in which the full form *as you make your bed so you must lie on it* appears in a shortened and slightly changed form, the generic indefinite pronoun *you* being replaced by the personal pronoun *they*:

> In this excerpt, Delia and Ernest are talking about the shaky state of Trevor's, their son's, marriage to Susannah.
>
> Ernest: I think he should have married this other one.
> Delia: Jan? I don't think she was that keen.
> E: She was altogether much jollier.
> D: Well, we're saddled with Susannah as a daughter-in-law – at least
>   temporarily. We'd better make the best of it...
> E: It's their bed. They can lie on it.[22]

Examples of additions are also not hard to come by, compare this expanded form of *two's company, three is a crowd*, which is used to head the advertisement for a thriller with the title *The Third Twin*:

> Two may be company, but three is definitely a crowd.[23]

While the lexis of shortened forms can be predicted, that of expanded forms or indeed other variations can not. Compare these examples, which ring the changes on *beggars cannot be choosers*:

> Beggars can't choose.[24]
> Beggars were proverbially excluded from overmuch choice...[25]

---

[20] Hirsch et al 1988: 46.

[21] Simpson: 149.

[22] Ayckbourn 1979: 176.

[23] The English Book Club, Club Magazine, Summer 1997, p. 3

[24] Gardam 1986 : 33.

[25] Dexter 1994: xvii.

My impression that proverbs are often used nowadays in ways that change the traditional form is confirmed by Mieder, who writes that "perhaps more often than not proverbs now are used in an innovative way, that is , they are changed and twisted until they fit the demands of our modern age..."[26]

Going beyond the three types of changes just discussed, I have collected a few examples of witty word play with proverbs that appear as section headings in this article. Again, my impression that a playful use of proverbs is typical is supported by Mieder, who has said that proverbs now are often used for purposes of parody, irony and satire, where they were earlier used to teach and exhort.[27] This makes clear that the change of form goes hand in hand with a change in purpose, which is more often than not critical of received wisdom. Finally, the sophisticated effects clearly presuppose an awareness of the difference between modern changed form and the traditional, canonical ones. So, the old proverbs survive, if only as foils for witty variation.[28]

I would like to take my discussion of the formal aspects of English proverbs a step beyond the impressionistic evidence collected by linguists that I have used so far and report the results of a search conducted on one of the very substantial computer corpora of spoken and written English now available to the linguist. I had written to the Collins-COBUILD Bank of English, which in April 1995 consisted of 210.5m words[29] and asked for help with the proverb *as you make your bed, so you must lie upon it* (Simpson: 143) or *as one makes one's bed, so one must lie on it* (Cowie: 24). While there were 16 occurrences in all, not a single example shows the form used by Simpson or Cowie in their dictionaries. The most frequent changes are the substitution of the impersonal pronoun by either a personal pronoun or a proper name, which is accompanied by a change in tense from present to past or present perfect. Also, the preposition *(up)on* is often changed for *in*, while the correlative conjunctions *as...so* is not found at all. Instead, *and* is used in four and *now* in two cases to connect the two halves of the proverbs while the initial conjunction is deleted. So, this proverb shows substitution and deletion, or shortening, as the major processes of formal change. Of course, even a corpus of this size does not exhaust all formal possibilities of the proverb in modern English, but it does lend strong support to my impression that the canonical form of proverbs is honour'd more often in the breach than the observance.

What is the lexicographer to do with this wealth of proverbial forms? I think that dictionary makers will want to indicate shortened forms that preserve the first half of proverbs while the other, idiosyncratic forms that I have discussed can be

---

[26] See Mieder 1993b: 58.

[27] See Mieder 1993b: 71.

[28] See Mieder 1993b: 90.

[29] I would like to thank Mr Ramesh Krishnamurthy, the COBUILD Corpus Manager, for running a search on the corpus and sending me the data.

safely neglected. Linguists have become accustomed to call idiosyncratic forms *modifications* or *variations* and to distinguish them from *variants*, for which there are well-established, canonised forms.[30] Variants that preserve the meaning of the original should also be included in dictionaries and can be conveniently subdivided into syntactic, morphological and lexical, of which the lexical type seem to be the most frequent. Examples relating to my corpus are:

Syntactic: *all that glitters is not gold* and *all is not gold that glitters; God helps him who helps himself* or *them that help themselves; you cannot eat your cake and have it* and *you cannot have your cake and eat it.*

Morphological: *as well be hanged* or *hung for a sheep as for a lamb; once bitten* or *bit, twice shy.* On this level, different dictionaries list different forms depending on whether they think of the proverb as a unit of the spoken or the written language. Therefore we get either *you can't* or *you cannot have your cake and eat it.*

Lexical: *two's company, three's a crowd* and *two's company, three is none; half a loaf is better than no bread (at all).* Even greater lexical differences are found in *there are none so deaf as those that will not hear* and *there's none so blind as those who will not see,* in *he who pays the piper calls the tune* and *they that dance must pay the fiddler; once bitten, twice shy* and *the burnt child dreads* or *fears the fire.* The last case is so different lexically that one cannot reasonably expect to find them in the same entry, although I would hope to find a cross reference from the one entry to the other.

Lastly, there are abbreviated forms of proverbs, which are referred to as *metaphorical phrases.* These change the inflected verb form to the present infinitive, as in *to count one's chickens before they are hatched, to put all one's eggs in one basket,* and *to wash one's dirty linen in public.* Metaphorical phrases then are incomplete sentences in which a fixed form of the verb (e.g. *Don' count your chickens...*) is substituted by a range of verb forms (e.g. *I wouldn't want to/ I never count my chickens...*). Because they have a well-defined form, metaphorical phrases should also be listed in dictionaries.

Finally, proverbs, but not commonplaces, can be accompanied by words or phrases that set them off from the co-text. These are often used 1) to indicate their semantic relationship with what has gone before, or 2) to draw attention to their status as fixed expressions:

1. *But there* in "I don't pretend I don't miss my garden. But there, beggars can't be choosers."[31] See also *Ah well* in the next example.

---

[30] For a recent discussion of the formal range of proverbs see Bartz 1992, to whom I am indebted for the distinction between variants and variations or modifications (*Modifikationen*), and Korhonen 1992, who discusses the morphological possibilities of proverbs.

[31] Simpson: 12.

2. (*As*) *they say* in "'Funny, the changes', she said. My brother Len married a mulatter...My white coffee, 'e called her, but 'e couldn't sweeten her temper. Ah well!' she sighed. 'Other days, other stays, they say';[32] "The canes bleed if they're pruned this late, but better late than never, as they say."[33] Another item commonly used with reference to fixed expressions, not just proverbs, is *the proverbial*, as in "the proverbial pen is mightier than the sword"[34] and, in the context of a simile, "Peg smoked like the proverbial chimney, getting through two packs of cigarettes a day."[35]

PART II: THE CORPUS IN ENGLISH-GERMAN DICTIONARIES

4. Word list, alphabetical arrangement and forms of the English proverbs

Oliver Mills...became frankly too hot for the army or the church to handle. His taste for butch subalterns and zesty young rankers knew no bounds..it wasn't long before Oliver folded up his stole and plunged head first into the secular. The boy hadn't been exactly Mother Mills' type but in those days buggers couldn't be choosers.[36]

In this section I want to discuss how many of the corpus proverbs are listed in the bilingual dictionaries, where lexicographers have put them in the alphabetical order, and what forms of the proverbs they have included.

4.1   How many are treated in the dictionaries

'Rome wasn't built yesterday...[37]

The first question to answer is how inclusive should dictionaries be in their treatment of proverbs considering the fact that they have to meet many competing claims, ranging from slang and colloquial language, technical vocabulary, to regional items and, in the case of dictionaries for non-native users, examples that illustrate the use of a particular item in context. As the table shows, the top bilingual dictionaries reach percentage figures of over 90%, which is very good indeed. This is in keeping with the results of an earlier dictionary survey, where the top bilingual dictionary (CGD) had as many fixed expressions as the best

---

[32] Wilson 1968: 327
[33] Tartt 1992: 450.
[34] Norrick 1985: 45.
[35] Sellers 1981: 57.
[36] Fry 1995: 126.
[37] Dibdin 1993: 20.

monolingual dictionary for native English speakers.[38]

Dictionary	number of items listed	percentage
NG	39	78
CGD	46	92
LGWB	47	94
LGSWB	37	74
Wild	32	64
OxfDud	48	96

4.2   Where to find them

A Ms. is as good as Male[39]

The next problem is that of where to list multi-word items like proverbs. This is, incidentally, a non-problem for electronic dictionaries, which are easily superior to any printed book because their search routines find items anywhere regardless of where they are entered.

Clearly, there are as many possible places as there are lexical items in a proverb (no dictionary will dream of listing a proverb under a grammatical word). As I will briefly show, this is a difficulty that the existing dictionaries have not solved very well.

In general, the arrangement chosen is erratic, idiosyncratic and a splendid illustration, if any was needed, of how difficult it is to achieve consistency. Often dictionaries take the "most important word" as their yardstick,[40] but this does not seem to help much, witness cases like *the road to hell is paved with good intentions*, which CGD and LGW hide in the entry for *pave*, while Wild puts it in that for *intention*. Again, the three lexical items in *all's well that ends well* are almost evenly distributed across the dictionaries, CGD and OxfDud listing it s.v. *well*, LGSWB and Wild s.v. *all*, and LGWB under *end*. It would be extremely desirable if dictionaries found an easy and consistent way of arranging their fixed expressions. A first step would be to put them all in a separate paragraph, and if that is not enough they could be arranged under the first noun, and if there is no noun, then the first adjective and so on.

---

[38] See Pätzold 1994: tables 3 and 4 on pp. 42 and 53. For the abbreviations in the following table see *Bibliography 1. Dictionaries*.

[39] Mieder 1993b: 71.

[40] This is also the criterion that Hirsch et al use in their list, for which Mieder 1993a: 51 takes them to task.

4.3   The Forms of the English Proverbs in the bilingual dictionaries

I will distinguish in this section between old-fashioned forms, abbreviated forms, metaphorical expressions, variants and contextualized forms.

4.3.1   Old-fashioned forms

A man's house is his castle – let him clean it[41]

Sometimes the dictionaries list proverbs in an old-fashioned form that has been superseded in the English language by a more recent form. *Beggars can't be choosers*, for example, is listed in no less than three dictionaries as *Beggars must not be choosers*, a form about which Simpson has this to say: "The replacement of *can't* for *must not* is a recent development." (Simpson: 12). This would seem to make the *must-not*-version acceptable even today. However, what Simpson understands by *recent* in the context of proverbial forms becomes a little clearer when one notices that the most recent example of the older form dates from 1863. It would seem justified therefore to list only the *can't*-form in bilingual dictionaries that have as their aim to record the modern English language.

4.3.2   Abbreviated Forms

Although these forms as defined above are quite usual, the bilingual dictionaries list very few of them. OxfDud for example has *don't count your chickens* and puts the second half in brackets (*before they are hatched*). NG has a couple more: *birds of a feather...* and *if the cap fits*, without however listing the long form in the second case. Indeed, this last proverb is exceptional in that four of the six bilinguals include a shortened form.

4.3.3   Metaphorical expressions

"Did I choose this life of illusion? Don't be mad. My bed was made, I just lied in it."[42]

The bilingual dictionaries list slightly more metaphorical expressions than shortened forms, but they are far from being systematic in their coverage.

The full form of *he who pays the piper calls the tune* is not listed in LGSWB

---

[41] Mentioned in Mieder 1993b: 71.
[42] O'Brien 1995: 284.

and Wild, which only include *pay the piper*. This is strange as the full form is easily more common in modern English.

In some cases, dictionaries only have shortened forms and not the full form at all. For example, *don't count your chickens before thy are hatched* is listed in the form *to count one's chickens before they are hatched* in no less than four dictionaries while only 2 list the full, sentential form. Even worse is the treatment of *put all one's eggs in one basket* and (*to*) *wash your dirty linen in public*, where all bilinguals have only the infinitival form. Incidentally, NG and LGSWB use the form *wash one's dirty linen...*, which is not listed in Simpson. Clearly, lexicographers should try to list both the full form and the metaphorical expression.

4.3.4 Variants

He who pays for the Piper Heidsieck calls the tune...[43]

The bilingual dictionaries list only few variants, either lexical or grammatical. An example of lexical variants can be seen in *you can't have your cake and eat it*, in which *have* and *eat* can change places.[44] Similarly, two dictionaries (LGWB, OxfDud) give two lexical variants in the case of *Have or put all one's eggs in one basket*. *Half a loaf is better than none* or *no bread at all* (NG) is the most emphatic form of the proverb, which appears as *...than none* or *no bread* in CGD and OxfDud.

There are a few examples that have both lexical and syntactic possibilities. In *all that glitters is not gold*, for example, *glitters* is sometimes changed for *glistens* (as OxfDud and Wild point out). The syntactic variant *all is not gold that glitters* is listed only by LGSWB. No dictionary lists both types of variant, while three of them list one form only.

As well be hanged for a sheep as for a lamb: this appears in a longer form in Simpson and all the bilinguals, beginning with *you might as well ..*(CGD, LGWB, LGSWB) and *you may/might as well...*(NG) or *one may* or *might as well...*(OxfDud). There is also a choice of participle, either *hanged* or *hung* (OxfDud), and of preposition, *for* being optional (LGWB , LGSWB, OxfDud). CGD has the usual form *least said soonest mended* as well as *the least said, the better*.

On the other hand, I have found syntactic variants in the dictionaries like *every cloud has a* or *its silver lining* where English dictionaries like OED2, Wilson, Simpson or Cowie list only the form with the indefinite article.

---

[43] Cooper 1988: 32.
[44] Simpson: 170. LGWB and OxfDud list both forms.

An interesting case is *An Englishman's home is his castle*, and that for several reasons. First, Wilson and *OED2* only know the form *An Englishman's house is his castle*, which leads me to think that the form given by Simpson and Burgess is the more recent form. Also, as mentioned above, the proverb appears in two different forms, one British, as here, and one American where it takes the form *a man's home is his castle*, but this form is not mentioned in either of the two bilinguals (nor, incidentally, in Simpson).

4.3.5   Contextualized forms

I cannot resist a brief example of an addition in quirky Wild, which has the canonical form of *every little helps* and then goes on "((vulg.) as the old woman said when she pissed in the sea)". No doubt the compiler of this dictionary found it somewhere and thought it should be included. However, in our modern, more pedestrian dictionaries this example deserves no place because it clearly represents a very idiosyncratic, one-off form.

The context in which a lexical item is found provides important clues to its meaning and use. This applies of course also to proverbs. It is important to know that lovers often use the sayings *All's fair in love and war* (when two people are competing for the love of a third person) and *two's company, three is none*, when they want to be alone.[45] However, no attempt is made to provide such information in bilingual dictionaries and very rarely do they provide any context at all, space being at a premium in printed dictionaries.

As stated above, proverbs typically have a short phrase that introduces them or makes a comment on them. Thus, CGD has a brief introductory phrase "Oh well, beggars can't be choosers", and a similar one is found in one of Simpson's examples: "I don't pretend I don't miss my garden. But there, beggars..."[46]

Other than that, I have found only two examples of a helpful context. One is the LGWB entry for *if the cap fits wear it: I didn't say you were a fool,* **but if the cap** (*bes. Am* **shoe**) **fits** (wear it). *I didn't say you were a fool* bears out what Simpson says about how the proverb is employed: "Used with reference to the suitability of names or descriptions as demonstrated by the behaviour of the person concerned."[47]

The second example comes from CGD's entry for *every little helps*, where there is a contextualized example over and above the usual context-free phrase: *please donate, every little helps*. For this specific example CGD provides a more specific and less colloquial translation: *auch die kleinste Spende hilft.*[48]

---

[45] Hirsch et al. 1988: 47 and 56 respectively.

[46] CGD s.v. *beggar*, Simpson s.v. *beggars*.

[47] Ibid.: 31.

[48] CGD, s.v. *little*.

The general absence of context is, however, not so much of a drawback than would seem at first glance. There is on the whole less need for bilingual English-German dictionaries to give this information to German users because they mostly use the English-German part to understand a text that is given, a text that provides contextual information, even before they turn to a dictionary for help. Things would be different of course in a dictionary for language production, where as much syntacmatic and pragmatic information is needed as can possibly be accommodated between the covers of a print dictionary.[49] However that may be, bilinguals clearly restrict themselves to rendering the meaning of proverbs into German without specifying further their conditions of use.

5. Translations

I now turn to a discussion of the German translations. The first consideration will naturally be whether there is a semantically equivalent translation, and if so to what degree the translation can be regarded as equivalent. If there is equivalence, of whatever degree, the next feature of importance is whether the translation shares not only the denotation but also the connotation(s) of the original. While good, modern monolingual dictionaries like Cowie include information on what speech acts can be performed by using proverbs, bilingual dictionaries usually exclude such pragmatic considerations. I will therefore mainly deal with denotative and connotative meaning aspects.

What do the dictionaries do when there is no formal equivalent? Most of them offer paraphrases, which is perfectly all right as long as lexicographers indicate that what they offer is not a translation but a paraphrase. However, few dictionaries have this policy.

These semantic questions will be complemented by a concern for the formal aspects of translations. Here the first question to ask is whether the translation is fixed in the same way as the original. Also, is there a shortened form available in German and does it have the same structure and (irregular) syntax.

In lexis, the best translations should show the same or similar lexical constituents, should be taken from the same or a similar sphere, and should show the same metaphorical language, where appropriate, again preferably from the same area or lexical field.[50]

---

[49] See Pätzold 1986 on a collocational dictionary for language production and its lack of context.

[50] This demand is mentioned in Eismann 1989.

5.1. Obvious translation equivalents

A number of English proverbs have obvious equivalents in German, as is shown in the list below. Note however that they do not correspond in all respects. There is for instance no equivalence with respect to metaphorical language in no 3; the proverbs in nos 5 and 15, and the verbs in no 7, belong to different domains; the second half of English no 11 stresses ease, while the German proverb stresses speed; English no 13 has an emphatic noun phrase (*mother of invention*) while German uses a not specially stressed adjective phrase; and the nouns in the second halves of nos 17 and 18 differ slightly (17: *intentions-Vorsätzen*; 18: *broth-Brei*). The remaining proverbs in the table however show a close correspondence of lexis, syntax and metaphorical domain. This close similarity in form and denotative meaning can no doubt be explained by the common ancestry of the two languages and loan processes of one sort or another. It is striking however that the majority of proverbs (29 out of 50) differ from one another, sometimes considerably.

	English	German
1.	all that glitters is not gold	es ist nicht alles Gold, was glänzt
2.	a bird in the hand is worth two in the bush	der Spatz in der Hand ist besser als die Taube auf dem Dach
3.	birds of a feather flock together	gleich und gleich gesellt sich gern
4.	blood is thicker than water	Blut ist dicker als Wasser
5.	don't count your chickens before they are hatched	man soll den Tag nicht vor dem Abend loben
6.	don't wash your dirty linen in public	man soll seine schmutzige Wäsche nicht in der Öffentlichkeit waschen
7.	first come first served	wer zuerst kommt, mahlt zuerst
8.	forgive and forget	vergeben und vergessen
9.	God helps him who helps himself	hilf dir selbst so hilft dir Gott
10.	live and let live	leben und leben lassen
11.	many hands make light work	viele Hände machen schnell ein Ende
12.	more haste, less speed	eile mit Weile
13.	necessity is the mother of invention	Not macht erfinderisch
14.	never look a gift horse in the mouth	einem geschenkten Gaul schaut man nicht ins Maul
15.	once bitten twice shy	gebranntes Kind scheut das Feuer
16.	people who live in glass houses shouldn't throw stones	wer im Glashaus sitzt, soll(te) nicht mit Steinen werfen
17.	the road to hell is paved with good intentions	der Weg zur Hölle ist mit guten Vorsätzen gepflastert
18.	too many cooks spoil the broth	viele Köche verderben den Brei
19.	while the cat's away the mice (will) play	wenn die Katze aus dem Haus ist, tanzen die Mäuse

| 20. | one swallow does not make a summer | eine Schwalbe macht noch keinen Sommer |
| 21. | man proposes, God disposes | der Mensch denkt, Gott lenkt |

5.2   German variants

The number of variants listed in German translations is also limited. I have found *lieber* or *besser spät als gar nicht* in one dictionary only, while one other chooses *besser* and three decide for *lieber*. A certain measure of variability is seen for *a bird in the hand is worth two in the bush*: there are translations with (five dictionaries) and without copula plus changed word order (LGWB: *besser ein Spatz...in der Hand als eine Taube auf dem Dach*), which sounds more proverbial. In two dictionaries *Sperling* appears instead of *Spatz* (Wild) or in addition to it (LGWB). Finally, Wild offers an additional, though surely rare and old-fashioned, variant: *ein Sperling in der Hand ist besser als zehn auf dem Dach*.

5.3.   Translation of short forms

As I have pointed out, short forms of proverbs are common in English. The question is, however, how to translate them into German. In general it seems to me that German shortens proverbs much less than English so that translations of English short forms would have to consist of the German long form. This is borne out by OxfDud, which gives both long and short forms of *don't count your chickens (before they are hatched)* but offers the long form only in German (*man soll den Pelz nicht verkaufen, ehe man den Bären nicht erlegt hat*). The same goes for *it is an ill wind...*, which LGSWB renders in full: *etwas Gutes ist an allem.*

A wrong translation is found for English *birds of a feather*, the short form of *birds of a feather flock together*, which corresponds exactly to German *gleich und gleich gesellt sich gern*. One of the bilinguals translates by *Leute desselben Schlages, gleich und gleich*, which I find unacceptable in German: I do not think that *gleich und gleich* or *Leute desselben Schlages* would be readily understood. Similarly, the short form *if the cap fits...* receives inadequate translations that do not express the meaning of the full English form like *wenn sich jemand getroffen fühlt* or *aber wenn du meinst*. However, there is a short form in German that is commonly used, namely *wem der Schuh* or *die Jacke paßt...*[51] As far as I can see, the question of what short forms are possible in German has not yet received the attention it deserves.

---

[51] This has been pointed out to me by Karin Achterholt and Veronika Schnorr.

5.4 Humour

Very rarely do the bilingual dictionaries take into account irony or humour. Consider *discretion is the better part of valour*, which is found in both straight and humorous uses,[52] while the dictionaries give translations that can only be used in the one or the other sense. The humorous use of the proverb is realized in the translation *Vorsicht ist besser als Nachsicht*, correctly labelled *ugs. scherzh.* (= informal, humorous use) only in DudOxf or *Vorsicht ist die Mutter der Porzellankiste*, not very satisfactorily labelled as *informal* in CGD. These contrast with the translations that allow only the serious reading, like *Vorsicht ist der bessere Teil der Tapferkeit* or *Vorsicht ist die Mutter der Weisheit*.

5.5 Labels

The bilingual dictionaries are not good at labelling the proverbs. Most of them do not give any label at all; of those that do, almost all only label the English original, not the German translation. This may not matter too much to the German user, who might be able to tell a proverbial form from a non-proverbial form, but is hard on the English speaker, who needs to be given this information.

An Englishman's home is his castle, listed in only two English-German dictionaries anyway, surely deserves a label, but gets it only in one. *All's well that ends well*, *as well be hanged for a sheep as a lamb* and *first come, first served* deserve a label of one sort or another but get it in only one dictionary, and not the same one either, while *better late than never*, *every little helps*, *there are none so deaf as those that will not hear*, and *two's company, three is a crowd* are not recognized as fixed expressions at all, let alone as proverbs.

Moreover, it is quite common for dictionaries not to label the German translation even when it has proverbial character. Thus, *wenn die Katze aus dem Haus ist, tanzen die Mäuse* is characterised as proverbial in only one dictionary. Contrast *while the cat's away the mice will play*, which gets the label *proverb* or *übertragen* in no less than three dictionaries. This means that users cannot know whether the translations given are proverbial or not.

There is only one dictionary that labels both the English proverbs and their German counterparts (CGD). But even this last mentioned work chops and changes in its labelling, using the label *Prov* for *all that glitters is not gold* and *charity begins at home* but *prov* for *beggars can't be choosers*, *enough is as good as a feast* and *it never rains but it pours*. Equally strange is the entry for English *first come first served*, which is classified as proverbial while German *Wer zuerst kommt, mahlt zuerst* is deemed a proverb. The rationale behind this is

---

[52] ALD has the label *saying usu[ally] joc[ular]* (1995: 330).

that capital *Prov* signals a proverb, while small *prov* marks an item as proverbial, a distinction as useful and legitimate in theory as it is difficult to apply in practice. I suspect the Collins lexicographers might have a hard time convincing Burgess and Simpson of their labelling in the cases mentioned.

The labelling practice of the dictionaries for the proverbial nature of an expression is, then, not satisfactory, nor do they distinguish sensibly between the label *proverb* and the label *figurative* (language). It is hard to see why in one and the same work *half a loaf is better than no bread at all, don't wash your dirty linen in public* and *once bitten twice shy* are labelled *figurative* while *he who pays the piper calls the tune* and *no news is good news* are given the label *proverb* (NG).

Also, labels that refer to the informal or colloquial nature of proverbs are hardly ever found, and when they are used there is little agreement between dictionaries. An example that conveniently sums up my discussion of labels so far, and shows once again how unsatisfactory the dictionaries are in this department, is *don't put all your eggs in one basket*: two dictionaries make use of the label *colloquial*, one uses *figurative colloquial*, one *figurative*, one *proverb* and one employs no label at all.

5.6   Indication of non-equivalence

It is only to be expected that not every English proverb has a close German equivalent. How do dictionaries handle cases where there is less than one hundred percent equivalence or where they choose a paraphrase rather than a proverb? I think dictionaries should devise symbols or some other means to alert users to this fact.

There is no equivalent proverb in German for English *two's company, three is none*. The bilinguals bravely offer paraphrases, *zwei machen ein Paar* (whose meaning I do not understand) and *(zu zweit ist es gemütlich), ein dritter stört (nur)*, but the user does not learn that the English expression is a proverb nor that the German translation is not. The same goes for *charity begins at home*. This saying is usually understood to mean that one's first duty is to one's family or, more generally, one's city or country and one should first look after these rather than help others. The dictionaries come up with various non-fixed German equivalents. One offers a literal translation *(die Nächstenliebe beginnt zuhause)*, which does not seem to make much sense in German, while the others all have something like *zuerst kommt einmal die eigene Familie/Land*. It is, incidentally, only one dictionary that indicates that the extension of the proverb is greater than *family* or *country* by adding an *etc.* after *Land* (CGD). The paraphrases mentioned seem sensible but again the labels are unsatisfactory: only three tell the user that the English expression is a proverb and the German is not.

I have found only two examples where dictionaries indicate that the German translation is not a complete equivalent. One is the translation *andere Länder, andere Sitten* (CGD) for English *when in Rome do as the Romans do* and the other is *wem nicht zu raten ist, dem ist auch nicht zu helfen* for *there are none so deaf as those that will not hear*, which LGWB introduces by *etwa*. This is surely a step in the right direction, but one that is taken far too rarely.

5.7 Metaphorical language

In a considerable number of instances the dictionaries fail to choose a figurative translation where there is one available. I can only give a few examples to illustrate this common failure.

For *once bitten twice shy* OxfDud gives *einmal und nie wieder!* For *if the cap fits* we find German *wenn sich jemand getroffen fühlt* (NG), *aber wenn du meinst od. Dich angesprochen fühlst* (LGWB). Similarly, the long form translates as *aber wenn Du meinst, bitte* (LGWB). For *least said soonest mended* only NG gives the perfect translation of *Reden ist Silber, Schweigen ist Gold*, while all the others go for prosaic paraphrases like *je weniger man darüber spricht, desto besser* or *je weniger geredet wird, desto rascher wird alles wieder gut*. Only Wild translates *you can't have your cake and eat it* by a figurative phrase, *man kann nicht auf zwei Hochzeiten gleichzeitig tanzen*, while the other dictionaries go for solutions like *man kann nur eines von beiden tun* or *beides auf einmal geht nicht*.

5.8 Fixed proverbial translations versus freely generated renderings

Finally, and most importantly, German translations should be just as fixed as their English counterparts. And as with lacking equivalence, where there is no fixed translation in German, lexicographers should indicate this in some way.

Take for instance *one's man's meat is another man's poison*. Here the dictionaries offer *des einen Freud ist des andern Leid* and *des einen Freud, des andern Leid* as well as *was dem einen sin' Uhl, ist dem andern sin Nachtigall*. While all three fit the semantic bill perfectly, the last two are also syntactically elliptical, which is why I prefer them to the first translation. The last translation also shows another irregular feature in High German in the form of the possessive pronoun (*sin'*), which betrays its Low German origin.[53]

Another example is furnished by *an Englishman's home is his castle*, for

---

[53] Jan Wirrer points out that the original form (*Wat den een sien Uhl, is den annern sien Nachtigall*) is syntactically correct in Low German (private communication).

which the two dictionaries that list the proverb offer the free paraphrases *für den Engländer ist sein Haus (wie) eine Burg*, which does well enough semantically but not formally. However, there is a very common saying in German, and in German alone, not English it seems, and that is *my home is my castle*, which is commonly used (even by people who do not know English very well) to express the sentiment of the English saying. I can see why CGD's and OxfDud's lexicographers did not put the phrase in their dictionaries – after all, it is not listed in Dud11 or Duden – but nevertheless it fits perfectly both formally and semantically and I see no reason not to suggest it as a translation.

5.9 A combined multifactorial analysis

Although the various factors that determine the value of translations can be isolated in the way I have done, they are often found together in examples. That is why I will explore in this section the centrally important relationship between meaning, currency, proverbial form and metaphorical language, with occasional glances at other factors like stylistic level and rhyme or assonance.

5.9.1 I will begin with two examples of old-fashioned translations. Some dictionaries offer obsolescent translations, as for instance *man soll den Pelz nicht verkaufen, ehe man den Bären erlegt hat*, which is not listed in Dud11 and certainly less frequent than *man soll den Tag nicht vor dem Abend loben*.
Again, for English *birds of a feather flock together* we find *gleiche Brüder, gleiche Kappen* instead of *gleich und gleich gesellt sich gern*. Although the translation has a proverbial ring to it, it also sounds old-fashioned and therefore not suitable.
My next example is German translations of *it's no use crying over spilt milk*, which means that there is little sense in feeling sad over things that have happened and cannot be changed.[54] There are, therefore, three semantic elements to be translated, a feeling of sadness, the result of an action, and the fact that this action cannot be undone. The most frequent German translation that the dictionaries offer is (*was) passiert/geschehen (ist), ist passiert/geschehen*, which has the form of a declarative sentence like the original but translates only the last two meaning elements and does not use metaphorical language – the renderings are in fact commonplaces on the model of *enough is enough*. Nor does the translation seem to be fixed to the same extent as the original, witness the fact that different dictionaries use different verbs (*passieren, geschehen*). Wild offers two more translations that raise interesting points, of which the first, *futsch ist futsch und hin ist hin*, is suitably fixed, though it also only translates two of the three

---

[54] ALD, s.v. *cry*.

semantic elements. It fails, however, on the level of style: it is colloquial in flavour where the original belongs to a neutral stylistic level. The second translation in Wild goes like this: *glücklich ist, wer vergißt, was nicht mehr zu ändern ist*. This translation covers all three semantic aspects although the sadness is here expressed by its opposite, and it is also by way of being a fixed expression because it occurs only in this one form. While these two features speak for it two more features tell against it: its vocabulary is non-metaphorical and, above all, it is not a piece of folk wisdom. It comes in fact from *The Bat* (*Die Fledermaus*), a light opera by Johann Strauss. Though I was able to put a tune to the words I did not know where the words are taken from and had to ask a friend for professional help.[55] It is my guess that I am not alone in this failure to spot the source of the quotation so its point is likely to be lost on quite a number of dictionary users. The linguistic point to be made is that although this German rendering can clearly be used didactically, as is common with proverbs, it is not a traditional saying. To sum up: none of the translations are metaphorical; only one translates all three meaning elements; most concentrate on only two semantic constituents and are not proverbs but commonplaces.

So far, so good, but which translation would I choose? I said above that semantic equivalence is the paramount criterion, which would seem to force the quotation from *The Bat* on me. But I would hesitate to use it both for formal reasons (it is a quotation) and for reasons of currency: it is perhaps no longer such a widely-known expression in German as it used to be.[56] This means in effect that in the search for the perfect translation semantic equivalence cannot be the only decisive factor. Therefore, *geschehen ist geschehen* and other translations, although semantically deficient, seem to be adequate for most contexts, and even the colloquial *futsch ist futsch und hin ist hin*[57] may be used in a suitably colloquial context.

5.9.2   There is a proverbially and metaphorically appropriate German translation, *kein Unglück (ist) so groß, es hat/trägt (s)ein Glück im Schoß*[58], for English *every cloud has a silver lining*, which is "a poetic sentiment that even the gloomiest outlook contains some hopeful or consoling aspect."[59] While the semantics, proverbial form and metaphorical language would all seem to make this the ideal translation, I think it does not fit the bill because it is no longer

---

[55] I would like to thank Anton Marik, Principal Conductor at the Dortmund Opera House, for his prompt answer to my query.

[56] Seven of my informants were familiar with it, without being able to state its source, while three did not know it at all.

[57] Six of my informants knew the expression, while four did not.

[58] This is a blend of the translations in CGD s.v. *cloud*, and Strauss 1994: 34.

[59] Simpson: 38.

sufficiently widely known.[60] I would therefore go for *auf Regen folgt Sonnenschein* (Wild) in preference over non-metaphorical and non-fixed *es hat alles sein Gutes* (OxfDud) or *jedes Unglück hat auch sein Gutes* (LGWB).

It is an ill wind that blows nobody any good is another difficult proverb to translate. It seems to have the same meaning as *every cloud has a silver lining* but this is not so, as Simpson explains: "A sailing metaphor frequently invoked to explain good luck arising from the source of others' misfortune."[61] The first difference then is that the *cloud*-saying focuses on only one person (or group of people) but two different events while the *ill-wind*-proverb focuses on two persons and only one event, which turns out differently for the two people involved. The other meaning difference is that the *cloud*-proverb is static (*has*) while the *ill*-wind-proverb is dynamic (*blows*). These are somewhat subtle semantic distinctions and the bilinguals not surprisingly choose *kein Unglück (ist) so groß, es hat/trägt (s)ein Glück im Schoß* as well as *etwas Gutes ist an allem* and *so hat alles seine guten Seiten*. These are, however, inadequate both for the reasons discussed and the fact that they seem to involve only one person. The only rendering that explicitly refers two people is OxfDud's *des einen Leid, des andern Freud*, which will have to do although it does not catch the source or process meaning of the English saying. It is in fact the perfect translation for the proverb *one man's meat is another man's poison* as both proverbs show static meaning.

5.9.3 My next example is again of a metaphorical English original with rather prosaic German renderings: *he who pays the piper calls the tune* as contrasted with *wer bezahlt, kann* or *darf (auch) bestimmen*. Another translation is *Geld regiert die Welt*, which uses rhyme and figurative language but these translations lack the semantic specificity of the original. The translation I prefer for its metaphorical language as much as for its parallel structure, not to mention its semantic nearness to the English expression, is *wes' Brot ich eß', des Lied ich sing'*. As six of my informants are also familiar with this proverb and as it is listed in Dud 11 and given as translation in OxfDud, its currency seems well established so that very little speaks against preferring this translation over the others. However, as I was working on this essay I heard a radio commentator use this form: *Wer die Musik bezahlt, der bestimmt auch, was gespielt wird.*[62] This translation shares with the original the meaning, field (music) and syntax (both have at least one relative clause) although there are differences in the specifics. On the other hand, though I was immediately won over to it, it is less fixed, less proverbial and may not be sufficiently firmly established as it is not listed in Dud11 or Röhrich. In fact, there does not seem to be a canonical form, only a number of variants, like

---

[60] It is not listed in Dud11 or Röhrich, nor did any of my informants know it .

[61] Simpson: 120.

[62] The phrase is not listed in Dud11.

wer die Musik bestellt, bestimmt das Fest; wer die Musik bestellt, muß zahlen or *muß sie auch bezahlen; wer zahlt, bestimmt die Musik*. It has been suggested[63] that this may be because the proverb is a translation from the English although I rather doubt this.

5.9.4   In some cases there are various suitably fixed, metaphorical translations. This goes for instance for *if the cap fits wear it*, cf. *wem die Jacke paßt (, der soll sie sich anziehen)* or *wem der Schuh paßt, der ziehe ihn sich an.*[64] The translations take their metaphor from the same sphere (clothing) as the original and are therefore superior to other metaphorical translations which do not derive from the same area, cf. *wen's juckt, der kratze sich*; *der getroffene Hund bellt* or *getroffene Hunde bellen.*[65] These lexically different German renderings suffer also from other defects: the first apparently means "wen etwas stört, der möge etwas dagegen tun"[66] while the English proverb is used "with reference to the suitability of names or descriptions as demonstrated by the behaviour of the person concerned"[67], and both are also of low currency.[68]

5.9.5   There is no easy translation for *you cannot make a silk purse out of a sow's ear*. The two Langenscheidts offer *aus einem Kieselstein kann man keinen Diamanten schleifen*, which sounds convincing but must be considered of doubtful currency.[69] Strauss: 792 lists various other equivalent expressions like "aus einem Esel wird nimmermehr ein Reitpferd, magst ihn zäumen wie du willst", "aus einer Igelshaut macht man kein Brusttuch", "wenn der Esel auch eine Löwenhaut trägt, die Ohren gucken hervor". These are all suitably meta-phorical but at the same time also unsuitably obsolete: none of them are listed in Dud11 or Röhrich nor did my informants know them.

The same English proverb also gives a rare example of a proverbial false friend: OxfDud translates it as *aus einem Schweinsohr läßt sich kein seidener Beutel machen*. I hesitated a bit when I first came across it but then all doubts were dispelled when I did not find it in any of the German monolingual dictionaries and when my informants unanimously denied any knowledge of it.

---

[63] I owe this idea, as well as the variants, to Veronika Schnorr, private communication.

[64] None of the dictionaries consulted has the *Schuh*-translation. Is this a coincidence?

[65] I owe this second translation to Veronika Schnorr.

[66] Dud11, s.v. kratzen.

[67] Simpson: 31.

[68] Dud11 and Strauss 1994 do not list it. Strauss' offer of "der Hund weiß am besten, wo er das Fleisch gestohlen hat" (p. 1004), though plausible, is not listed in Dud11.

[69] It is not listed in Röhrich 1995 nor did any of my informants know it, although Strauss 1994: 792 has it.

5.9.6   A similarly difficult case is the proverb *as well be hanged for a sheep as a lamb*. Again, there is no obvious German translation, metaphorical or literal. It is therefore perhaps as well to give the meaning of the proverb, which is "if the penalty for a more serious crime, offence, act of foolishness, etc is no greater than that for a less serious one, then one may as well continue in one's criminal, foolish etc behaviour"[70]. The preferred German version in the bilinguals is "wenn schon, denn schon", which has the drawback that it does not usually or necessarily refer to a foolish act, let alone a crime, but tells people not to be content to do things by halves in the sense of *no half measures*. Another German translation is *das macht den Kohl* or *das Kraut auch nicht fett*, which I cannot accept as I take it to mean *that doesn't improve matters either* and is used of measures or actions designed to improve desperate situations.[71] The only tolerably equivalent phrase is *darauf kommt es jetzt auch nicht mehr an*[72], which can express the fact that the speaker is willing to continue with something foolish etc. The most convincing solution, both semantically and formally, would be *es geht alles auf eine Rechnung; man hängt keinen zweimal: alle Sünden in eine münden*[73] were it not for the fact that these expressions are not found in any of the German dictionaries I have consulted nor are they known to my informants.

My next example is *beggars can't be choosers*. Most of the bilingual dictionaries go for some non-fixed and non-metaphorical translation like *in der Not darf man nicht wählerisch sein, arme Leute dürfen nicht wählerisch sein* or *man kann es sich eben nicht immer aussuchen*. Two dictionaries translate as *einem geschenkten Gaul schaut man nicht ins Maul*, which is indeed metaphorical but misses the element of need referred to by *beggars* in the original. And, of course, it had better be reserved for English *never look a gift horse in the mouth*, where there is complete identity of lexical items. The formally and semantically most satisfactory translation would appear to be *in der Not frißt der Teufel Fliegen*, although it is listed in only one of the dictionaries.[74]

The relationship metaphor- literal rendering can of course work the other way round, as in English *every little helps* and German *Kleinvieh macht auch Mist*, which is just as proverbial as, although more informal than, the English saying. Again, only two of the bilinguals have this translation while the others go for non-fixed and non-metaphorical renderings like *jede Kleinigkeit ist eine Hilfe, auch*

---

[70] Cowie 1983: 382.
[71] See Dud11: 395, which explains it as *das nützt auch nichts*. Karin Achterholt, however, thinks it can be used in situations identical to the English, in which case it would be a perfect translation.
[72] OxfDud, s.v. *lamb*.
[73] Strauss 1994: 504.
[74] Strauss 1994: 179 offers *hungriger Bettler nimmt auch Schwarzbrot,* which is fine but I doubt that it is current and firmly established in present-day German. He lists it, however, as one of the equivalents of *never look a gift horse...*

der kleinste Betrag hilft (weiter).

My final example is *familiarity breeds* contempt. It has both literal (*[all]zu große Vertraulichkeit erzeugt Verachtung*) and metaphorical equivalents, which latter are listed only in Strauss: 813 : *allzu gemein macht dich klein; für einen Kammerdiener gibt es keinen Helden; in den Augen seines Kammerdieners ist niemand ein großer Mann; vor seinem Kammerdiener ist keiner ein großer Mann.* Again, the question of how widely known these sayings are in present-day German would seem to have to be answered in the negative: none of the monolingual German dictionaries list them nor did my informants know them.[75]

6. Conclusion

In this essay, I have looked at both formal and semantic aspects of the treatment of English proverbs in bilingual English-German dictionaries. On the formal side, three main shortcomings stand out. First, dictionaries list almost exclusively the traditional, full form of English proverbs although these are more often used in shortened, allusive forms which preserve only the first part. Second, dictionaries do a slightly better job on metaphorical phrases, of which they include a small number. Third, dictionaries fail in most cases to record established variants, especially of the lexical type.

The German translations show a similar lack of variants. They also generally fail to signal whether a translation has proverb(ial) standing, to what stylistic level it belongs and indeed whether it is a translation as opposed to a paraphrase or free rendering.

The perfect translation should translate the meaning of the English original, should imitate its syntax, lexis, metaphorical language and should have a proverbial form. In my discussion I found it impossible to set up a hierarchy among the criteria that must be met for a translation to be acceptable. Rather, the decisive factors should all be present at the same time. Meaning, though obviously important, is not the only factor that determines the quality of a translation. Fixed, and more specifically proverbial form is at least as important, often going together with metaphorical language. Finally, I found that currency plays a very important part: A translation may show semantic nearness or equivalence, metaphorical language, syntactic and lexical identity but if it is not current in modern German it is not a good translation equivalent.

---

[75] I have found an example in Goethe's *Die Wahlverwandtschaften*, Part Two, chapter five: *Es gibt, sagt man, für den Kammerdiener keinen Helden.* This comes in Ottilie's diary, with a proverbial marker (*sagt man*) indicating its currency at the time (1809). Goethe lets her go on to comment on the proverb like this: *Das kommt aber bloß daher, weil der Held nur vom Helden anerkannt werden kann. Der Kammerdiener wird aber wahrscheinlich seinesgleichen zu schätzen wissen* (p. 637).

Bibliography

I. Dictionaries

ALD = Oxford Advanced Learner's Dictionary of Current English. A.S. Hornby. 5th edition, editor J. Crowther. Oxford 1995: Oxford University Press.

CGD = Collins German Dictionary. Ed. by P. Terrell et al. 2nd ed. Glasgow 1991: Collins.

Cowie = Cowie, A.P., R. Mackin and I.R. McCaig, Phrase, Clause & Sentence Idioms. Oxford Dictionary of Current Idiomatic English. Vol. 2. Oxford 1983: Cornelsen and Oxford University Press.

Dud11 = DUDEN Redewendungen und sprichwörtliche Redensarten. Wörterbuch der deutschen Idiomatik. Bearbeitet von G. Drosdowski und W. Scholze-Stubenrecht. Mannheim 1992: Duden.

Duden = Duden. Das große Wörterbuch der deutschen Sprache in acht Bänden. 2nd edn. Editor-in-chief G. Drosdowski. Mannheim 1993-1995: Duden.

LGSWB = Langenscheidts Großes Schulwörterbuch. Englisch-Deutsch. H. Messinger. Berlin 1988: Langenscheidt.

LGWB = Langenscheidts Großwörterbuch Englisch-Deutsch. Der Kleine Muret-Sanders. H. Willmann and H. Messinger. Berlin 1988: Langenscheidt.

NG = Großes Handwörterbuch Englisch-Deutsch. Von Albert Neubert und Erika Gröger. Leipzig: Verlag Enzyklopädie Langenscheidt 1991 (1. Auflage 1988)

OED2 = The Oxford English Dictionary. 2nd edition. Prepared by J.A. Simpson and E.S.C.Weiner. 20 volumes. Oxford 1989: (also on CD-ROM, Oxford 1992) Oxford University Press.

OxfDud = Duden-Oxford Großwörterbuch Englisch. Englisch-Deutsch, Deutsch-Englisch. Edited by the Duden Redaktion and Oxford University Press. General editors: Werner Scholze-Stubenrecht and John Sykes. Mannheim 1990: Dudenverlag.

Röhrich = Röhrich, Lutz, Lexikon der sprichwörtlichen Redensarten. 5 vols. Freiburg 1995: Herder.

Simpson =   Simpson, John, The Concise Oxford Dictionary of Proverbs.
                     Oxford 1982: Oxford University Press.

Strauss =   Strauss, Emanuel, Dictionary of European Proverbs. 3 Vols.
                     London 1994: Routledge.

Wild =   Wildhagen, Karl, Englisch-Deutsch. Volume 1 of Englisch-
                     Deutsches, Deutsch-Englisches Wörterbuch in zwei Bänden. 17th
                     edition, revised and enlarged. Wiesbaden 1970: Brand-stetter.

Wilson =   Wilson, F.P., The Oxford Dictionary of English Proverbs. 3rd edn.
                     Oxford 1970: Oxford University Press.

2. Other References

Ayckbourn, Alan 1976: Bedroom Farce. In: idem: Three Plays. Harmondsworth: Penguin.

Bartz, I. 1992: Phraseologische Varianten: Begriff und Probleme. In: Földes 1992, 25-47.

Club Magazine 1977, The English Book Club, Summer 1997.

Cooper, Jilly 1988: Polo. London: Bantam.

Dexter, Colin 1994: The Daughters of Cain. London: Collins.

Dibdin, Michael 1993: The Dying of the Light. New York: Faber and Faber.

Evanovich, J. 1994: One for the money. London: Penguin.

Földes, Csabor ed. 1992: Deutsche Phraseologie im Sprachsystem und in der Sprachver-
wendung. Wien: Ed. Praesens.

Fry, Stephen 1992: The Liar. London: Reed International Books.

Gardam, Jane 1986: Crusoe's Daughter. London: Hamilton 1985.

Goethe, Johann Wolfgang von 1953: Die Wahlverwandtschaften. In: Richard Friedenthal ed.,
Goethe Werke. Vol. II. Knaurs Klassiker. München.

Gramley, Stephen; Pätzold, Kurt-Michael 1992: A Survey of Modern English. London:
Routledge.

Grzybek, Peter ed. 1984: Semiotische Studien zum Sprichwort. Simple Forms Reconsidered I.
Tübingen: Narr.

Häcki-Buhofer, Annelies and Burger, Harald 1992: Gehören Redewendungen zum heutigen
Deutsch? In: Fremdsprachen Lehren und Lernen 21, 11-32.

Hattemer, K.; Scheuch, E. K. 1983: Sprichwörter: Einstellung und Verwendung. Düsseldorf

Korhonen, J. 1992: Morphosyntaktische Variabilität von Verbidiomen. In: Földes 1992, 49-87.

Hirsch, E.D. Jr. et al. 1988: The Dictionary of Cultural Literacy. Boston: Houghton Mifflin.

Maugham, Somerset 1961: The Circle. In: idem: Collected Plays, vol. 2. London: Heinemann.

McMurtry, Larry 1986: Lonesome Dove. New York: Pocket Books.

Mieder, Wolfgang 1993: Proverbs Are Never Out of Season. New York: Oxford University Press.

Mieder, Wolfgang 1993a: 'Proverbs Everyone Ought To Know'. Paremiological Minimum and Cultural Literacy. In: Mieder 1993, 41-57. Oxford University Press.

Mieder, Wolfgang 1993b: 'Old Wisdom in New Clothing'. The Proverb in the Modern Age. In: Mieder 1993, 58-97. Oxford University Press.

Norrick, N.R. 1985: How Proverbs Mean. Semantic Studies in English Proverbs. Berlin: Mouton.

O'Brien, Tim 1995, In the Lake of the Woods. New York: Penguin.

Pätzold, Kurt-Michael 1987: Context is all: The *BBI Combinatory Dictonary of English* and the German Learner. In: Fremsprachen Lehren und Lernen 16, 151-82.

Pätzold, K.M. 1994: Words, Words, Words: The Latest Crop of Dictionaries for Learners of English (Part I). In: Fremdpsrachen Lehren und Lernen 23, 13-64.

Sellers, Michael 1981: P.S. I Love You. London: Collins.

Tartt, Donna 1992: The Secret History. New York: Ballantine Books.

Whiting, B. J. 1989: Modern Proverbs and Proverbial Sayings. Cambridge, Mass.: Harvard Univ. Press.

Wilson, Angus 1968: Anglo-Saxon Attitudes. Harmondsworth: Penguin.

Appendix

This is the list of 50 proverbs chosen by Anthony Burgess for *Harrap's Shorter French and English Dictionary*:

all's well that ends well
all's fair in love and war
all that glitters is not gold

as well be hanged for a sheep as for a lamb
beggars can't be choosers
better late than never
a bird in the hand is worth two in the bush
birds of a feather flock together
blood is thicker than water
charity begins at home
discretion is the better part of valour
don't count your chickens before they are hatched
don't put all your eggs in one basket
don't wash your dirty linen in public
an Englishman's home is his castle
enough is as good as a feast
every cloud has a silver lining
every little helps
familiarity breeds contempt
first come first served
forgive and forget
God helps him who helps himself
half a loaf is better than no bread at all
he who pays the piper calls the tune
if the cap fits, wear it
it is an ill wind that blows nobody any good
it's no use crying over spilt milk
least said soonest mended
live and let live
look before you leap
many hands make light work
more haste less speed
necessity is the mother of invention
never look a gift horse in the mouth
no news is good news
once bitten twice shy
one man's meat is another man's poison
people who live in glass houses shouldn't throw stones
the proof of the pudding is in the eating
the road to hell is paved with good intentions
there are none so deaf as those that will not hear
too many cooks spoil the broth
two's company, three's a crowd
when in Rome do as the Romans do
while the cat's away the mice (will) play
you cannot make a silk purse out of a sow's ear
you can't have your cake and eat it
one swallow does not make a summer
a stitch in time saves nine
it never rains but it pours

Gertrud Gréciano

Phraseologie und medizinisches Wissen

0. Einleitung

Die in diesem Beitrag angestellten Überlegungen sind ein Echo auf neuere Entwicklungen in der Phraseologie, in welcher der enge Zusammenhang zwischen der Fachsprachenforschung einerseits und Problemen und Gegenständen andererseits verstärkt in den Blickpunkt geraten ist.[1] Diese Neuorientierung an Fach- und Gebrauchstexten ergänzt den bisherigen Erkenntnisstand über phraseologische Potenzen und bedeutet keineswegs eine Absage an die Belletristik, die auch weiterhin untersucht werden muß und in entsprechenden Diplomarbeiten im Mittelpunkt der Betrachtung steht.

Text und Wörterbuch bleiben seit Beginn der Korpusarbeit das meist bearbeitete phraseologische Untersuchungsmaterial; sie ergeben jedoch unterschiedliche Frequenzlisten der Phraseme. Wenn im lexikographisch und didaktisch erfaßten Material die in der Umgangssprache belegten und als „salopp" bezeichneten Phraseme vorherrschen, so dominieren im Text Phraseme, „gehobener" und „terminologischer" Natur, für die z.Z. noch keine passende diastratische Unterteilung vorliegt. Scheint die Zuordnung zur Belletristik mittels „gehoben" ziemlich problemlos, so bedürfen Fach- und Gebrauchstexte zusätzlicher Differenzierungen, die neben terminologischer und anweisender Formeln auch Kategorien vorsieht für die sich der Standardsprache nähernden Wendungen der Verteilersprachen.

Mit diesem Problembereich befassen sich eine Reihe von Arbeiten, die gegenwärtig unter meiner Leitung an der Universität Strasbourg II entstehen und in denen u.a. die berufliche Orientierung der universitären Ausbildung thematisiert wird. Im Vordergrund stehen z.Z. physisches und soziales Wohlergehen, nämlich Gesundheit und Recht. Der die Fachtexte bestimmenden Theorieausgerichtetheit begegnet man in wissenschaftlichen Abhandlungen, die für Gebrauchstexte entscheidende Praxisorientierung kommt in Verteilermedien zum Tragen, die zusätzlich aber auch Fachtexte sein können. Themenbedingt sind Übergänge zu erkennen: von der Wissenschaft in die Belletristik (Schmetterlinge in den Novellen von Colette und in den zoologischen Abhandlungen von Grassé (Butlin 1994), Agronomie in Lyrik und Enzyklopädie (Bonnel 1994), von der Wissen-

---

[1] Der genannte Zusammenhang ist bisher unter unterschiedlichen Gesichtspunkten untersucht worden. Zum Zusammenhang von Phraseologie, Terminologie und Übersetzung vgl. Commission des Communautés européennes (Hg.) 1992 sowie RINT (Hg.) 1993; zur Beziehung von Fachphraseologie zu Lexikologie und Lexikographie vgl. Martin et al. (Hgg.) 1994 sowie Hermans (Hg.) 1995 und Béjoint/Thoiron (Hgg.) 1995.

schaft in den Gebrauch: Leitfäden der Technik, Beipackzettel der Medizin etc.

1. Zu den Phrasemen aus dem Wertebereich Gesundheit

In diesem Beitrag beschränke ich mich auf Phraseme aus dem Wertebereich Gesundheit, die zu fördern Hauptaufgabe der Medizin und der medizinischen Fachpresse ist. Die Verbindung zwischen semantischen Phrasemklassen, Diskurs- und Textsorten ergibt sich somit ganz natürlich. Ich beginne mit einer Inventarisierung des Datenmaterials, auf die ein Kommentar folgt, der aus einem beschreibenden und einem erklärenden Teil besteht.

1.1 Inventar

Als Raster für das hier zu analysierende Phrasemmaterial dient eine Einteilung nach fachphraseologischen Gruppen, die sich bereits in Bereichen wie Verwaltung, Wirtschaft, Politik und Sport bewährt und dort homogene und übereinstimmende Resultate geliefert haben, nämlich: Phraseotermini (PHRASTERM) in (1.1.), Fachphraseme (FACHPHRAS) in (1.2.), Diskursphraseme (DISKPHRAS) in (1.3.) und Phraseotexteme (PHRASTEXT) in (1.4.), die zusätzlich intradisziplinär mehr oder weniger produktiv Fachtexte auf mehreren Ebenen abdecken, sowohl im Wissenschafts- als auch im Medienbereich:

	PHRASTERM	FACHPHRAS	DISKPHRAS	PHRASTEXT
Wissenschaftsbereich	++	+	+	+
Medienbereich	+	++	++	+

Auf den fachsprachlichen Status zahlreicher Phraseme ist in der Literatur mehrfach hingewiesen worden.[2] Dabei ist es wichtig, in Erinnerung zu rufen, daß es die jeweilige Sprechergemeinschaft ist, die über die Lexikalisierung einer Wendung entscheidet: der kompetente Durchschnittssprecher für die Standardphra-

---

[2] Vgl. dazu die Akten zu Genf 1992 in Commission des Communautés européenne (Hg.) 1992 sowie RINT 1993 und Arbeiten von Gläser 1994/94, in denen m.E. gezielt auf den Zusammenhang zwischen Phraseologie und Terminologie und das Entstehen von Termini aus Phrasemen eingegangen wird. Auf diese Problemstellung haben bereits Arntz/Picht 1992,34 und 122 vermittels der Begriffe *Mehrworttermini* und *fachsprachliche Phraseologie* aufmerksam gemacht.

seologie, aber eben gerade der sprachkompetente Fachmann für die Fachphraseologie. Das bestätigt auch für die Fachsprache Dausendschön/Gülich/Kraffts 1991 Gewichtung des Kontexts als Auslöser der Formelsprache. Eingeschränkt auf den Bereich der Medizin, den Blutkreislauf in Gehirn und Herz, steht folgendes Sprachmaterial zur Diskussion. Es ist ein Auszug aus einem umfangreicheren Korpus, das teilweise andernorts (Gréciano 1996) nach Kollokator und Kollokat geordnet ist:

PHRASTERM: *irreversible(s) Koma/Nekrose, zerebrale Perfusionsszintigraphie, monomorphe/multifokale Extrasystolen, vegetative Distonie, bradykarder Rhythmus, intraatriale Erregungsausbreitung, linksanteriorer Faszikel, Digitaliseinwirkung, -vergiftung, elektrische Kammeraktion; zerebraler Zirkulationsstillstand, apparative Zusatzuntersuchung, Funktionsausfall des Gehirns;*

FACHPHRAS: *Hirnfunktionen fallen vollständig und unumkehrbar aus, dem maschinell beatmeten Körper transplantierbare Organe entnehmen, arteriosklerotische Frühschäden der Blutgefäße, Hörsturz als die arterielle Minderdurchblutung im Innenohr infolge einer Gefäßverkrampfung; Testverfahren überprüfen; der Tod tritt ein/wird erkannt/wird festgestellt/bleibt aus; Schmerzen im Brustkorb/ein starkes Engegefühl/Brennen im Brustkorb/heftigen Druck/kalten Schweiß auf Stirn und Oberlippe verspüren/empfinden, ein Blitz aus heiterem Himmel, einen Herzinfarkt ohne größere Schäden überleben; zeitliche Unregelmäßigkeit der Herztätigkeit, Beschleunigung des Pulses aufgrund organischer Herzerkrankungen, Zusammenziehung des Herzmuskels, die rhythmische Erweiterung des Herzens, fehlende Kontraktion des Herzens, Steigerung der Herzfrequenz, frühzeitige Arterienverkalkung, arteriosklerotische Frühschäden, erhöhter Cholesterinspiegel/-e -werte, rückläufige Vorhoferregung, eine Krankheit hervorrufen, eine Epidemie breitet sich aus, einen Arzt aufsuchen;*

DISKPHRAS: *die Meinung vertreten, Beachtung verdienen/finden, auf Vorbehalt stoßen, Vorbehalte von vornherein als irrational abtun, Kriterien gehen zu weit/nicht weit genug/erfüllen, konsequent unterscheiden, Unterschiede machen, Klarheit in die oft verworrene Diskussion bringen, in Einklang bringen, (Begriffs)revisionen erfordern, zu einer sachlichen Klarstellung zwingen, von Grund auf überdenken, Bedenken überprüfen/anmelden/beruhen auf Mißverständnissen, eine Rolle übernehmen, verschiedene Rollen differenzieren, besondere Beachtung finden, Beschwerden bearbeiten, eine großangelegte Studie zeigt, zu dem Ergebnis kommen, eine Reihe wissenschaftlicher Studien hat nachgewiesen.*

PHRASTEXTeme entstehen aus der Übertragung von Phraseoschablonen auf einen Gesamttext, einmal im heute international gültigen Muster für wissenschaftliche Abhandlungen mit den Formativen, die explizit als Untertitel oder implizit aus der Struktur hervorgehen: *Einführung. Problemstellung. Kommentar. Empirische Nachweise/Verfahren. Konsequenzen;* zum anderen im Definitionsmuster der Fachwörterbücher mit Benennung. Beschreibung. Erklärung. Bewertung und Illustration: *Aufhörung der Herzaktion, nicht gleichbedeutend mit Herztod (Herzstillstand), Reizleitungssystem im Herzen mit der Folge der unkoordinierten Vorhofkonzentration (Block), zeitliche Unregelmäßigkeit der Herztätigkeit .. auf unregelmäßiger Reizbildung beruhend (Arythmie); fehlende Kontraktion des Herzens (Asystolie); langsame Herztätigkeit mit weniger als 55 Revolutionen/min, Folge von Vagusreizung oder Sympathikuslähmung (Bradykardie).*

1.2 Beschreibung

PHRASTERM bestimmen die Expertenkommunikation in Wort und Schrift. Die Formative sind vorwiegend, aber nicht nur, Entlehnungen aus dem Lateinischen und Englischen. In der Expertensprache behauptet sich manchmal, aber nur bis zu gewissem Maße, auch die Gemeinsprache (*elektrische Kammeraktion,* *rückläufige Vorhoferregung*), die ihrerseits jedoch die FACHPHRASeologie völlig determiniert. PHRASTERM sind ein Charakteristikum der fachinternen Kommunikation; sie kodieren theoretische Erkenntnis und dienen der Nomination von und Aussage über die betreffenden, hier medizinischen Phänomene. Sie kommen einmal in wissenschaftlichen Abhandlungen vor, im Teil 'Medizin aktuell' des *Deutschen Ärzteblattes* und in dem Supplement MEDWISS, aber auch in Gutachten, Befunden, Protokollen und Berichten, zum anderen in Lehrbüchern und Fachwörterbüchern, aufgeführt und kommentiert in Dressler/Schaeder 1994.

Unter FACHPHRASemen sind bereichsspezifische Wendungen zu verstehen, die PHRASEOTERMini gerne gemeinsprachlich ersetzen und umschreiben, die Standardphraseme im Fachbereich verwenden: *auf dem Kopf stehende P Welle* oder gemeinsprachliche Formative durch Termini substituieren: *Achsenbestimmung auf den ersten Blick.* Aufgrund ihrer Vermittlungsfunktion sind sie für Verteilertexte besonders geeignet und zwar sowohl für Begriffsdefinitionen im Wörterbuch als auch für Fachaufsätze in Fachmagazinen. Sie erlauben den Wissenstransfer, die Verständlichmachung von Expertenwissen durch Explizitierung der terminologischen Inferenzen; sie ermöglichen jene Reformulierungen, die angesichts der „Sprachlosigkeit der Wissenschaften" schlechthin, und des „sprachlosen, stillen Leids" im Besonderen (114. Versammlung der Gesellschaft Deutscher Naturforscher und Ärzte in München 1986 und 1. Kongreß der Deutschen Gesellschaft für Kommunikationsforschung zum Thema 'Mensch, Gesundheit und Gesellschaft') für die Humanmedizin wesensbestimmend sind. Die Umsetzung der Diagnose in die Behandlung und die notwendige Kooperation von Arzt, Pflegepersonal und Patient räumt den Verteilerorganen eine grundlegende Rolle ein. FACHPHRAS gehören einerseits zur fachinternen Didaktik und erscheinen in dieser fachinternen Vermittlungsrolle in Lehrbüchern und fachlexikographischen Definitionen. Sie zählen andererseits zur fachexternen Kommunikation und bahnen den Weg sowohl zur Interdisziplinarität wie z.B. *Imago hominis. Quartalschrift des Instituts für medizinische Anthropologie und Bioethik*, als auch zur Öffentlichkeit, zu gemeinschaftlichen Institutionen oder zum Individuum wie z.B. das *Deutsche Ärzteblatt* in den Teilen 'Spektrum', 'Politik' und 'Krankenhaus', oder *Gesundheit. Das Magazin der Betriebskrankenkassen* in den Rubriken 'Info-Gesundheit', 'Verhalten' und 'Krankenversicherung'.

DISKPHRAS sind textsortenspezifische Wendungen der Wissensvermittlung, die interdisziplinär auf eine Vielzahl von Bereichen anzuwenden sind. Sie gehören zur Grundphraseologie des wissenschaftlichen Diskurses in Analyse, Synthese und Kommentar, die zu erheben dringende Aufgabe der Phraseologieforschung sein muß. Es geht um die Metasprache der Wissensverbreitung und Meinungsbildung anhand von Information, Explikation und Argumentation. DISKPHRAS sind Funktionsverbgefüge, erscheinen fachintern in Lehrbüchern und dominieren fachextern in der bereits erwähnten Verteilerpresse an den intellektuellen Leser: *Imago hominis* und bestimmen die meinungsbildende Rubrik 'Info-Gesundheit' in *Gesundheit*.

Nach dem Motto 'Keine Medikation ohne Kommunikation', kann das befragte medizinischen Medienkorpus zusammenfassend nach folgendem Phraseologiematerial beschrieben werden:

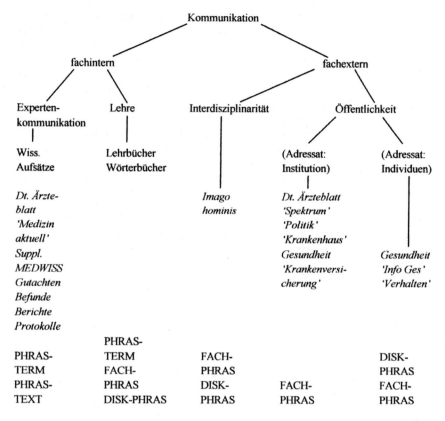

Abb.: Sprach- und *Medienkorpus*material

3. Erklärung

Mit den fachspezifischen Phrasemen hat sich die Phraseologie einen neuen Objektbereich erschlossen. Ästhetische Funktionen, die in der belletristische Verwendung von Phraseologismen dominieren, treten hier gegenüber der Repräsentation von Sachwissen in den Hintergrund. Was die semantische Leistung betrifft, so geschieht eine Schwerpunktverlagerung weg von Illokution und Perlokution hin zur Lokution; eine Verstärkung des logischen Gehalts aufkosten des pragmatischen: prädikative Referenzierungen, benennende Aussagen, die sich über die übliche wortartfundierte logische Trennung zwischen Referenz und Prädikation, bzw., Nominal- und Verbalbereich hinwegsetzen, weil gerade Phraseotermini Vorgänge und Zustände oft nominalisieren: *-ausbreitung, -erregung, -untersuchung, -stillstand, -ausfall, -aktion, Koma, Nekrose.* Der semantische Beitrag der Phraseme zur Wissenskonstitution besteht in der Sachverhaltsrepräsentation, in ihrer realistischen sowohl als auch mentalen Lesart, die K. Bühler so treffend als Darstellung und als Vorstellung umschrieben hat und für die ich aus phraseologischer Perspektive die Begriffe Konstellation und Konfiguration verwende.

3.1. Als Sachwissensdarstellung/Sachverhaltskonstellation versprachlichen die in ihrer Mehrgliedrigkeit festgeprägten Formative/Kollokatoren Vorgänge und Zustände und/oder die daran beteiligten, bzw. davon betroffenen Größen. In dem hier besprochenen medizinischen Bereich sind die PHRASTERM Appelativa der drei Grundpfeiler medizinischen Geschehens, der Pathologie (s.o.) der technologischen (*-szintigraphie, -untersuchung*) und therapeutischen (*-einwirkung*) Verfahren. Mehrgliedrigkeit gewährleistet die präzis feststellende und regulierende propositionale Aussage, die für Fachtexte erforderlich ist und deren Folge, wenn nicht Ziel die Herausarbeitung notioneller Kerne und Netze ist. Die Formative dieser Mehrwortlexeme tragen über ihre Morphosyntax und logische Semantik, über referenzierende Prädikation und prädizierende Referenz, über Nomination mit gleichzeitiger Attribuierung zur allmählichen Verfertigung von Begriffsbedeutungen bei; sie leisten Wissensbildung über Determination, die vorwiegend in der Anatomie lokalisiert: *zerebrale, intraatriale, linksanteriore* und über Qualifikation, die auf Empirie und Technologie gründet: *irreversible, rückläufige, vegetative, bradykardiale, elektrische, apparative etc.*

Die gleiche propositionallogische Funktion erfüllen aber auch die FACHPHRAS über gemeinsprachliche Lexik und explizite syntaktische Strukturen: *vollständig und unumkehrbar ausfallen, maschinell beatmeter Körper, transplantierbare Organe entnehmen, Herzschrittmacher implantieren, Schrittmacherkabel anlegen/vorschieben/anschließen, arteriosklerotische Frühschäden, arterielle Minderdurchblutung im Innenohr.* Die festsetzende Natur der über Polylexikalität erreichten präzisen Benennung wird durch die lexikalisierte Fixiertheit bestätigt, die ihrerseits den Wissenstransfer garantiert. Diese performative Rolle macht aus den fachphraseologischen Definitionen die Grundbausteine der Wissenskonstitution.

Rollen- und Kasussemantik erlaubt, in diesen Phrasemen bereichs-, themen- und situationsspezifische Szenarien zu erkennen. Das vorgeformte Kommunikationsmaterial stellt fertige Sachverhaltskonstellationen zur Verfügung, deren Gebrauch den Fachmann kennzeichnet. Die phraseologischen Termini und phraseologischen Definitionen der Medizin thematisieren sachbedingt das irreguläre, anomale, pathologische Geschehen;

Vorgänge: *Aufhören, Unterbrechung, Stauung, Erkrankung, Veränderung, Zuwachs, Verlust;*

Zustände: *Stillstand, Block, Störung, fehlende Kontraktion, Frühschaden, Pause;*
Eigenschaften: *Anarchie, Unregelmäßigkeit, Verspätung, Steigerung, Insuffizi-
enz.*

Die weiteren Formative und ergänzenden Kollokate der Phraseme verkörpern die
teilhabenden Instanzen, Geschehensträger, deren Identifikation über Paraphra-
sentests nach Fach- und Sprachwissen unternommen wurde. Es sind vorwiegend
Erfahrende, Betroffene und Geschädigte.

PATIENS *Stillstand des Herzens/Herzstillstand, Herzbeutelentzündung, Herz-
muskelerkrankung;*
EXPERIENS *Überleitungs-, Ausbreitungs-, Rhythmus-, Erregungsstörung;*
AFFIZIERTES OBJEKT *Kammerflimmern;*
LOCUS *linksanteriorer, -posteriorer Faszikel ;*
TEMPUS *Eingangsblock, Ausgangsblock, vorzeitige Erregung, Erregungsaus-
breitungsbeginn*
URSACHE/FOLGE *Digitalis-, Chinidinvergiftung; infolge einer Gefäßver-
krampfung, aufgrund organischer Herzerkrankungen.*

3.2. Phraseologische Sachverhaltsrepräsentationen können zugleich aber häufig
Sachwissensvorstellungen sein und fixieren dann auch das sie begründende Ana-
logiemodell. Wie bereits in Geschichts- und Verhaltensforschung geprüft (Gréciano 1995) und z.Z. in anderen Bereichen wie Europarecht, Wirtschaft, Politik
und Sport untersucht, sind Sprachbilder heuristisch und stehen demnach auch in
der Medizin im Einsatz von Erkenntnisgewinn. Nach meinen augenblicklichen
Vermutungen und Informationen zur Gemein- und Fachphraseologie sind es pro-
blematische Sachverhalte schlechthin, die das Analogiedenken gerne zu Hilfe
rufen: psychologische Vorgänge und Zustände in der Gemeinsprache, Bedürfnisse in der Wirtschaftssprache und Pathologie in der Fachsprache der Medizin;
immer wieder negativ Anthropozentrisches, das das Bild vielleicht am adäquate-
sten sublimiert. Dabei ist eine interessante Arbeitsteilung zu erkennen zwischen
gemein- und fachsprachlichen Formativen. Fördern die technischen Formative die
Wissenskonstitution durch vorwiegend referenzielle Sachverhaltsdarstellung,
-konstellation, so vermitteln die standardsprachlichen die Wissensbildung durch
mentale Sachverhaltsvorstellung, -konfiguration, durch Sprachbilder und Denk-
muster. Diese gemeinsprachlichen Formative fungieren als wissenschaftliche
Metaphern und was den untersuchten medizinischen Bereich betrifft, stammen
sie vorwiegend aus der Geometrie, Physik und (Elektro-)/ (Ultraschall)Technik:
*Bogen, Zacke, STStrecke/-Hebung, -Senkung, P/TWelle, TAbflachung, Digita-
lismulde, Haarnadelkurve, Schenkelblock, elektrische Herzachse, Sägeblattlinie,
Niederspannung.*
    In anderen medizinischen Bereichen, besonders der Anatomie ist die Botanik
ein Hauptbildspenderbereich: *Arborisationsblock, Verzweigungsblock, Kranzar-*

terie, Kranzgefäß, Aufzweigung der Aorta, Bündel, doppelgipflig, sich aufbäumen.

Bautechnik bzw. Architektur nehmen eine Mittelstellung ein, zweidimensional für die Elektrophysiologie, dreidimensional für die Anatomie: *Kammer, Vorhof, Sinusknoten, Herzhöhle, Herzwand, Vorder-/Hinterwand, Herzgefäß, Lungen-, Aortenklappen.*

Röntgenbilder machen die optischen Sprachbilder anschaulich in der Anatomie, Elektro- und Echophysiologie tun dies in der Graphik. Klinische Untersuchungen mit und ohne Geräte machen akkustische Sprachbilder wahrnehmbar als *Geräusch, Flattern, Flimmern, Pause, Rhythmus, Salve und Schlag.*

Die Analogiebenennung und deren Terminologisierung schafft Ähnlichkeiten, die gebunden sein können an Formen: *Bogen, Bündel, Haarnadelkurve, Höhle, Loch, Schenkel, Zacke* oder an Funktionen: *Achse, Block, Kammer, Vorhof, Eingang, Austritt.* Ikonische Wissensrepräsentation bedient sich des Wortschatzes des Alltags aus der vortheoretischen Erfahrung und begnügt sich mit Familienähnlichkeiten. Das macht die besondere Angepaßtheit der mentalen und kognitiven Semantikmodelle für die Erklärung von Fachbedeutung verständlich. Prototypische und assoziative Verfahren erklären die Beliebtheit der Entlehnungen von Basiskonzepten und Wahrnehmungsprimitiva für die wissenschaftliche Erkenntnis.

4. Schlußbetrachtung

Schlußfolgernd soll zusammengefaßt werden:

1. Mehrere Fachphraseologien werden z.Z. von jungen Forschern nach gleichem Protokoll geprüft und einstimmige Ergebnisse besonders zu Europarecht (Gréciano 1997), Wirtschaft (Delplanque-Tchamitchian 1995) und zum Sport (Drillon 1995) liegen bereits vor.

2. Es sind deutlich fließende Übergänge zu erkennen zwischen der Gemein- und Fachphraseologie, der lexikalischen und phraseologischen Terminologie, denen die heute auf Kombinatorik und Kontext ausgerichtete Lexikographie ihre besondere Aufmerksamkeit widmet.

3. Was die Phrasemvorkommen in der Fachkommunikation betrifft, so erweisen sich fachintern die FACHPHRAS und DISKPHRAS als die produktivsten. Eine Berufschancen vermittelnde Mutter- und Fremdsprachenausbildung sollte Gemeinsprache auf Wendungen der Versprachlichung und Sprech(er)handlungen, also DISKPHRAS konzentrieren und im Fachsprachenunterricht, was immer der Bereich, auf FACHPHRAS.

4. Die didaktische Vermittlung von PHRASTEXT bedeutet erste Hilfe für die Textredaktion, -produktion. Es sind Definitionen, Protokolle, Gutachten, Gliederungen wissenschaftlicher Abhandlungen, die selbst bereits strukturell und lexi-

kalisch festgeprägt sind, deren konstante Konstituenten selbst DISKPHRAS sind und deren Lücken fachintern mit PHRASTERM, fachextern mit FACHPHRAS gefüllt werden.

5. Phraseologische Sachwissensrepräsentation definiere ich hier zum ersten Mal als Sachverhaltsdarstellung, bzw. -konstellation und Sachverhaltsvorstellung, bzw. -konfiguration. In Gréciano 1995 wird gezeigt, wie im Laufe der Wissenschaftsgeschichte vereinzelt, aber mehrmals, vor der Verblendungsgefahr durch Bilder, vom sog. Blattgoldeffekt, gewarnt worden ist, daß aber das Sprachbild gleichzeitig den einzigen Schutz vor dem szientistischen Selbstmißverständnis der Theoriesprachen bedeutet.

Der Muster- und Modellwert von Vorstellung wird hier durch interagierende Wesensmerkmale gefordert und gefördert, zum einen der Medizin als Heilkunst für den kranken Menschen, zum anderen der Phraseologie mit ihrer Figuriertheit zur Veranschaulichung und Vertrautmachung. Vielleicht ist das die Erklärung, warum sich Phraseologie, als eine über Vorstellung vermittelnde Darstellung, als begriffliches und bildliches Denken zugleich für die sprachliche Verteilung medizinischen Wissens in der fachinternen und fachexternen Kommunikation besonders gut bewährt.

Literaturverzeichnis

Arnzt, Reiner/Picht, Herbert 1992: Einführung in die Terminologiearbeit. Hildesheim: Olms.

Béjoint, Henri/Thoiron, Philipp (Hgg.) 1995: Léxicomatique et Dictionnairiques. IVe Journées Scientifiques. Lyon, Montréal: Meta.

Bonnel, Roland 1994: Les discours de vulgarisation scientifique de l'agriculture et la poésie agronomique du 18e siècle. In: Alfa 7/8. 303-348.

Butlin, Nina Hopkins 1994: La description scientifique et la description littéraire. In: Alfa 7/8. 437-446.

Commission des Communautés européennes (Hg.) 1993: Terminologie et Traduction 2-3/1992. Luxembourg.

Dausendschön-Gay, Ulrike et al. (Hgg.) 1991: Linguistische Interaktionsanalyse. Tübingen: Niemeyer.

Delplanque, Carine 1995: Phraséologie et Terminologie du discours économique allemand. Thèse de doctorat. Strasbourg: Université de Strasbourg II.

Dressler, Stephan; Schaeder, Burkhard (Hg.) 1994: Wörterbücher der Medizin. Beiträge zur Fachlexikographie. Tübingen: Niemeyer. (=Lexicographica Series Maior 55)

Drillon, Marie-Laurence 1995: Du style des figures aux figures de style: terminologie et phraséologie du patinage. Mémoire de DEA. Strasbourg: Université de Strasbourg II.

Gläser, Rosemarie 1994/95: Relations between Phraseology and Terminology with Special reference to English. In: Alfa 7/8. 41-60.

Gréciano, Gertrud 1995: Fachphraseologie. In: Métrich, René; Vuillaume, Marcel (Hgg.): Rand und Band. Abgrenzung und Verknüpfung als Grundtendenz des Deutschen. Tübingen: Narr. 183-196.

Gréciano, Gertrud 1996: Herzrhythmusphraseologie. In: Lexicology 96.2. 154-174.

Gréciano, Gertrud 1997 (in Druck): Europaphraseologie im Vergleich. In: Eismann, Wolfgang (Hg.): Europäische Phraseologie im Vergleich. Gemeinsames Erbe und kulturelle Vielfalt. Akten von Europhras' 95. Bochum: Brockmeyer (=Phraseologie und Parömiologie 15).

Hermans, Ad (Hg.) 1995: Analyse de la valeur des dictionnaires spécialisés. Résumés du Colloque International au Centre de Terminologie. Bruxelles: Institut Marie Haps.

Martin, Willy et al. (Hgg.) 1994: Euralex '94. Proceedings 6th EURALEX International Congress on Lexicography. Amsterdam.

RINT (Hg.) 1993: Phraséologie. Actes du séminaire international. In Terminologies nouvelles 10. Québec.

Medienkorpus

Deutsches Ärzteblatt. Das Organ der Ärzteschaft. Heft 16/1994.

Gesundheit. Das Magazin der Betriebskrankenkassen. Hefte 1-6/1994.

Imago Hominis. Quartalschrift des Instituts für medizinische Anthropologie und Bioethik. Band I/II. 1994/95.

Medizinisches Supplement zum Deutschen Ärzteblatt 91, Heft 20/1994.

Elisabeth Piirainen

Phraseologie und Symbolik

1. Zielsetzungen und Materialbasis

1.1 Symbole begegnen in den unterschiedlichsten Zeichensystemen, die in ihrer Gesamtheit die Kultur ausmachen: Symbole nehmen in den Religionen, in Mythen, Märchen, Volkserzählungen, ebenso im Brauchtümlichen oder im "Aberglauben", besser "Volksglauben" genannt, eine zentrale Stelle ein. Symbole begegnen ferner in der bildenden Kunst, in Architektur, Literatur, Musik und vielen weiteren Bereichen, die jeweils als semiotische Systeme aufzufassen sind. An der Erforschung des Symbolischen sind entsprechend eine Reihe von wissenschaftlichen Fachrichtung beteiligt[1], die Paul Michel folgendermaßen umreißt: es sind

> die allgemeine Religionsgeschichte; die Ethnologie und die Volkskunde; die Kunstgeschichte (Ikonographie in Malerei wie Architektur); die Rechtsgeschichte; die Sozialpsychologie (z. Bsp. bei der Analyse von Interaktionsritualen); die Individualpsychologie (vor allem bei der Symbolik des Traumes); die Liturgiegeschichte; die Geschichte der Bibelexegese (Typologie und Allegorese); die Literaturwissenschaft (einerseits bei der Darstellung konkreter poetischer Metaphern, andererseits bei der Erklärung des metaphorischen/metonymischen Prozesses in der Tropen-Forschung) u.a.m. (Michel 1994, vii).

Ein weiteres Zeichensystem, in dem Symbole eine Rolle spielen, ist die Sprache. Die natürliche Sprache weist im Prinzip die gleichen symbolischen Phänomene auf, die den Objektbereich der interdisziplinären Symbolforschungen bilden, doch wurde sie bisher kaum unter diesem Aspekt berücksichtigt. Umgekehrt wurde auch seitens der Linguistik einer möglichen Korrelation von Symbolen in der Sprache und in anderen kulturell relevanten Zeichensystemen bisher wenig Beachtung geschenkt.

Ziel dieses Beitrags ist es, einige Aspekte zu beleuchten, die sich aus einer Inbeziehungsetzung von Symbolen jener semiotischen Systeme – der genannten kulturellen Kenntnissysteme und des Zeichensystems "Sprache" – ergeben können. Dabei geht es um Fragen nach dem Verhältnis von Symbolen in der Sprache zu den gleichen Symbolen in anderen Zeichensystemen, nach Interaktionen von Kultur- und Sprachsymbolen bzw. nach einer möglichen Eigenständigkeit sprachlicher Symbole, ebenso um interlinguale Gemeinsamkeiten

---

[1] Hier sei auf die zahlreichen symbolwissenschaftlichen Arbeiten in dem Referatorgan "Bibliographie zur Symbolik, Ikonographie und Mythologie" (Lurker 1968ff.) hingewiesen.

oder Unterschiede.

1.2 Symbole begegnen zwar in verschiedenen Erscheinungsformen der Sprache, z.B. in Einzellexemen, Komposita oder freien Wortfügungen (s. 3.1.), doch beschränken wir uns hier auf das Subsystem Phraseologie.[2] Der Grund hierfür liegt in der Annahme, daß Phraseologismen als vorgeformte, festgeprägte sprachliche Entitäten in besonderem Maße dazu geeignet sind, bestimmte konzeptuelle Strukturen zu tradieren, und daß sie genügend Material bereitstellen, um die wichtigsten Funktionen eines Symbols erfassen zu können.

Die empirische Untersuchung der hier zu skizzierenden Arbeit erstreckt sich auf das phraseologische Material von insgesamt sieben Sprachen, die sich durch unterschiedliche Parameter voneinander unterscheiden. Es sind vier westgermanische Sprachen, ferner das areal und historisch weniger eng benachbarte Russisch (Russ.), das genetisch nicht verwandte, aber dem gleichen europäischen Kulturkreis angehörende Finnisch (Finn.) und schließlich das all diesen Sprachen fernstehende Japanisch (Jap.).

Bei den vier westgermanischen Sprachen handelt es sich um Deutsch (Dt.), Niederländisch (Nl.), Englisch (Engl.) sowie einen niederdeutschen Dialekt, das "Westmünsterländische" (Wml.), das noch in einer kleinen Region am Rande des deutschen Sprachgebietes, in Grenzlage zu den Niederlanden, gesprochen wird. Es sind historisch-genetisch eng verwandte, areal benachbarte, zum gleichen Kulturkreis gehörenden Sprachformen. Unterschiede liegen in den Verwendungsdomänen: neben den entwickelten Literatursprachen, unter denen Englisch sogar die größte internationale Verkehrssprache darstellt, wird ein Dialekt in die Untersuchung einbezogen, der nur in mündlicher Form existiert, regional eng begrenzt und gegenwärtig nur noch auf wenige Verwendungsdomänen des privaten Bereichs einer agrarischen Gesellschaft beschränkt ist.

Unterschiedlicher Art sind ferner die kulturhistorischen Einflüsse. Antike sowie Bibel, Fabel oder andere literarische Texte, die in der Phraseologie der Standardsprachen bekanntlich deutliche Spuren hinterlassen haben, sind dem wml. Dialekt fremd. Für den kultursemiotischen Vergleich ist jedoch eine eigene, ortsgebundene, bis in die zwanziger Jahre dieses Jahrhunderts nur mündlich existierende Sagentradition des Westmünsterlandes zu berücksichtigen.

Untersucht werden nur gegenwärtig bekannte Phraseologismen; die Beispiele wurden jeweils mit Muttersprachlern auf ihre Geläufigkeit hin überprüft. Symbole begegnen, wie sich zeigte, nur in den beiden großen phraseolo-

---

[2] Die folgenden Ausführungen gehen auf die Zusammenarbeit mit Dmitrij Dobrovol'skij zurück, vgl. Dobrovol'skij/Piirainen (1997). Phraseologismus wird hier als Oberbegriff für mehrere Klassen der festen Wortkomplexe verstanden. Zum Terminus in diesem Sinne vgl. Fleischer 1997, 3; Dobrovol'skij 1995, 13f.

gischen Klassen der Idiome und der Sprichwörter.

Aufgrund eines heuristischen Verfahrens wurden drei allgemeine, weit gefaßte Symbolkomplexe als Materialbasis ausgewählt, und zwar Tiersymbole, Farbsymbole und Zahlensymbole. Im Verlauf der Arbeit zeigte sich, daß diese Symbolkomplexe sowohl im Zeichensystem "Sprache", besonders in Phraseologismen, als auch in Domänen wie Religion, Mythos, Märchen, Brauchtum, Ästhetik usw. Material für kultursemiotische Untersuchungen bereitstellen.

2. Zum Symbolbegriff

2.1 An dieser Stelle ist auf den hier favorisierten Symbolbegriff einzugehen. Angesichts der Vielfalt von Forschungsparadigmen, in denen Symbole den Objektbereich bilden, verwundert es nicht, daß es keinen einheitlichen, interdisziplinär gültigen Symbolbegriff gibt, daß jede Richtung ihren eigenen Hintergrund in die Terminologie einbezieht. Die Notwendigkeit, den jeweils eigenen Symbolbegriff zu erarbeiten und zu definieren, ergibt sich aus der zentralen Stellung des Symbols im Gefüge der kulturellen Werte. In seiner "Geschichte des Symbols" von 1912 hebt Max Schlesinger bereits dieses Problem hervor:

> Jeder Verfasser pflegt dem Gegenstande eine Beleuchtung zu geben, die seinem Zwecke angemessen ist. Ästhetiker und Rechtsgelehrte, Mythologen und Geschichtsschreiber, Theologen und Sprachforscher, Kunstgelehrte und Psychiater kehren andere Wesensseiten des Symbols hervor – nur der Philosoph ist gehalten, den Begriff so zu fassen, daß alle seine Erscheinungen dadurch gedeckt werden. (Schlesinger 1912, 48).

In diesem Sinne äußern sich eine Reihe von Forschern, die das Fehlen einer einheitlichen Terminologie, die nicht klare Abgrenzung von Symbol und ihm nahestenden Begriffen bedauern. Vertreter der eingangs genannten symbolrelevanten Fachrichtungen (Religionswissenschaften, Mythologieforschung, Ethnologie, Kunstgeschichte usw.) ebenso wie die der Linguistik und Semiotik stimmen darin überein, daß nicht gesagt werden kann, was "das Symbol" ausmacht, sondern nur, was im Rahmen der jeweiligen Konzeption unter dem Symbol verstanden wird. Während Eco (1985, 193f.) den Versuch einer Definition des Symbols als "reinen Ionesco" bezeichnet, wird von anderen Forschern zumeist die unklare Differenzierung zwischen Zeichen und Symbol hervorgehoben; entweder werden sie "synonym gebraucht, oder der eine terminus (sic) ist Oberbegriff des anderen, oder beide bilden ein Gegensatzpaar" (Lurker 1982, 95). Ähnlich äußert sich Sebeok zu den divergierenden Symboldefinitionen innerhalb von Linguistik und Semiotik, die er in zwei

Hauptrichtungen zusammenfaßt:

> Linguists, philosophers of language, and semioticons use the term symbol with different senses. The whole of the various contrasting positions can be summarized according to the following alternative: either the symbol is the semiotic genus of which all the other semiotic phenomena are species, signs included, or there is a semiotic genus called 'sign' of which symbols are one among the species. (Sebeok 1986, 1029).

2.2 Im folgenden sollen einige Beispiele angeführt werden, die als stellvertretend für die wesentlichen Strömungen anzusehen sind, um den Standort des hier favorisierten Symbolbegriffes zu bestimmen.

(i) Als Vertreter einer weitgefaßten Symbolauffassung ist innerhalb von Sprachtheorie und Sprachphilosophie vor allem Ernst Cassirer zu nennen, der jedoch nicht zwischen Gleichnis, Metapher, Allegorie unterscheidet, sondern alles unter den Oberbegriff "Symbolisierung" subsumiert.[3] "Symbolische Form" ist für Cassirer (1927, 175) "jene Energie des Geistes, durch welche ein geistiger Bedeutungsgehalt an ein konkretes sinnliches Zeichen geknüpft und diesem Zeichen innerlich zugeeignet wird." Der Mensch wird als "animal symbolicum", ein zum symbolischen Denken fähiges Wesen gesehen (Cassirer 1944, 26). Die Gesamtheit der menschlichen Erfahrungswelt ist Cassirer zufolge symbolischer Natur, alle kulturellen Leistungen sind Ausprägungen einer symbolbildenden Kraft des menschlichen Geistes.

(ii) In deutlichem Gegensatz zum Symbolverständnis Ernst Cassirers steht die Bestimmung des Symbols als arbiträres Zeichen. Hierzu gehört die "klassische" semiotische Interpretation bei Charles S. Peirce. Für Peirce und seine Nachfolger ist das Symbol gleichzusetzen mit dem *Zeichen* in der Tradition von Ferdinand de Saussure (nicht jedoch mit dem *Symbol* bei Saussure, s.u.). Peirce zufolge beruht die Beziehung zwischen signifiant und signifié des Symbols nicht auf Ähnlichkeit, sondern ausschließlich auf Konvention. Zeichen wird als Klasse, als Oberbegriff für alle semiotischen Entitäten be-

---

[3] Hier sei angemerkt, daß sich ein ähnlich weitgefaßter Begriff des Figurativen bei Lakoff und seinem Kreis findet. Auch dort wird das Uneigentliche, Bildliche in der Sprache in weitestem Sinn unter einen Oberbegriff subsumiert, der jedoch nicht "Symbolisierung", sondern "metaphor" lautet. Als Beispiel dafür, daß mit "Symbol" und "Metapher" (sensu Lakoff) das Gleiche gemeint ist, sei Lakoffs Interpretation des Traums des Pharao (1. Mos. 41, 2-4) von den sieben Jahren reicher Ernte und den sieben Jahren der Dürre genannt. Dies wurde stets als Traum voller klassischer Symbole interpretiert, für Lakoff ist er jedoch voller Metaphern: "metaphors that have been with us since biblical times (...) A river is a common metaphor for the flow of time; the cows are individual entities (years) emerging from the flow of time and moving past the observer; the ears of corn are also entities that come into the scene (...) Since cows and corn were typical of meat and grain eaten, each single cow stands for all the cows raised in a year and each ear of corn for all the corn grown in a year. (Lakoff 1993, 242).

nutzt, wobei Peirce zwischen Index (räumlich-zeitliche Kontiguität), Ikon (Similarität) und Symbol (Konvention) unterscheidet. Peirce zufolge gehören alle sprachlichen Zeichen diesem Zeichentyp an. In einer Reihe von linguistischen Arbeiten wird *Symbol* oder auch *sprachliches Symbol* als arbiträres Zeichen im Sinne von Peirce etwa synonym mit "Wort" gebraucht. Von diesem Symbolverständnis unterscheidet sich der hier favorisierte Symbolbegriff grundlegend.

(iii) Als drittes ist ein Symbolbegriff zu nennen, der neben den Merkmalen Konventionalisierung und Ähnlichkeitsbeziehung vor allem ein semantisches Charkteristikum hervorhebt, und zwar das der "konnotativen Bedeutung". Wie Nöth (1990, 118) expliziert, ist "konnotativ" hier nicht in dem üblicheren Sinn als ein Zusatz zur primären denotativen Bedeutung zu verstehen. Vielmehr ist die Konnotation des Symbols wichtiger als dessen denotative Bedeutung: "The symbolic meaning is indirect because it signifies primarily a connotative and only in the second place a denotative meaning" (ebd.). Demnach ist die sekundäre Bedeutung das Eigentliche, Zentrale. Das konnotative Wesensmerkmal des Symbols tritt in verschiedenen Zusammenhängen zutage, in denen z.B. ein alltäglicher, an sich unbedeutender Gegenstand als Symbol auf etwas Bedeutsames verweist und nach einer entsprechenden Interpretation verlangt.

Als Vertreter dieser Symbolauffassung ist Ferdinand de Saussure zu nennen. Sein bekanntes Beispiel erläutert, weshalb zwar Waage, nicht aber Wagen ein Symbol der Gerechtigkeit sein kann:

> ... il y a un rudiment de lien naturel entre le signifiant et le signifié. Le symbole de la justice, la balance, ne pourrait pas être remplacé par n'importe quoi, un char, par exemple. (Saussure 1916, 101).

In dieser Symbolinterpretation ist der Aspekt der "konnotativen Bedeutung" des Symbols im Unterschied zur denotativen Bedeutung zu erkennen: Die sekundäre Bedeutung 'Gerechtigkeit' ist wichtiger für die Interpretation dieses Zeichens als die primäre Bedeutung der Waage als Gebrauchsobjekt.

Auch diese Symbolauffassung ist bei einer Reihe von Linguisten und Semiotikern anzutreffen, wobei die Frage nach Arbitrarität bzw. Motiviertheit des Symbols nicht im Mittelpunkt steht. Daß es sich nur um einen graduellen Unterschied zwischen Bildlichem und Symbolischem handeln kann, wird in verschiedenen Zusammenhängen betont. Zur Interpretation ist jedoch ein tradiertes Wissen über die Art der Konventionalisierung erforderlich.

3. Symbole in Phraseologismen

3.1 Die letztgenannte Interpretation des Symbols, die die "konnotative Bedeutung" in den Mittelpunkt stellt, läßt sich auf den Begriff des Sprachsymbols anwenden, wie er in dieser Arbeit favorisiert wird. Symbol wird gesehen als Zeichen, dessen Inhaltsplan zugleich ein Zeichen einer anderen Rangordnung ist: Inhalt$_{(1)}$ dient selbst als Ausdruck für einen neuen Inhalt$_{(2)}$; dabei ist Inhalt$_{(2)}$ in der Regel bedeutender als Inhalt$_{(1)}$. Dazu Beispiel (1), in dem das Sprachsymbol in freiem Kontext vorkommt. Es geht um das Wort *Wolf,* mit dem der Ich-Erzähler in Heinrich Bölls "Das Brot der frühen Jahre" den Zustand des Hungers schildert:

(1) Brot. Meine Augen brannten, meine Knie waren schwach, und ich spürte, daß etwas Wölfisches in mir war. Brot. Ich war brotsüchtig, wie man morphiumsüchtig ist... Noch jetzt oft (...) überkommt mich die Erinnerung an die wölfische Angst jener Tage, und ich kaufte Brot (...) und niemand schien etwas zu wissen, etwas zu spüren von dem Wolf, der in mir hauste. (Böll 1954, 19-22).

Das Sprachsymbol (hier das Wort *Wolf*) ist ein Zeichen, das einerseits, in seiner primären Lesart, auf eine dingliche Entität hinweist, und zwar auf das konkrete Tier "Wolf"; hierin handelt es sich um Inhalt$_{(1)}$. Andererseits kann dieser Inhalt$_{(1)}$ als bereits semiotisierte Einheit in speziellen Kontexten eine sekundäre Bedeutung erhalten; in dem Böll-Zitat ist sie durch 'Hunger' wiederzugeben. Es handelt es sich um Inhalt$_{(2)}$, um die konnotative Bedeutung, die als "symbolische Funktion" von *Wolf* zu bezeichnen ist.

Außer in freien Fügungen wie in Beispiel (1) kommen Sprachsymbole in verfestigter Form vor, z.B. in Derivationen oder Komposita, in denen ein Wortelement ein bestimmtes symbolisches Konzept enthält: vgl. das von *wolf* abgeleitete Verb engl. *to wolf down* 'hinunterschlingen', in dem ebenfalls die symbolische Bedeutung 'Hunger, Gier' realisiert wird, oder dt. *Wolfsgesellschaft* 'Gesellschaft, in der jeder seine eigenen Ziele ohne Rücksicht auf andere verfolgt', wobei 'Schlechtigkeit, Aggressivität' als Symbolfunktion von WOLF zutage tritt. Im folgenden werden wir uns mit Symbolen in festgeprägten sprachlichen Entitäten befassen, und zwar mit Symbolen in Phraseologismen. Beschreibungseinheit ist auch hier die symbolische Funktion. Vgl.:

(2) engl. *keep the wolf from the door* „den Wolf von der Tür fernhalten", 'seine Existenz (in wirtschaftlicher Hinsicht) erhalten, für ein wirtschaftliches Überleben auf minimaler Basis sorgen'

Die Konstituente engl. *wolf* weist eine symbolische Funktion auf, die sich aufgrund dieses speziellen phraseologischen Kontextes als 'Hunger, Armut, materielle Not' umschreiben läßt. Die semantische Analyse weiterer Phraseo-

logismen mit WOLF ergab drei zentrale symbolische Funktionen, die sich zum
Teil in synkretistischer Weise berühren: (i) 'Gefahr', (ii) 'Schlechtigkeit,
Aggressivität' sowie (iii) 'Hunger, materielle Not' wie in Beispiel (2). Diese
Symbolfunktionen bilden die Basis für den Vergleich des Sprachsymbols mit
dem entsprechenden Symbol in anderen semiotischen Systemen (zu WOLF s. u.
4.3.). Für die symbolische Funktion (i) seien einige Beispiele genannt:

(3) engl. *cry wolf* „Wolf rufen", 'um Hilfe rufen (auch wenn keine Gefahr da ist)'

(4) russ. *volkov bojat'sja - v les ne chodit'* „die Wölfe fürchten – nicht in den Wald
gehen", 'wenn man ein Risiko fürchtet, wird man nie Erfolg haben'

(5) finn. *mennä/joutua (suoraan) suden suuhun* „(direkt) in den Mund des Wolfes
gehen/geraten", 'in eine große Gefahr geraten, in sein Verderben rennen'

3.2 An dieser Stelle ist auf die Differenzierung von Symbol und Metapher in
Phraseologismen kurz einzugehen. Während sich in anderen Disziplinen die
Termini *Symbol* und *Metapher* oftmals überschneiden (vgl. Anm. 3), konnte
für die Phraseologie ein Instrumentarium entwickelt werden, das eine Abgrenzung ermöglicht (ausführlich dazu: Dobrovol'skij/Piirainen 1997). Zwei wesentliche Unterscheidungskriterien wurden herausgearbeitet:
    (i) Das eine ist die Herauslösbarkeit der symboltragenden Konstituente. So
kann die Entsprechung von "Wolf" in (3) und (4) bzw. "Mund des Wolfes" in
(5) aufgrund ihrer relativen semantischen Autonomie herausgelöst und durch
'Gefahr' ersetzt werden. Das Symbol bezieht sich in den meisten Fällen (vgl.
jedoch Beispiel (14)) auf die einzelne Konstituente bzw. auf das ihr zugrunde
liegende Konzept, die Metapher dagegen auf den Phraseologismus als Ganzes.
    (ii) Das zweite relevante Kriterium liegt in der unterschiedlichen Wissens-
verarbeitung, die die Motivationsgrundlage der Phraseologismen bildet: Dem
"symbolischen Wissen" (kulturell basierten Weltwissen) stehen bei den Metaphern Fragmente des Weltwissens, Frame-/Skriptwissen gegenüber. Das
Vorkommen einer Konstituente in symbolischer und nichtsymbolischer Funktion sei anhand von Idiomen mit *schwarz* verdeutlicht: In den Beispielen (6)
wird nicht die primäre Lesart, *schwarz* als eine Farbe, sondern die sekundäre,
symbolische Bedeutung 'schlecht' aktiviert:

(6a) dt. *etw. schwarz in schwarz malen* 'etw. sehr pessimistisch darstellen'
(6b) dt. *alles durch die schwarze Brille sehen* 'allzu pessimistisch sein'
(6c) dt. *ein schwarzer Tag* 'ein Unglückstag'
(6d) dt. *die schwarze Liste* 'Aufstellung verdächtiger, mißliebiger Personen'

Die symbolische Lesart von SCHWARZ, 'schlecht', wie sie in vielen weiteren
Idiomen und in kulturellen Kenntnissystemen verfestigt ist, erweist sich als

dominant. Ein "versehentliches" Aktivieren der primären Lesart ist in den Beispielen (6) nahezu auszuschließen. Dagegen kann es bei der Verarbeitung der Idiome (7) kurzfristig zu Störungen kommen, falls als erstes die symbolische Bedeutung aktiviert wird:

(7a) dt. *in die schwarzen Zahlen kommen* 'Gewinn erzielen'
(7b) dt. *schwarze Zahlen schreiben* 'eine positive Bilanz aufweisen'

Bei der Interpretation dieser Idiome muß ein bestimmtes Fragment des Weltwissens herangezogen werden, um das "Umschalten" auf die adäquate, d.h. primäre, Lesart zu gewährleisten: es ist die Kenntnis über die graphische Gestaltung von Bilanzberichten, bei der mit Schwarz die ins Positive gehenden Zahlen geschrieben werden (und mit Rot die ins Minus gehenden). *Schwarz* referiert in literaler Bedeutung auf schwarze Tinte o.ä. und kann nicht auf symbolischer Basis interpretiert werden.

Phraseologismen, die ein Symbol enthalten, können in einigen Fällen gleichzeitig als Metaphern betrachtet werden; dies ist z.T. eine Frage der Perspektive. So könnte Beispiel (2) aufgrund seiner Bildlichkeit interpretiert werden, wobei ein Wolf in ein Haus geht und dort Unheil anrichtet. Zugleich ist das der Konstituente *wolf* zugrunde liegende Konzept ein Symbol für 'Hunger, wirtschaftliche Not'. In ähnlicher Weise ist für (6b) *alles durch die schwarze Brille sehen* eine bildliche Vorstellung nicht ausgeschlossen; dagegen ist für (6c) *ein schwarzer Tag* eine metaphorische Lesart kaum möglich.

Mit dem hier dargelegten Instrumentarium ist ein differenziertes Herangehen an die Beschreibung von Phraseologismen möglich. Jedes Beispiel kann daraufhin getestet werden, ob es ein Symbol enthält oder nicht. An zwei auf der Oberfläche sehr ähnlichen englischen Idiomen, die kontextfrei als "innere falsche Freunde" bezeichnet werden können, läßt sich dies veranschaulichen:

(8) engl. *see things (in) black and white* "Dinge (in) schwarz und weiß sehen", 'alles nur als richtig oder falsch, gut oder schlecht, ohne differenziertere Abstufungen betrachten, beurteilen u. ä.'

(9) engl. *(in) black and white* "(in) schwarz und weiß", 'gedruckt, schriftlich (vorliegend), dadurch offiziell'

Die Analyse ergibt eindeutig, daß nur Idiom (8) Symbole enthält. Nur in (8) weisen die Konstituenten *black* und *white* eine relative semantische Autonomie auf, in (9) sind sie nicht getrennt herauslösbar. Nur (8) ist aufgrund des symbolischen Wissens über SCHWARZ und WEISS motiviert: für SCHWARZ ist die symbolische Funktion 'schlecht, böse, unwahr', für WEISS die Funktion 'gut, richtig, wahr' zu eruieren. In Idiom (9) begegnen die beiden Farbadjektive dagegen in ihrer primären Bedeutung. Sie referieren auf Druckerschwärze

und weißes Papier; die Motiviertheit beruht auf Framewissen über Schrift-
bzw. Druckerzeugnisse.[4]
Auch Idiom (10) ist nicht in erster Linie symbolisch zu interpretieren:

(10) dt. *jetzt schlägt's dreizehn* 'das geht zu weit, das ist doch nicht zu glauben, jetzt
ist aber Schluß damit'

Das Idiom ist aufgrund von Framewissen über Uhren motiviert, die maximal
zwölf mal schlagen können. Eine Überschreitung dieser Norm bildet die In-
ferenzbasis für die aktuelle Bedeutung 'das geht zu weit'. Dennoch kann das
Kultursymbol DREIZEHN, das in einem semiotischen System wie dem "Volksglauben" als Unglückszahl verankert ist, als negative Konnotation hinein-
wirken.

4. Vergleich von Sprachsymbolen und Kultursymbolen

4.1 Bei der Gegenüberstellung von Symbolen in der Sprache, besonders in
Phraseologismen, und in anderen kulturell basierten Zeichensystemen (Religion, Märchen, Volksglaube usw.) zeichnen sich einzelne klare Ergebnisse ab.
Sie reichen von der fast vollständigen Übereinstimmung bis zur deutlichen
Verschiedenheiten zwischen Sprache und Kultur. Da die Ziele dieser Arbeit
vorwiegend linguistischer Art sind, interessieren hier vor allem zwei Kombinationsmöglichkeiten: (i) Sprachsymbol mit deutlichem kultursymbolischen
Korrelat und (ii) Sprachsymbol, dessen Entsprechung in kulturellen Kenntnissystemen im historischen Prozeß verloren gegangen ist. Eine dritte Kombinati-
onsmöglichkeit, Kultursymbole ohne Korrelat in der Sprache, kann hier außer
acht bleiben (z.B. TAUBE als Symbol des Friedens, BLAU als Farbe der Treue
oder auch DREIZEHN als Unglückssymbol, vgl. (10)). Im folgenden werden
einige Beispiele angeführt, wobei jeweils nach einer Erklärung für die Gemeinsamkeiten bzw. Unterschiede zu suchen ist.
    4.2 SCHWARZ. Wie die empirische Untersuchung ergab, ist eine vollständige
Kongruenz zwischen symbolischen Funktionen in Phraseologie und kulturell
relevanten Zeichensystemen selten. Innerhalb der Farbsymbolik läßt sich nur
für SCHWARZ eine weitreichende Übereinstimmung von sprachlich und kulturell verankerter Symbolik aufzeigen (vgl. die Beispiele (6)). SCHWARZ ist

---

[4] Die Möglichkeit einer primären neben einer symbolischen Lesart fordert wiederholt zum
Wortspiel heraus, vgl. den Titel *Schwarze Schafe in weißen Kitteln* zu einem Bericht über
falsche Abrechnungen von Ärzten (ARD-Nachrichtensendung vom 1.7.1996, 22.30 Uhr)
oder die Abwandlung des Idioms engl. *a white lie* ("eine weiße Lüge", 'eine geringfügige,
gut gemeinte Lüge') zu engl. (AE) *No lies are white; they all are black./White lies are but
the ushers to black ones* (Mieder 1992, 651).

unter allen Farben die negativste. Es ist die Farbe der Dunkelheit, der Nacht. Tod, Trauer und Hoffnungslosigkeit werden mit SCHWARZ assoziiert, was sich besonders in der schwarzen Trauerkleidung, Trauerbeflaggung usw. manifestiert.[5] Ebenso wird das Böse mit SCHWARZ in Verbindung gebracht. Der Teufel wird als schwarz dargestellt; sein Reich ist schwarz. Mit Satanischem befassen sich schwarze Magie und schwarze Messen.

In Märchen und Sagen erscheinen der Teufel oder böse Dämonen oft in Gestalt schwarzer Tiere. Der schwarze Rabe (Begleiter Wodans) galt als Todesverkünder, die schwarze Spinne als die gefährlichste ihrer Art. Einige abergläubische Vorstellungen von schwarzen Tieren haben sich allgemein bis in die Gegenwart erhalten. SCHWARZ wird ferner mit bedrückter psychischer Verfassung in Verbindung gebracht. Der antiken und mittelalterlichen Humoralpathologie zufolge trat bei Schwermütigen schwarze Galle ins Blut über, sie wurden *Melancholiker* genannt; SCHWARZ hatte in der Antike gleichermaßen symbolische Verbindung zu 'schwermütig, depressiv'.

SCHWARZ in Phraseologismen stimmt mit dieser Kultursymbolik auf der ganzen Linie überein: Bedeutungen wie 'schlecht, böse', 'Unglück', 'gedrückte Stimmung' sind deutlich ausgeprägt, und zwar in allen Sprachen mit ihrem kulturellen Umfeld gleichermaßen. WEISS kommt als Symbol in Phraseologismen zwar seltener vor, doch sind die Bedeutungen 'gut, wahr, unschuldig' in allen untersuchten Sprachen belegt, vgl. (8) und (17). Auch hier zeigt sich deutliche Kongruenz von Sprachsymbolik und Kultursymbolik.

Es ist zu vermuten, daß diesen Übereinstimmungen letztlich Reflexe der physischen Disposition des Menschen zugrunde liegen, seiner Augen, die in der Dunkelheit nicht sehen können (im Unterschied zu bestimmten Tieren). Der Mensch fühlt sich wohl bei Helligkeit, fühlt sich bedroht und beunruhigt in der Dunkelheit, wenn er die Umgebung nicht sehend erfassen kann. Entsprechend empfindet er Helles, Weißes als angenehm und Dunkles, Schwarzes als unangenehm. Eine Erklärung für die Universalität dieser Symbolik ist demnach am ehesten in den biologisch-physiologischen Gemeinsamkeiten der Menschen zusehen.

4.3 WOLF. Vollständige Übereinstimmung von symbolischen Bedeutungen in Phraseologismen und in kulturellen Kenntnissystemen ist auch für WOLF zu verzeichnen. Als symbolische Funktionen in der Sprache wurden 'Gefahr', 'Schlechtigkeit, Aggressivität' und 'Hunger, materielle Not' ermittelt, vgl. die Beispiele (1) bis (5). Diese Symbolfunktionen stimmen mit den symbolischen Deutungen des Wolfes in allen anderen untersuchten semiotischen Systemen

---

[5] Als Argument gegen die Universalität von SCHWARZ als Symbol des Negativen wird gelegentlich angeführt, daß auch WEISS in bestimmten Kulturen (z.B. im älteren China und Japan) die Farbe der Trauer sei. Hier ist jdeoch auf den Symbolwert von nichtgefärbten Textilien zu verweisen; nicht WEISS, sondern FARBLOSIGKEIT bildet die konzeptuelle Basis dieses Trauersymbols.

überein, mit den tief verwurzelten Vorstellungen von der Gefährlichkeit, der
alles verschlingenden Gier und Boshaftigkeit jenes "Freßdämons" (Scherf
1987, 83). Zu nennen wären der Wolf als gefährlicher Dämon in der altnordi-
schen Edda, der mittelalterliche Werwolfsglaube und die im Volksglauben
tradierten Vorstellungen vom Teufel in Wolfsgestalt, ebenso der christlich-
biblische Symbolstrang (Wolf im Kontrast zum unschuldigen Lamm), vor
allem wohl das in den Grimmschen Märchensammlungen, ebenso in den russischen Volksmärchen, fixierte Bild von der Gefährlichkeit des Wolfes, das bis
in die Gegenwart (in Kinderbüchern und Comics) durchaus lebendig ist.

Dabei handelt es sich um eine Wolfsfigur, wie sie den Teilhabern der europäischen Kulturen von früher Kindheit an aus der "Welt der Zeichen" zuge-
führt wird. Festzuhalten bleibt, daß auch die Sprache eben diesen "semio-
tisierten Wolf' tradiert, der mit der Realität kaum etwas gemeinsam hat.

4.4 FUCHS. In den sechs europäischen Sprachen und im Japanischen stellt
sich FUCHS – als Resultat der semantischen Interpretation der einzelnen
Phraseologismen – in der einzigen und einheitlichen symbolischen Bedeutung
'Schlauheit, List, Täuschung, Kunst, sich zu verstellen' dar. Diese Gleichheit
einer symbolischen Funktion in allen untersuchten Sprachen ist hervorzuheben; sie kann jedoch verschiedene Ursachen haben. In der Phraseologie der
untersuchten Literatursprachen tritt der Fuchs, ähnlich wie der Wolf, weitgehend als durch Tierepen, Fabeln u. ä. semiotisierte Tiergestalt entgegen, wobei
die textlichen Zusammenhänge mit der Quelle zum Teil noch erkennbar sind,
z.B.:

(11a) dt. *dem Fuchs hängen die Trauben zu hoch / sind die Trauben zu sauer*
(11b) finn. *happamia, sanoi kettu pihlajanmarjoista* "sauer, sagte der Fuchs über die
Vogelbeeren", 'jmd. tut so, als wolle er etwas nicht haben, das er in Wirklichkeit
doch möchte, aber nicht erreichen kann'

In den Beispielen (11) wird FUCHS mit 'Schlauheit' und 'Verstellungskunst'
assoziiert, indem er sein eigenes Unvermögen mit einer List verschleiert.
Idiom (11a) ist deutlich der seit der Antike vielfach tradierten Fabel vom
Fuchs und den sauren Trauben verhaftet.[6] Auch der finn. Phraseologismus
(11b) ist im Rahmen einer, den Sprachteilnehmern mehr oder weniger be-
wußten, Intertextualität zu beurteilen, obwohl der Fabeltext naturräumlichen
Gegebenheiten angepaßt wurde (Weintrauben sind in Finnland nicht heimisch;
an ihre Stelle treten Vogelbeeren, die dort reichlich vorkommen). Auch das
Motiv des Fuchses, der sich im Mönchsgewand als Prediger vor den Gänsen
ausgibt, erfuhr seit dem Mittelalter eine reiche Ausgestaltung in volkstümli-

---

[6] Zur Tradierung der griechischen und lateinischen Fabelversionen in zahlreichen Volks-
und Kunstdichtungen bis hin zu La Fontaines "Le renard et les raisins" und weiteren
Varianten s. EM 5, 527-534; Aarne/Thompson (1961, Nr. 59).

chen Erzählungen und bildlichen Darstellungen (vgl. Rodin 1983). Es ist bis heute in einem nl. Sprichwort geläufig:

(12) nl. *als de vos de passie preekt, boer pass op je ganzen* "wenn der Fuchs die Passion predigt, Bauer, paß auf deine Gänse auf", 'wenn sich ein Heuchler selbst anbietet, muß man besonders gut aufpassen'

Ein sehr ähnliches Bild bietet das Japanische (vgl. Piirainen 1995, 293f.). Auch hier ist die symbolische Funktion 'Täuschung, Hinterlist' in Phraseologismen weitgehend intertextuell gebunden. Entweder ist ein Sprichwort direkt auf eine literarische Quelle zurückzuführen (13a)[7], oder die Symbolfunktion ist dem Fuchsbild in der Märchentradition verhaftet (13b): Die Fähigkeit des Fuchses, andere zu täuschen, ergibt sich aus seiner Verstellungskunst und zauberischen Kraft, wie sie in vielen Märchen überliefert ist (vgl. Ikeda 1971; EM 7, 480-496). Auch in (13c) wird auf Tiermärchen referiert, denen zufolge der Fuchs menschliche Gestalt annimmt, um dann hinterlistig und böse zu handeln: nur manchmal verrät ihn noch der Fuchsschwanz, den er nicht mit verwandeln und nicht ganz verstecken kann:

(13a) jap. *tora no i wo karu kitsune* "ein Fuchs, der sich die Kraft vom Tiger leiht", 'jemand, der andere täuscht, um stark und respektvoll zu wirken'
(13b) jap. *kitsune ni tsumamareru* "vom Fuchs verzaubert sein", 'jmd. hat sich heftig täuschen lassen (jmd. hat ein unheimliches Gefühl, versteht es nicht, warum er sich derart hat täuschen lassen)'
(13c) jap. *shippo wo tsukamu* "jmdn. beim (Fuchs-)Schwanz packen", 'jmdn. bei einer hinterhältigen Tat ertappen'

Die Phraseologie des westmünsterländischen Dialektes ist nahezu frei von literarischen oder anderen bildungsmäßigen Reminiszenzen; interkulturelle phraseologische Übereinstimmungen der Literatursprachen sind zumeist nicht in den Dialekt vorgedrungen. Im gesamten Korpus von rund 5000 Einheiten finden sich gerade eben zwei Biblismen. Das wml. Idiom (14) unterstreicht diese Eigenständig, Unabhängigkeit von jeglicher Fabel-Intertextualität:

(14) wml. *he is voor één Lock nich te fangen* "er ist vor einem Loch nicht zu fangen", 'er ist sehr schlau, raffiniert'

Die Kenner der wml. Mundart verfügen in naturbezogenen Bereichen oft über

---

[7] Beispiel (13a) bezeichnet Paczolay (1994, 22-24) als europäisch-asiatisches Sprichwort, das sich von Äsops Fabeln ausgehend sowohl in abendländische als auch über das Pañcatantra in asiatische Erzähltraditionen verbreitet habe. Unterschiedliche Tiere sind es, die sich mit der Haut eines anderen, stärkeren (Löwe oder Tiger) verkleiden (vgl. Aarne/Thompson 1961, Nr. 214B).

ein differenzierteres Alltagswissen als die stärker urbanisierten Teilhaber der Standardsprachen.[8] Die Dialektsprecher gaben einheitlich an, daß mit Idiom (14) die Vorstellung von einem Fuchs evoziert werde; es sei aufgrund von Beobachtungen bekannt, daß sich der Fuchs stets mehrere Fluchtwege offenhalte. Für FUCHS im Wml. ergibt sich demnach ebenfalls die symbolische Funktion 'Schlauheit, List'. Der Dialekt gelangt innerhalb der Phraseologie letztlich zu dem gleichen Fuchsbild: es führt nicht auf FUCHS als bereits semiotisierte Einheit zurück, sondern auf die unmittelbare Beobachtungen der Natur.

4.5 ROSA. Die zweite der oben genannten Kombinationsmöglichkeiten, ein Sprachsymbol ohne eindeutig erkennbares kultursymbolisches Korrelat, begegnet ebenfalls selten. Doch sind hier Übergänge zu verzeichnen, wobei z.B. einem in der Sprache klar ausgeprägten Symbol nur schwache kultursymbolische Assoziationen entsprechen. Als Beispiel ist ROSA zu nennen, das in der Phraseologie aller hier untersuchten Literatursprachen die symbolische Funktion 'gut, positiv, angenehm' aufweist. Ein Internationalismus (15) zeigt diese Funktion für die europäischen Standardsprachen auf. Das Japanische bildet in der symbolischen Bedeutung von ROSA keine Ausnahme, vgl. Beispiel (16):

(15a) dt. *etw. durch die rosarote Brille sehen/betrachten*

(15b) nl. *door een roze bril kijken* "durch eine rosa Brille sehen"

(15c) engl. (BE) *look at sb through rose-tinted spectacles* "jmdn. durch eine rosa getönte Brille ansehen", (AE) *look (at the world) through rose-colored glasses* "(die Welt) durch eine rosa gefärbte Brille sehen"

(15d) russ. *smotret' skvoz' rozovye očki* "durch eine rosa Brille sehen"

(15e) finn. *nähdä kaikki ruusunpunaisena* "alles rosenrot sehen", 'alles unkritisch nur positiv sehen'

(16) jap. *barairo no jinsei* "rosenfarbenes Leben", 'ein Leben voller Glück und Hoffnung'; *barairo no mirai/shourai* "rosenfarbene Zukunft", 'eine Zukunft voller Glück und Hoffnung'

Die Bedeutung 'gut, positiv' stimmt mit dem natürlichen Farbempfinden von ROSA überein. Dennoch stellt ROSA kein bedeutendes Kultursymbol dar. In keinem der hier besprochenen kulturell relevanten Zeichensysteme kommt ROSA als Symbol vor. Die Lexika der Symbole widmen der Farbe im allgemeinen keinen Artikel, es sei denn im Zusammenhang mit einer Blumensymbolik. In Verbindung mit der Rose oder auch mit der Kirschblüte ist ROSA ein besonders positiv konnotiertes Symbol.

Der wml. Dialekt zeigt auch hier eine Eigenständigkeit gegenüber den Standardsprachen. In Übereinstimmung mit dem Axiom von Berlin und Kay

---

[8] Ein fast gleichlautendes nl. Idiom muß außer Betracht bleiben, da es die nl. Muttersprachler nicht eindeutig mit FUCHS, sondern auch z.B. mit MAUS assoziieren: *hij is niet voor één gat te vangen* "er ist nicht vor einem Loch zu fangen", 'er ist sehr raffiniert'.

(1969), die Anzahl von Grundfarbbezeichnungen pro Sprache steigere sich je nach "Entwicklung" der Sprachgemeinschaften, kennt dieser Dialekt einer vorwiegend agrarischen Gesellschaft für in der Berlin/Kayschen Hierarchie spät auftretende Farben wie *rosa, lila, orange* keine Benennungen. Im Fall von ROSA ergeben sich daraus relevante Ergebnisse für Symbole in Phraseologismen. Im wml. Dialekt[9] tritt WEISS in der gleichen Funktion in diese Lücke, vgl. Idiom (17), das etwa die gleiche Bedeutung wie (15a) *etw. durch die rosarote Brille sehen/betrachten* aufweist:

(17) wml. *he kick alls witt föör schwatt an* "er sieht alles weiß für schwarz an", 'er sieht alles (auch das Schlechte) nur positiv und macht sich dadurch etwas vor'

4.6 NEUN. Interlinguale Unterschiede wie im Fall von ROSA und WEISS sind nicht auf den Gegensatz von Standardsprachen und Dialekt beschränkt. Eine komplementäre Verteilung der gleichen Art findet sich bei den Zahlen SIEBEN und NEUN, und zwar steht hier das Englische mit seiner Präferenz von NEUN in Phraseologismen im Gegensatz zu den anderen untersuchten Sprachen, die SIEBEN in symbolischen Funktionen bevorzugen. Zugleich zeigt sich im Englischen eine Divergenz zwischen Sprache und Kultur. SIEBEN ist als Symbol in der engl. Phraseologie nahezu unbedeutend; dagegen ist NEUN eine beliebte Zahl, dies im Unterschied zu den nah verwandten Sprachen Deutsch und Niederländisch, die NEUN als Symbol in Phraseologismen nicht kennen. Vgl. engl. *nine* in den symbolischen Funktionen 'viel' (18) bis (20) und 'wenig' (21):

(18) engl. *be on cloud nine* "auf Wolke neun sein", 'überglücklich, in Hochstimmung sein'

(19) engl. *a stitch in time saves nine* "ein Stich rechtzeitig erspart neun", 'man soll rechtzeitig eine Kleinigkeit in Ordnung bringen, um größere Mühen zu vermeiden'

(20) engl. (BE) *be dressed up to the nines* "bis zu den Neunen gekleidet sein", 'übertrieben fein gekleidet sein, aufgetakelt sein'

(21) engl. *a nine day's wonder* "ein Wunder von neun Tagen", 'eine schnell vergessene neue Attraktion, ein sensationelles Ereignis'

Hervorzuheben sind Parallelen mit SIEBEN, wie dt. *auf Wolke sieben schweben*

---

[9] Außer *schwatt* und *witt* kennt der wml. Dialekt keine anderen Farbadjektive in symbolischen Funktionen. An dieser Stelle ist auf eine kultursemiotische Parallele mit den oben erwähnten Sagen des Westmünsterlandes hinzuweisen, in denen ebenfalls nur die Farben SCHWARZ und WEISS vorkommen (z.B. ein schwarzer Hund, ein schwarzer Hase als Wandlungsformen des Teufels, ein weißes Pferd ohne Kopf oder eine weiße Frau als Spukgestalten).

zu (18), oder mit "sieben Tage" in anderen Idiomen[10], die die Vorstellung von 'einer Woche' evozieren (wobei das engl. Beispiel (21) an die altgermanische "neuntägige Woche" erinnert, s.u.).

Diese Divergenz von NEUN und SIEBEN ist in historischem Kontext zu betrachten. Gegenwärtig hat die SIEBEN in der Zahlensymbolik der hier untersuchten Kulturgemeinschaften (auch in der englischen und amerikanischen Kultur) den gleichen Stellenwert als herausragende Zahl, sie ist offensichtlich bedeutsamer als die NEUN. Dies war nicht immer so. Wie Karl Weinhold (1897) nachgewiesen hat, war die NEUN im altgermanischen Kulturkreis von zentraler Bedeutung, und zwar in deutlichem Unterschied zur SIEBEN, die dort zu jener Zeit keine Rolle spielte. Die germanische Mythologie ist voller Neuner-Entitäten: Die nordgermanische Kosmogonie kennt die neun Welten, mit Nifhel, der neunten, untersten Welt. Niedrige göttliche Wesen treten zumeist in Neunergruppen auf.

Der Zeitraum von neun Tagen war von besonderer Bedeutung. Odin hing dem Mythos zufolge neun Nächte am windigen Baum, um in den Besitz der Runen zu gelangen. Neun Nächte und Tage bildeten eine rechtserhebliche Frist; daraus wurde die Existenz der neuntägige Woche im Germanischen rekonstruiert. Ebenso war die räumliche Abmessung von neun Schritten oder neun Fuß im germanischen Kulturraum symbolrelevant. Thor ging noch neun Fuß, nachdem ihn die Weltschlange zu Tode getroffen hatte.

Die wichtige Stellung der NEUN innerhalb der Zahlensymbolik setzt sich im Volksglauben und Brauchtum des mittel- und nordeuropäischen Raumes fort. Es lassen sich eine Fülle von Beispielen für die Dominanz der NEUN in allen volkstümlichen Bereichen anführen, für ihre magische Bedeutung in Beschwörungsformeln oder im Heilzauber, der erst mit neun Entitäten und in neunmaliger Wiederholung wirksam wird (vgl. HwA 6, 1057-1066; Weinhold 1897). Manches davon hat sich bis in die jüngere Gegenwart erhalten. Verbreitet ist z.T. noch heute der Glaube, daß Katzen neun Leben haben.

Weinhold weist zugleich an vielen Beispielen nach, wie die NEUN zunächst im südlicheren Raum, in Bayern und Österreich, durch die SIEBEN verdrängt wird. Er spricht von der "heidnischen und volkstümlichen Neun", die im Laufe der Jahrhunderte durch die biblische Sieben, ihrerseits semitisch-orientalischer Provenienz, verdrängt worden sei.

In der komplementären Verteilung der beiden Zahlen innerhalb der Phraseologien meinen wir einen Reflex dieses vormaligen "Konkurrenzkampfes", damit auch eine Erklärung für die Divergenz der Symbolik dieser eng verwandten Sprachen zu erkennen. In der englischen Symbolik stellt NEUN demnach nur auf kulturhistorischer Basis ein Symbol dar.

---

[10] Z.B. dt. *ein Gesicht machen wie sieben Tage Regenwetter* 'sehr verdrießlich dreinschauen'. In einer älteren Sprachform heißt es auch: *er schaut drein wie neun Tage Regenwetter* (Weinhold 1897, 49).

4.7 EULE. Als letztes sei ein Beispiel dafür genannt, daß Symbole in Phraseologismen und in der Kultur völlig getrennt voneinander, sogar in antonymischem Verhältnis zueinander existieren können. Im antiken Griechenland war die Eule der Pallas Athene, Göttin der Weisheit und Wissenschaften, geweiht. Die antike Vorstellung von der Eule als Sinnbild der Weisheit, Gelehrsamkeit ist im abendländischen Bildungsbewußtsein fest verankert. Oft wird eine Eule symbolisch mit Intellektualität verbunden, z.b. haben Universitäten oder wissenschaftliche Verlage eine Eule als Wahrzeichen.

Doch ist der antike Symbolstrang die nahezu einzige positive Einschätzung des Vogels. Eulen und davon zumeist nicht genau unterschiedene Nachtraubvögel wie Kauz und Uhu haben im Volksglauben vieler Kulturen äußerst negative Züge. Sie werden als Vögel der Dunkelheit mit dem Totenreich in Verbindung gebracht und gelten weithin als böses Omen (vgl. Opie/Tatem 1991, 295f.; Gattiker/Gattiker 1989, 337-342). Im Volksglauben haben sich Vorstellungen von der unheilbringenden Wirkung der Eule bis heute erhalten. Auch im ostasiatischen Kulturbereich trägt die Eule vorwiegend negative symbolische Züge. Im alten China wurde sie genauso wie in Europa als Unglückstier, als böses Omen gedeutet. Eine allgemeine negative Einschätzung ist die wichtigste kultursymbolische Funktion der Eule im heutigen Japan. Hayakawa (1967, 152f.) zufolge gilt sie traditionell als Sinnbild der Dummheit; erst in jüngerer Zeit dringe die Bekanntheit der Eule als Weisheitssymbol antiker Provenienz auch nach Japan vor.

Ein Blick auf die symbolischen Funktionen von EULE in Phraseologismen der hier untersuchten Sprachen zeigt, daß nur das Englische mit einem festen Vergleich der im europäischen Kulturkreis bildungsmäßig bekanntesten Symbolik der Eule, 'Weisheit', folgt:

(22) engl. *as wise as an owl* "so weise wie eine Eule", 'sehr klug und weise'

In nl., finn. und wml. Phraseologismen begegnet EULE als Symbol der Dummheit, dazu die Beispiele (23) bis (25).

(23a) nl. *zo dom als een uil* "so dumm wie eine Eule"
(23b) finn. *tuhma kuin pöllö* "dumm wie eine Eule", 'sehr dumm'

(24a) nl. *uil, die ik ben* "Eule, die ich bin", 'ich Dummkopf; da habe ich aber eine Dummheit gemacht'
(24b) finn. *mikä pöllö ollenkaan ollut* "was war ich doch für eine Eule", 'was für eine Dummheit habe ich da gemacht'

(25) wml. *he is nich under de Uule uutbrodd* "er ist nicht unter der Eule ausgebrütet", 'er ist schlau, raffiniert"

EULE ist kulturell das Weisheitssymbol auch in jenen Kulturräumen Europas, in denen EULE sprachlich ein Symbol der Dummheit sein kann. Weder berühren noch beeinflussen sich die auf der Antike beruhende "Bildungssymbolik" und die sich in sprachlichen Phänomenen manifestierende "Volkssymbolik". Bemerkenswert ist es, daß die Literatursprachen Niederländisch und Finnisch nicht der Symbolik des antiken Bildungsgutes folgen, sondern die gegensätzliche Symbolhaftigkeit ausprägen. Für den wml. Dialekt ist dies weniger verwunderlich, da die Antike hier generell keine Rolle spielt (vgl. 4.4 FUCHS). Das Englische nimmt mit der Symbolfunktion 'weise' innerhalb der eng verwandten westgermanischen Sprachen eine Sonderstellung ein. Dagegen tritt in der symbolischen Bedeutung der Dummheit der Unterschied zwischen Europäischem und Ostasiatischem zurück: Die Eule wird hier wie dort volkssymbolisch als bedrohlicher, dummer, häßlicher Vogel gesehen, was sich in mehreren Sprachen gleichermaßen manifestiert.

5. Ausblick

Die Verflechtungen von Symbolen im Zeichensystem Sprache (besonders in Phraseologismen) und in anderen kulturrelevanten semiotischen Systemen sind vielfältiger Art, wie hier nur an einem kleinen Ausschnitt vorgeführt werden konnte. Der Vergleich ergab ein Spektrum zwischen den beiden Polen einer vollständigen Übereinstimmung von Sprache und Kultur und einer durch historische Prozesse entstandenen Eigenständigkeit sprachlicher Symbole. Mit diesem Beitrag sollte zugleich auf die Möglichkeiten hingewiesen werden, das linguistische Forschungsspektrum über den traditionellen Rahmen hinaus in Richtung auf kulturhistorische und kultursemiotische Zusammenhänge zu erweitern.

Literaturverzeichnis

Aarne, Antti; Thompson, Stith 1961: The Types of the Folktale. A Classification and Bibliography. Helsinki: Suomalainen Tiedeakatemia.

Berlin, Brent; Kay, Paul 1969: Basic Color Terms. Their Universality and Evolution. Berkeley/Los Angeles: University of California Press.

Böll, Heinrich 1954: Das Brot der frühen Jahre. Erzählung. Berlin: Ullstein.

Cassirer, Ernst 1927: Wesen und Wirkung des Symbolbegriffes. Nachdruck 1982, Darmstadt: Wiss. Buchgesellschaft.

Cassirer, Ernst 1944: An Essay on Man: An Introduction to a Philosophy of Human Culture, New Haven, Conn. (Titel der dt. Ausg. 1977: Versuch über den Menschen: Einführung in eine Philosophie der Kultur).

Dobrovol'skij, Dmitrij 1995: Kognitive Aspekte der Idiom-Semantik. Studien zum Thesaurus deutscher Idiome, Tübingen: Narr (= Eurogermanistik 8).

Dobrovol'skij, Dmitrij; Piirainen, Elisabeth (1997): Symbole in Sprache und Kultur. Studien zur Phraseologie aus kultursemiotischer Perspektive. Bochum: Brockmeyer.

Eco, Umberto 1985: Semiotik und Philosophie der Sprache. Übers. von Christiane Trabant-Rommel und Jürgen Trabant, München: Fink. (Titel der Originalausgabe: Semiotica e filosofia del linguaggio, Turin 1984).

EM: Enzyklopädie des Märchens. Handwörterbuch zur historischen und vergleichenden Erzählforschung. Begr. von Kurt Ranke, hrsg. von Rolf Wilhelm Brednich, Bd. 1-, 1977ff. Berlin/New York: De Gruyter.

Fleischer, Wolfgang 1997: Phraseologie der deutschen Gegenwartssprache. 2., durchgesehene und ergänzte Auflage. Tübingen: Max Niemeyer.

Gattiker, Ernst; Gattiker Luise 1989: Die Vögel im Volksglauben. Eine volkskundliche Sammlung aus verschiedenen europäischen Ländern von der Antike bis heute. Wiesbaden: AULA.

Hayakawa, Samuel Ichiyé 1967: Semantik, Sprache im Denken und Handeln, aus dem Amerikanischen übers. und hg. von Günter Schwarzer. Darmstadt: Darmstädter Blätter.

HwA: Handwörterbuch des deutschen Aberglaubens, bearb. von Hanns Bächtold-Stäubli und Eduard Hoffmann-Krayer, 10 Bände, 1927-1942, Nachdruck Berlin/New York 1987: De Gruyter.

Ikeda, Hiroko 1971: A Type and Motif Index of Japanese Folk-Literature. Helsinki: Suomalainen Tiedeakatemia.

Lakoff, George 1993: The contemporary theory of metaphor. In: Ortony, Andrew (ed.): Metapher and Thought. 2nd ed. Cambridge: University Press. 202-251.

Lurker, Manfred (Hg.) 1968ff.: Bibliographie zur Symbolik, Ikonographie und Mythologie. Internationales Referatorgan. Jahrgang 23 (1990ff.). Baden-Baden: Koerner.

Lurker, Manfred (Hg.) 1982: Zur symbolwissenschaftlichen Terminologie in den anthropologischen Disziplinen. In: Lurker, Manfred (Hg.): Beiträge zu Symbol, Symbolbegriff und Symbolforschung. Baden-Baden: Koerner. 95-108. (= Bibliographie zur Symbolik, Ikonographie und Mythologie: Erg.-Bd. 1).

Michel, Paul 1994: Vorwort des Herausgebers. In: Michel, Paul (Hg.): Die biologischen und kulturellen Wurzeln des Symbolgebrauchs beim Menschen. Frankfurt/M. et al.: Lang. VII-VIII (= Schriften zur Symbolforschung 9).

Mieder, Wolfgang 1992: A Dictionary of American Proverbs. New York/Oxford: Univ. Press.

Nöth, Winfried (1990): Handbook of Semiotics. Bloomington/Indianapolis: Indiana University Press.

Opie, Iona; Tatem, Moira 1989: A Dictionary of Superstitions. Oxford/New York: Oxford University.

Paczolay, Gyula 1994: European, Far-Eastern and some Asian Proverbs. A Comparison of European, Chinese, Korean, Japanese, Vietnames and Other Asian Proverbs. Veszprém: University of Veszprém.

Piirainen, Elisabeth 1995: Phraseologie des Japanischen – Vorarbeiten zu einer interkulturellen Erforschung von Symbolen in der Sprache. In: Baur, Rupprecht S.; Chlosta, Christoph (Hgg.): Von der Einwortmetapher zur Satzmetapher. Akten des Westfälischen Arbeitskreises 'Phraseologie/Parömiologie' Bd. 2. Bochum: Brockmeyer. 269-304.

Rodin, Kerstin 1983: Räven predikar för Gässen. En studie av ett ordspråk i senmedeltide ikonografi. Uppsala: Almquist & Wiksell International.

Saussure, Ferdinand de 1916: Cours de Linguistique Générale. Publié par Charles Bally et Albert Sechehaye, Paris: Payot (Nachdr. 1962).

Scherf, Walter 1987: Die Herausforderung des Dämons. Form und Funktion grausiger Kindermärchen. Eine volkskundliche und tiefenpsychologische Darstellung der Struktur, Motivik und Rezeption von 27 untereinander verwandten Erzähltypen. München et al.: Saur.

Schlesinger, Max 1912: Geschichte des Symbols. Ein Versuch. Berlin: Verlag von Leonhard Simion NF.

Sebeok, Thomas A. 1986: Encyclopedic Dictionary of Semiotics, Tom. 1-3, Berlin etc.: Mouton de Gruyter.

Weinhold, Karl 1897: Die mystische Neunzahl bei den Deutschen. (= Philosophische und Historische Abhandlungen der Königlichen Akademie der Wissenschaften zu Berlin). Berlin: Königl. Ak. d. Wiss.

Ratsaranirina Oiliarisoa Ferrandine/
Bianca-Maria Stühmeier/ Jan Wirrer

Vitsika momba kitay, ka harivariva an-tanin'olona.
'Eine Ameise auf dem Brennholz: In der Abenddämmerung
ist sie in einem fremden Land.'
Zur Elizitierung phraseologischer Daten

0. Daß die Beschäftigung mit Phraseologismen außereuropäischer Kulturen für Forscher aus dem europäischen Kulturkreis mit spezifischen Schwierigkeiten verbunden ist, braucht nicht besonders betont zu werden. Selbst wenn die sprachlichen Barrieren[1] überwunden sind, verbleibt eine kulturelle Distanz, die nur mit Toleranz, Sensibilität für Fremdes und vermittels geschickter Fragestrategien verringert werden kann. Diesem Befund entsprechend, beabsichtigen wir mit diesem Aufsatz zweierlei: Zum einen geht es uns um die drei madagassischen Sprichwörter, die Gegenstand des Interviews im zweiten Teil unseres Beitrages sind, also um deren wortwörtliche Bedeutung, um deren phraseologische Gesamtbedeutung und um deren Gebrauch,[2] zum anderen aber wollen wir den Weg aufzeigen, wie man zu diesen Erkenntnissen gelangt. Das Interview simuliert also eine Situation, in welcher sich ein Ethnologe befindet, der in seinem Untersuchungsgebiet durch Befragung von Informanten phraseologische Daten zu erheben sucht.[3] Insofern verstehen wir unseren Aufsatz auch als Beitrag zur

---

[1] Wir benutzen den Term *sprachliche Barriere* rein deskriptiv. Dies zu betonen ist uns wichtig, weil wir jede Assoziation mit der unsäglichen Sprachbarrierendiskussion der 60er und frühen 70er Jahre vermeiden wollen.

[2] Selbstverständlich können die hier in lediglich einem Interview erhobenen phraseologischen Daten nicht als repäsentativ gelten. Eine solche Repräsentativität wird von uns in diesem Beitrag im übrigen auch gar nicht angestrebt.

[3] In der realen Feldforschung ist die Situation selbstverständlich ungleich schwieriger. Zunächst beherrscht der Informant in aller Regel nicht die Sprache des Feldforschers, darüber hinaus ist er mit der linguistischen und phraseologischen Terminologie nicht vertraut. Im vorliegenden Fall ist die Situation gänzlich anders. Trotzdem haben wir versucht, auf Fachtermini so weit wie möglich zu verzichten und sie nur dort eingesetzt, wo uns dies im Interesse der sprachlichen Gestaltung des Textes und dessen Formulierungsökonomie unumgänglich schien. Wir haben den mündlichen Charakter des Interviews, soweit als stilistisch irgend vertretbar, in der Überarbeitung beizubehalten versucht. Lediglich in den Zusammenfassungen am Schluß der einzelnen Interviewteile haben wir zugunsten der erforderlichen Prägnanz und Präzision eine an den Konventionen des wissenschaftlichen Diskurses orientierte Stilebene bevorzugt. Die Idee, die Elizitierung phraseologischer Daten einmal auf diese Weise darzustellen, geht übrigens auf eine Anregung von Gunter Senft, Max-Plank-Institut für Kognitive Anthropologie in Nimwegen zurück. Bezugnehmend auf einen von mir veröffentlichen

empirischen Phraseologie.

Konkreter Anlaß zu dieser Veröffentlichung und seiner für einen wissenschaftlichen Sammelband etwas ungewöhnlichen Form ist ein von mir im Wintersemester 1994/95 geleitetes Seminar zur vergleichenden Phraseologie. In diesem Seminar sollten insbesondere die ausländischen Studierenden ihre Kenntnisse der jeweils einheimischen Phraseologismen einbringen. Entsprechend wurden Phraseme u. a. aus Griechenland, Island, Italien, Kroatien, Madagaskar, Norwegen, Polen, Rußland und der Türkei und selbstverständlich aus Deutschland einer vergleichenden Betrachtung unterzogen. Dabei erwies sich der Umgang mit madagassischen Phraseologismen aufgrund des relativ großen kulturellen Abstandes erwartungsgemäß als besonders schwierig, aber auch besonders ertragreich. Nicht zuletzt die Beschäftigung mit den madagassischen Phraseologismen hat den Studierenden die enge Verflechtung zwischen dem Phrasembestand einer Sprache und der dahinterstehenden Kultur deutlich vor Augen geführt.

Das Interview im zweiten Teil unseres Beitrages legt ein besonderes Gewicht auf den Gebrauch der in Frage stehenden Sprichwörter bzw. die Situationen, in denen dieselben typischerweise angewandt werden. Dies ist ein Gesichtspunkt, der in zahlreichen phraseologischen Wörterbüchern notorisch vernachlässigt wird.[4] Dazu ein Beispiel. Das Sprichwort *Einem geschenkten Gaul guckt/schaut man nicht ins Maul* wird im Duden 11 in seiner phraseologischen Gesamtbedeutung wie folgt beschrieben: „An einem Geschenk soll man nicht herummäkeln" (Drosdowski; Scholze-Stubenrecht 1992, 233). Der typische Gebrauch des Sprichworts wird von den Autoren nicht thematisiert. Dabei gibt es bestimmte Gebrauchsrestriktionen, die einem in Deutschland aufgewachsenen Muttersprachler selbstverständlich erscheinen, es von der Außenperspektive her aber durchaus nicht sind. Eine solche Restriktion liegt bei dem genannten Sprichwort z.B. hinsichtlich der anwesenden Personen vor: Es gilt als unschicklich und

---

Aufsatz zu Zulu-Sprichwörtern (Wirrer 1995) wies er auf die Notwendigkeit der Quellenkritik gerade bei phraseologischen Wörterbüchern hin, die ich in der genannten Publikation zwar vorgenommen, nicht aber expressis verbis zum Ausdruck gebracht hatte.

[4] Dazu nur einige wenige Beispiele kontinental-afrikanischer phraseologischer Wörterbücher. Hirpo 1996, eine Sammlung von Oromo-Sprichwörtern und -Redewendungen, läßt den konkreten Gebrauch der aufgeführten Phraseologismen vollständig unberücksicht, Knappert 1997 benennt dieses Problem immerhin in der Einleitung zu seiner Sammlung *Swahili Proverbs*, lediglich Nyembezi 1990 weist in seiner Sammlung von Zulu-Sprichwörtern und -Redensarten in der Mehrzahl der Artikel auf deren prototypischen Gebrauch hin. Eine ähnliche Kritik läßt sich auch an Sammlungen und Zusammenstellungen madagassischer Sprichwörter üben. Sowohl in Razafindramiandra 1983 als auch in Houlder 1960 wird der konkrete Gebrauch mit all seinen mehr oder minder strengen Restriktionen nicht hinreichend thematisiert, wobei Razafindramiandra allerdings auf die Verwendung von Sprichwörtern im weiteren Kontext und auf die enge Beziehung zwischen Ohabolana (Sprichwörtern), Kabary (Reden) und Ankamantatra (Denkspielen) eingeht. Zur Rolle von Sprichwörtern in der madagassischen Kultur vgl. außerdem Raharintseheno 1989 und Wirrer 1991.

beleidigend, das Sprichwort in Anwesenheit dessen zu äußern, der das Geschenk gemacht hat. Daß dies für einen Außenstehenden nicht selbstverständlich ist, hat eine Probeinterview, in welchem die Autoren dieses Beitrages ihre Rollen einmal vertauscht hatten, deutlich gezeigt.

Das folgende Interview wurde von Bianca-Maria Stühmeier (B.-M. St.) zusammen mit Ratsaranirina Oiliarisoa Ferrandine[5] (R.O.F.) durchgeführt. Sowohl die Interviewerin als auch die Informantin waren Teilnehmerinnen des o.g. Seminars.

Jan Wirrer

1.1   *Ratsy tarehy ambinin-doza, Ka mirakaraka vao tsara.*
               Eine häßliche Frau wird von ihrem Unglück gesegnet;
               denn erst wenn sie ihr Haar offen läßt, wirkt sie schön.

R.O.F.:   Wörtlich heißt das: *Eine häßliche Frau, die von ihrem Unglück gesegnet wird, und erst wenn sie ihr Haar offen läßt, erscheint ihre Schönheit.*

B.-M. St.:   Ist *ambinin-doza* mit *gesegnet von Unglück* richtig übersetzt?

R.O.F.:   Ja.

B.-M. St.:   *Ambinina* hat also eine positive Konnotation?

R.O.F.:   *Ambinin* steht eigentlich für Leute, die Segnungen von Göttern bekommen, und wenn man eine kurze Zeit lang eine Pechsträhne hat, immer nur Pech hat, ein Pechvogel ist, dann sagt man auch *gesegnet von Pech*.

B.-M. St.:   In diesem Fall wird also *gesegnet* ironisiert. Ursprünglich hat dieser Begriff aber schon eine positive Bedeutung, es ist kein neutraler Begriff.

R.O.F.:   Sicherlich. Isoliert betrachtet ist *ambinin-doza* eine ironische Formulierung. In diesem Sprichwort jedoch bringt das Unglück tatsächlich Segen.

---

[5] In Madagaskar ist es üblich, zuerst den Nachnamen zu nennen, auf welchen der madagassische Vorname folgt. Hat die betreffende Person noch einen französischen Vornamen, so folgt dieser auf den madagassischen. Von dieser Konvention haben wir uns in unserem Beitrag leiten lassen.

B.-M. St.:   Anstelle *von den Göttern gesegnet, vom Pech gesegnet.* Was mir
                nicht ganz klar ist, welche Bedeutung hat bei Euch *offenes Haar?*

R.O.F.:   Bei uns sollen alle Mädchen eigentlich zunächst mal lange Haare
                haben, und dann soll man sie entweder als Zopf tragen, flechten und
                lange Haare nicht offen tragen. Wenn ein Mädchen nämlich mit of-
                fenem Haar überall hingeht, bedeutet dies, daß sie kokettieren will.

B.-M. St.:   Also, grundsätzlich gelten lange Haare als Schönheitsideal, und
                ihnen wird auch eine Art erotisierende Wirkung zugesprochen.

R.O.F.:   Langem Haar an sich nicht. Es ist aber ein Muß für Frauen, eine
                gesellschaftliche Konvention.

B.-M. St.:   Lange Haare zu haben, gilt also doch als Schönheitsideal?

R.O.F.:   Ja. Man merkt das auch in Deutschland, wenn das Haar lang und
                voluminös ist und offen getragen wird, sieht das Mädchen ganz an-
                ders aus. Dann sieht sie richtig schön aus. Es ist auch so in Mada-
                gaskar. Anders als bei euch, ist das bei uns jedoch ein Muß.

B.-M. St.:   Man geht aber nicht mit offenen Haaren, man läuft damit nicht auf
                der Straße herum.

R.O.F.:   Nein, man darf das eigentlich nicht. Jetzt in Antananarivo, unserer
                Hauptstadt, hat sich schon manches geändert. In traditionellen Fa-
                milien gilt aber noch die Konvention, daß ein gutes Mädchen kein
                offenes Haar trägt.

B.-M. St.:   Offenes Haar wird oder wurde zumindest von älteren Leuten als
                betont aufreizend angesehen?

R.O.F.:   Ja, aber nicht nur von älteren Leuten. Offenes Haar wird als Zeichen
                dafür gesehen, daß eine Frau sich einen Mann suchen will. Und das
                darf keine Frau machen bei uns in Madagaskar.

B.-M. St.:   Wie hängen nun *Unglück* und *offene Haare* zusammen?

R.O.F.:   Wie ich schon sagte, ein häßliches Mädchen hat doch schon Pech
                genug, aber ihr Glück ist, daß sie schönes Haar hat, und wenn es ein
                Unglück in der Familie gibt, z.B. wenn man um jemanden trauert,

dann ist die Sitte so, daß die weiblichen Mitglieder der Familie ihr Haar tragen offen sollen. Das gilt besonders für die Witwe. Dadurch wirkt sie schöner als vorher.

B.-M. St.: Also *Unglück* steht hier für den Todesfall?

R.O.F.: Ja. Das ist richtig.

B.-M. St.: Die Konvention ist also folgende: Während sonst die Haartracht reglementiert ist und die Haare geflochten sein müssen, tragen die Frauen bei einem Todesfall in der Familie traditionellerweise die Haare offen. Dies ist dann nicht nur gestattet, sondern auch erwünscht.

R.O.F.: Gestattet nicht. Man **muß** das.

B.-M. St.: Gut, stärker ausgedrückt: es ist eine Verpflichtung.

R.O.F.: Ja, es ist eine Verpflichtung, schwarze Kleidung zu tragen, das Haar offen zu lassen und ein trauriges Gesicht zu machen. Aber jetzt hat sich das geändert.

B.-M. St.: Es gibt also keine Trauerfrisur mehr?

R.O.F.: Doch, die Witwe hat einen Mittelscheitel und einen einfach geflochtenen Zopf im Nacken.

B.-M. St.: Jetzt frage ich noch einmal, ob ich das richtig verstanden habe: Eine Frau, die nicht gut aussieht, also häßlich ist, profitiert gewissermaßen von einem Trauerfall in der Familie, weil sie dann ihr Haar offen tragen kann und dadurch ihr Aussehen verbessert. Denkst du, daß ich das richtig verstanden habe?

R.O.F.: Ja.

B.-M. St.: In welcher Situation würdest du dieses Sprichwort anwenden?

R.O.F.: Wenn mir ein Unglück zustößt und ich doch ein Glück in diesem Unglück finde, dann wende ich es an.

B.-M. St.: Kannst du einmal ein konkretes Beispiel nennen?

R.O.F.:   Angenommen ich habe im Lotto 'sechs richtige' und einen hohen
              Betrag gewonnen, habe aber vorher meinem Mann versprochen, nie
              mehr Lotto zu spielen. Mein Mann findet den Lottoschein in meinen
              Sachen und verläßt mich. Die Situation ist also folgende: Mein
              Mann hat mich verlassen, ich habe jedoch viel Geld gewonnen. In
              dieser Situation würde ich dieses Sprichwort anwenden.

B.-M. St.:   Es gibt im Deutschen eine idiomatische Wendung, die heißt *Glück
              im Unglück haben*. Ich glaube, sie wird in ähnlichen Situationen an-
              gewendet.

R.O.F.:   Kannst du mir vielleicht eine Situation nennen, in welcher du diese
              Wendung anwenden würdest, damit ich sie richtig verstehe?

B.-M. St.:   Eine Situation wäre, daß ich einen Autounfall gehabt habe. Ich habe
              zwei Autos, ein ganz neues und ein altes, und ich fahre normaler-
              weise mit dem neuen. An diesem Tage habe ich aber das alte ge-
              nommen. Das Auto ist komplett kaputt und hat Totalschaden. Dann
              würde ich vielleicht sagen: „Oh, ich habe Glück im Unglück gehabt,
              weil ich ausnahmsweise nicht das neue Auto genommen habe und
              jetzt nur das alte kaputt ist." Ich würde das Idiom benutzen, wenn
              ein Unglück durch einen glücklichen Umstand minimiert wird.

R.O.F.:   Das trifft nicht so ganz zu auf das madagassische Sprichwort. Wenn
              ich noch einmal auf deine Situation zurückgreife: Wenn du nach
              dem Unfall z.B. in ein Krankenhaus eingeliefert wirst und du dort
              einen netten Arzt kennengelernt und ihn geheiratet hast, erst dann
              würdest du sagen: „Eine häßliche Frau wird von ihrem Unglück ge-
              segnet; denn erst wenn sie Haar offen läßt, wirkt sie schön."

B.-M. St.:   Also das heißt, das Sprichwort wird nicht angewendet zur
              Relativierung eines Unglücks durch einen glücklichen Umstand,
              sondern es handelt sich eigentlich um zwei Situationen, die zwar
              miteinander verknüpft sind, aber dieser positive Aspekt ist auch los-
              gelöst ganz positiv.

R.O.F.:   Ja, das ist eine ganz andere Situation, von der das Unglück herrührt.

B.-M. St.:   Es handelt sich also wirklich um ein Glück, das auch dann als Glück
              betrachtet wird, wenn die Unglückssituation nicht eingetroffen
              wäre.

R.O.F.: Ja, genau. Bei dem deutschen Idiom *Glück im Unglück haben* würde ich sagen, daß die betroffene Person sich im Grunde gar nicht freuen darf. Das ist bei dem madagassischen Sprichwort anders: hier darf man sich über das Glück, das einem zuteil wird, richtig freuen. Es ist eine Art Trost, aber auch ein persönlicher innerlicher Triumph.

B.-M. St.: Das ist, denke ich, bei *Glück im Unglück haben* nicht der Fall. Das Unglück bleibt bestehen. Nur kann man sich damit trösten, daß es aufgrund glücklicher Umstände minimiert wurde. – Gut. Dann muß ich noch einmal nach der Situation fragen: das Sprichwort wird nur dann angewandt, wenn schon ein positives Ereignis stattgefunden hat.

R.O.F.: Ja, nur wenn sich eine positive Situation daraus ergibt.

B.-M. St.: Wenn also ein Unglück passiert ist, würde man nicht so als Trost sagen: „Na ja, es wird auch schon was Gutes haben."

R.O.F.: Nein, das nicht. Nur wenn genau nach diesem Unglück etwas Glückliches eintritt.

B.-M. St.: Um das noch einmal festzuhalten: Das Glück geht also aus der Unglückssituation hervor. Man würde das Sprichwort nicht anwenden, wenn du an einem Tag einen Autounfall hast, aber auch im Lotto gewinnst?

R.O.F.: Nein. Nur wenn die Ereignisse miteinander verknüpft sind.

B.-M. St.: Um noch einmal auf die zeitliche Dimension zurückzukommen: Als Prognose dient das Sprichwort nicht?

R.O.F.: Nein, es wird erst dann angewendet, wenn das glückliche Ereignis bereits eingetroffen ist. Ob sich ein solches nach dem Unglück einstellt, kann niemand vorher wissen.

B.-M. St.: Kann es auch als allgemeine Lebensregel gelten?

R.O.F.: Nein; das glückliche Ereignis läßt sich weder vorhersagen, noch kann man es planen.

B.-M. St.: Wer würde das Sprichwort benutzen: derjenige, der sich in einer entsprechenden Situation befindet, der also selbst von einem solchen Unglück betroffen ist, oder eine andere Person, die jemanden in einer derartigen Situation betrachtet?

R.O.F.:   Sowohl als auch, würde ich sagen, wobei der Betroffene das zu sich selbst als Trost und Triumph sagt, während ein Außenstehender es mißgünstig meinen kann.

B.-M. St.:   Meinen **kann**? Ist die Mißgunst sozusagen obligatorisch oder kann der Außenstehende das auch ohne Neid sagen?

R.O.F.:   Er könnte es auch neutral meinen – je nach seinem Verhältnis zur betroffenen Person.

B.-M. St.:   Wenn er denjenigen gern mag, kann er damit auch seine Freude für den Betroffenen zum Ausdruck bringen?

R.O.F.:   Nein, das ist höchstens neutral, nicht positiv, weil mit dem *häßlichen Gesicht* immer ein negatives Urteil gefällt wird. Deshalb kann man das nur zu einem Dritten, nicht zur jeweils betroffenen Person direkt sagen.

B.-M. St.:   Ach so. Nur der Betroffene selbst kann von sich sagen, daß er ein häßliches Gesicht hat?

R.O.F.:   Eigentlich **sie**.

B.-M. St.:   Wie?

R.O.F. :   Man kann es nur auf Frauen anwenden.

B.-M. ST.:   Was? Warum?

R.O.F.:   Weil nur Frauen lange Haare haben und nach ihrem Äußeren beurteilt werden.

B.-M. St.:   Ich muß jetzt noch einmal nachfragen, man benutzt dieses Sprichwort aber grundsätzlich unabhängig von einem Trauerfall. Ist das richtig? – Also, man kann das Sprichwort auf alle möglichen oder auf viele Situationen anwenden, in denen nicht unbedingt eine Frau vorkommen muß, offenes Haar und ein Trauerfall?

R.O.F.:   Es muß von der beschriebenen Situation total losgelöst sein. Im Trauerfall soll man Bemerkungen dieser Art unterlassen.

B.-M. St.:   Aber in die Situationen, auf die das Sprichwort zutrifft, wie z.B. die mit dem Lotto, in die könnte doch ein Mann genauso gut geraten. Die Situation, in der man dieses Sprichwort eigentlich anwendet, stimmt ja nicht überein mit der Situation, auf die in seiner wort-wörtlichen Bedeutung bezug genommen wird. Warum also kann man es nicht auf Männer anwenden?

R.O.F.:   Wenn ein Mann seine Frau verliert, wird er nicht sein Haar offen tragen.

B.-M. St.:   Das habe ich schon verstanden, daß sich dieser Brauch mit dem offenen Haar auf die Frau bezieht. Aber man kann dieses Sprich-wort doch auch auf abstrakte Situationen, die mit dieser ursprüngli-chen Situation nichts zu tun haben, anwenden. Doch offensichtlich schwingt bei der Anwendung die wortwörtliche Bedeutung des Sprichwortes noch so weit mit, daß die Anwendung für Männer ei-gentlich ausgeschlossen ist.

R.O.F.:   Ja, ein Mann würde das als Beleidigung empfinden, mit einer Frau verglichen zu werden.

B.-M. St.:   Kann man das Sprichwort auf Kinder anwenden?

R.O.F.:   Nein, und zwar deshalb, weil nach unseren Bräuchen Kinder nicht trauern dürfen.

B.-M. St.:   Das Sprichwort wird jedoch von beiden Geschlechtern gleichermaßen benutzt?

R.O.F.:   Dieses Sprichwort benutzen sowohl Männer als auch Frauen, es ist aber nur auf Frauen bezogen.

B.-M. St.:   Ich versuche noch mal zusammenzufassen: Das Sprichwort *Ratsy tarehy ambinin-doza, ka mirakaraka vao tsara (Eine häßliche Frau wird von ihrem Unglück gesegnet; denn erst wenn sie ihr Haar of-fen läßt, wirkt sie schön.)* geht zurück auf eine madagassische Trau-erkonvention, derzufolge die Frauen der betroffenen Familie im Trauerfall ihr Haar offen tragen müssen, was der überkommenen Vorstellung nach sonst verpönt ist. Da Frauen mit offenem Haar als

besonders schön gelten, gewinnen Frauen im Trauerfall an Schönheit. Man wendet das Sprichwort auf Unglückssituationen an, aus
denen sich etwas Glückliches ergibt, d.h. Unglück und Glück sind
kausal miteinander verknüpft. Seine phraseologische Gesamtbedeutung könnte man ungefähr folgendermaßen umschreiben: *Eine
unglückliche Situation ist Auslöser für eine andere glückliche Situation*. Das Sprichwort hat keinerlei prognostische Relevanz und
wird daher erst angewendet, nachdem die glückliche Situation schon
eingetreten ist. Das Sprichwort wird in erster Linie von Leuten benutzt, die von den Situationen, auf die referiert wird, selbst betroffen
sind. Wendet es ein Außenstehender an, so ist es oft mißgünstig
gemeint. Das Sprichwort bezieht sich ausschließlich auf Frauen. Die
Anwendung des Sprichwortes auf einen Trauerfall ist ausgeschlossen.

R.O.F.:   Ja, so könnte man sagen.

1.2   *Vitsika momba kitay ka harivariva an-tanin' olona.*
            Eine Ameise auf dem Brennholz: In der Abend
            dämmerung ist sie in einem fremden Land.

R.O.F.:   Der Ursprung dieses Sprichwortes liegt darin, daß die Bauern, wenn
            sie am Abend von ihrer Arbeit kommen, zunächst mal, bevor sie
            nach Hause gehen, Brennholz sammeln und zusammen mit den
            Brennhölzern alles mögliche mitbringen wie z.b. Insekten.

B.-M. St.: Und sie transportieren dann das Brennholz teilweise über weite
            Strecken oder von dem Feld oder dem Gebiet, wo sie gearbeitet ha-
            ben, nach Hause.

R.O.F.:   In Madagaskar liegen die Häuser weit entfernt von den Feldern,
            meistens auf den Hügeln, und die Felder sind immer im Tal. Daher
            haben die Bauern immer eine weite Strecke. Erst am Abend sam-
            melt man Brennhölzer, und zwar auch für den nächsten Tag; des-
            wegen muß das ein ganz großes Bündel sein.

B.-M. St.: Wie würdest du die Bedeutung dieses Sprichwortes, d.h. seine
            phraseologische Gesamtbedeutung, umschreiben?

R.O.F.:   Im eigentlichen Sinne heißt das: Jemand, der, ohne es zu wollen, in
            ein fernes Land gebracht wurde, hat Heimweh.

B.-M. St.: Der Transport ist also wichtig, in diesem Falle also die Tatsache,
            daß jemand verschleppt wurde.

R.O.F.:   Man wendet das Sprichwort in einer Situation an, wenn jemand in
            einem fremden Land ist, bei fremden Leuten ist.

B.-M. St.: Tatsächlich spielt dann die Art des Transport keine Rolle?

R.O.F.:   Die Betonung liegt auf dem fremden Land. Der Transport mit dem
            Brennholz drückt nur aus, daß die Ameisen unabsichtlich dahin ge-
            kommen sind.

B.-M. St.: Kannst du mir vielleicht eine typische Situation nennen, in der du
            das Sprichwort anwenden würdest?

R.O.F.:   Zum Beispiel könnte ich – weil ich in Deutschland studiere – jetzt sagen: „*Ich bin so wie Ameisen auf Brennhölzern, und in der Abenddämmerung bin ich bei fremden Leuten.*" Ich bin also gezwungenermaßen in einem fremden Land – gerade in solchen Momenten, wo ich zu Hause sein sollte.

B.-M. St.: Es ist also nicht Bedingung, daß man tatsächlich ganz **unfreiwillig** in das andere Land gekommen ist. Deshalb habe ich eben nach der Art und Weise des Transports gefragt, denn du bist ja eigentlich freiwillig hierher gekommen, um zu studieren.

R.O.F.: Ich bin schon freiwillig gekommen, aber ich bin gezwungen wegen des Studiums.

B.-M. St.: Also: Du bist jetzt gezwungen, hier zu bleiben und kannst nicht so oft wie du möchtest nach Hause. Das heißt, es muß sich nicht um eine tatsächliche Zwangssituation handeln. Du hättest ja grundsätzlich die Möglichkeit, nach Madagaskar zurückzugehen.

R.O.F.: Doch: es muß schon eine Zwangssituation sein. Die typische Situation ist z.B. die der Gastarbeiter in Deutschland.

B.-M. St.: Die – etwa aus finanziellen Gründen – Deutschland nicht verlassen können.

R.O.F.: Die aus finanziellen Gründen nach Deutschland gekommen sind und einerseits hier bleiben müssen wegen des Geldes, des Wohlstandes wegen, aber andererseits Heimweh haben.

B.-M. St.: Ja, also ein wichtiger Aspekt ist offenbar das Heimweh. Wäre dann nicht eine typischere Situation, daß jemand im Gefängnis sitzt und nicht nach Hause kann, denn da handelt es sich doch um eine wirkliche Zwangssituation. Dieser Mensch kann eben auf keinen Fall nach Hause, weil er eingesperrt ist und noch einige Jahre abzusitzen hat. Sowohl du als auch die Gastarbeiter können – abgesehen von selbst auferlegten Zwängen, wie das Studium hier zu Ende zu machen oder Geld für die Familie zu verdienen – ihr könntet ja grundsätzlich zurück, weil ihr nicht festgehalten werdet.

R.O.F.: Nein, so ist es nicht. Auf Gefangene kann dieses Sprichwort nicht angewendet werden, weil sie sich selbst in diese Situation gebracht haben. Es ist also nicht so, daß die Situation sie zwingen würde. Das Studium jedoch zwingt mich, oder das Geld bzw. der Wohlstand zwingen die Gastarbeiter. Niemand hat die Gefangenen gezwungen, da hineinzukommen, sie haben sich selbst in diese Situation gebracht.

B.-M. St.: Ich könnte doch bei dir auch sagen, du hast dich um ein Stipendium beworben, und wenn du das nicht gemacht hättest, dann müßtest du jetzt auch nicht hier sein.

R.O.F.: Ich bin in dem Sinne gezwungen, daß mich die bessere Ausbildung in Deutschland dazu zwingt.

B.-M. St.: Was mir immer noch nicht ganz klar ist, das ist diese Betonung des Unfreiwilligen. Du hast gesagt, es geht darum, daß sich jemand unfreiwillig in einem anderen Land oder in der Fremde, fern von seiner Heimat, befindet, willst aber nicht zugestehen, daß das z. B. auf Gefangene auch zutrifft, denn ihrer Situation liegt ja gerade ein besonders hohes Maß an Unfreiwilligkeit zugrunde. Wer geht schon gern ins Gefängnis?

R.O.F.: Bei eingesperrten Verbrechern kann von Unfreiwilligkeit im Sinne des Sprichworts nicht die Rede sein. Die haben vor ihrer Tat schon gewußt, daß sie im Gefängnis landen würden, wenn sie das machen und anschließend erwischt würden.

B.-M. St.: Ja, aber als du dich um das Stipendium bewarbst, du hast doch auch gewußt, daß du in Deutschland landen würdest?

R.O.F.: Ja, nur mit dem Unterschied, daß ich sozusagen nur indirekt ein Opfer bin. Ich habe es ja gewollt.

B.-M. St.: Derjenige, der dieses Sprichwort auf sich anwendet, bringt also sozusagen ein Opfer, um etwas zu erreichen. Er verzichtet auf die Anwesenheit in seiner Heimat.

R.O.F.: Ja.

B.-M. St.: Dann ist es mit der Freiwilligkeit vielleicht umgekehrt. Der Gefangene würde ja nicht im Gefängnis sitzen, wenn er sich aussuchen dürfte, „sitze ich drin oder sitze ich nicht". Tatsächlich sitzt er unfreiwillig drin, während du aus freien Stücken dieses Opfer bringst und freiwillig im fremden Land bleibst, um etwas zu erreichen.

R.O.F.:   Ja, du hast recht mit der Unfreiwilligkeit. Aber der Unterschied
               besteht darin, daß der Gefangene nicht behaupten kann, sich in einer
               fremden Heimat zu befinden.

B.-M. St.:   Weil ein Gefängnis keine Heimat ist. Man muß also vor Augen
               haben, daß sich die anderen Leute in ihrer Heimat befinden, wäh-
               rend man selbst von seiner eigenen entfernt ist.

R.O.F.:   Ja.

B.-M. St.:   Dann kann also ein Kriegsgefangener in einem Lager, das Sprich-
               wort auf sich auch nicht anwenden?

R.O.F.:   Doch, weil sich das Lager wahrscheinlich nicht im Heimatland des
               Gefangenen befindet.

B.-M. St.:   Wichtig ist offenbar vor allem, daß man sich gezwungenermaßen
               entfernt von seiner Heimat befindet, weniger, ob dies durch Selbst-
               zwang oder durch fremde Gewalt geschieht.

R.O.F.:   Ja, so läßt sich das sagen.

B.-M St.   Wer kann dieses Sprichwort anwenden? Der Betroffene oder eine
               dritte Person?

R.O.F.:   Ich denke, typischer ist die Anwendung durch den Betroffenen, der
               sich selbst bemitleidet. Aber ein Außenstehender kann auch sein
               Mitleid mit dem Betroffenen dadurch ausdrücken. Diese Anwen-
               dung ist aber selten.

B.-M. St.:   Wann wird das Sprichwort angewendet? In der Situation selbst,
               rückblickend oder vorausschauend?

R.O.F.:   Nur in der konkreten Situation, in der man Heimweh hat.

B.-M. St.:   Gibt es bestimmte Tage – wie Familienfeste oder Weihnachten –,
               die die Anwendung des Sprichwortes provozieren?

R.O.F.:   Ja, besonders das Weihnachts- und das Neujahrsfest oder der
               Nationaltag, vor allem aber – wie es wörtlich im Sprichwort heißt –
               die Abenddämmerung. Für die Madagassen spielt die Abenddäm-
               merung eine sehr große Rolle. Zu dieser Zeit kommt man ganz mü-

de von der Arbeit zurück und hat schon etwas geschafft. Und in der Abenddämmerung sollte man schon zu Hause sein, bevor die Nacht kommt. Bei der eigenen Familie zu sein, das ist der Idealfall für die Madagassen, das spielt eine ganz große Rolle. Und wenn die Person dann in der Abenddämmerung, wo sie im Kreise der Familie sein sollte, nicht da ist, dann entsteht eine Situation, in der man das Sprichwort anwenden kann.

B.-M. St.: Grundsätzlich kann man das Sprichwort aber unabhängig von bestimmten Tagen anwenden?

R.O.F.: Ja, unabhängig von bestimmten Tagen schon, aber eben vor allem abends. Mein Vater hat das Sprichwort z.B. immer benutzt, wenn meine Familie abends am Kamin saß, denn er ist nicht in seiner Heimat geblieben, sondern meiner Mutter zu ihrem Stamm gefolgt, weil er dort seinen Arbeitsplatz hat.

B.-M. St.: Der Stamm wird als Heimat empfunden. Eine adäquate Anwendung des Sprichwortes setzt also nicht unbedingt einen Wechsel in einen anderen Staat oder anderes Land voraus.

R.O.F.: Nein: jeder Stamm ist eine Heimat für sich.

B.-M. St.: Und derjenige Ehepartner, der seinen Stamm verläßt, wendet das Sprichwort an?

R.O.F.: Nein, nur Ehemänner, die ihren Frauen folgen, dürfen es anwenden.

B.-M. St.: Umgekehrt nicht?

R.O.F.: Nein, weil eine Frau hat gar keine Wahl. Sie muß ihrem Mann folgen.

B.-M. St.: Traditionell folgt die Frau ihrem Mann, aber das bedeutet doch nicht, daß sie kein Heimweh nach ihrem Stamm, nach ihrer Familie hat?

R.O.F.: Natürlich hat eine Frau Heimweh, aber sie darf es nicht offen zum Ausdruck bringen, sonst bedeutet dies, daß sie mit ihrem Mann unzufrieden ist und ihn verlassen will.

B.-M. St.: Und wenn beide zusammen ins Ausland gehen?

R.O.F.:   In dem Fall kann die Frau das Sprichwort für beide benutzen, aber
               nicht für sich selbst.

B.-M. St.:   Sie kann sich wohl beklagen, daß sie von Madagaskar entfernt ist,
               nicht aber darüber, daß sie ihrem Mann folgen mußte.

R.O.F.:   Ja, genau.

B.-M. St.:   Ich fasse noch einmal zusammen. Das Sprichwort *Vitsika momba
               kitay ka harivariva an-tanin' olona* (*Eine Ameise auf dem Brenn-
               holz: In der Abenddämmerung ist sie in einem fremden Land*) be-
               zieht sich auf denotativer Ebene auf die bäuerliche Welt Madagas-
               kars. Die Bauern sammeln vor dem Heimweg Brennholz für den
               Abend und den nächsten Tag, und mit dem Brennholz bringen sie
               dann z.B. auch Ameisen mit. Die phraseologische Gesamtbedeutung
               könnte man folgendermaßen umschreiben: *Jemand, der sich ge-
               zwungenermaßen in der Fremde aufhält, leidet unter Heimweh.*
               Entsprechend bezieht sich das Sprichwort auf jemanden, der sich
               augenblicklich in der Fremde befindet und Heimweh hat. Vorzugs-
               weise wendet man es bezüglich bestimmter Zeiträume an, zu denen
               man sich bei seiner Familie aufhalten sollte, also zu Weihnachten,
               zu Neujahr, am Nationalfeiertag und nicht zuletzt in der Abend-
               dämmerung. Wichtig ist, daß die Person, auf die man sich vermittels
               des Sprichworts bezieht, momentan nicht in ihre Heimat zurückkeh-
               ren kann, sei es aufgrund von Sachzwängen, sei es aufgrund äußerer
               Gewalt. Als Heimat gilt vor allem das Stammesgebiet, d.h. das Ge-
               biet der eigenen Familie. Die Anwendung auf sich selbst ist der ty-
               pische Fall, das Sprichwort kann aber auch auf dritte bezogen wer-
               den. Wir haben zwei Anwendungsrestriktionen festgestellt. Erstens:
               Die Anwendung auf einen Strafgefangenen ist ausgeschlossen, weil
               er schuldhaft in diese Situation geraten ist. Und zweitens: Eine Ehe-
               frau, die nach der Heirat zu ihrem Mann gezogen ist, darf es nicht
               benutzen, wenn sie sich nach ihrer alten Heimat sehnt, weil dies eine
               Auflehnung gegen die patrilokale Tradition bedeuten würde.

R.O.F.:   Ja, so ist es richtig.

1.3   *Vato atora-pody ka tsy mataho-bary hiraraka.*
            Wer Steine nach den Fody[6] wirft, hat keine Angst vor dem
            Herausrieseln der Reiskörner.

B.-M. St.:   Zunächst eine Frage zum Wortlaut: was versteht man unter einem
            Fody?

R.O.F.:   Der Fody ist ein einheimischer Vogel, der zur endemischen Fauna
            Madagaskars gehört. Es ist ein kleiner Vogel, die weiblichen Exem-
            plare sind grau-grün, die männlichen verfärben sich während der
            Paarungszeit (etwa November bis März) feuerrot. Im Winter – also
            im Südwinter – halten sie sich im Wald auf, im Sommer kommen
            sie gern auf die Reisfelder und richten dort einen beträchtlichen
            Schaden an. Den Bauern gelten sie daher als Schädlinge.

B.-M. St.:   Die Fody ernähren sich also von Reiskörnern.

R.O.F.:   Unter anderem.

B.-M. St.:   Wenn ich das Sprichwort richtig verstanden habe, so heißt es:
            Derjenige, der Steine nach den Fody wirft, hat keine Angst, Reis-
            körner herausrieseln zu lassen?

R.O.F.:   Ja, das ist eigentlich der Sinn. Wenn jemand Steine nach den Fody
            wirft, dann hat er keine Angst vor den Schäden, die die Steine ver-
            ursachen. D.h.: es macht keinen Unterschied, ob nun die Fody den
            Reis fressen oder ob durch meine Steinwürfe Körner aus den
            Reispflanzen herausfallen und verloren gehen.

B.-M. St.:   Das heißt, man verliert so oder so Reis. Entweder man läßt ihn von
            den Fody fressen, oder man verscheucht die Fody und verliert den
            Reis durch die Steinwürfe, weil die Steine die Ähren treffen und der
            Reis rausrieselt.

R.O.F.:   Ja, genau.

---

[6]Wenn ein Wort mit der Silbe *-ka* oder endet und mit einem anderen Wort kombiniert wird,
dann wird diese Endung elidiert und das erste Phonem des zweiten Wortes wie folgt modifiziert: f → p, h → k, l → d, r → dr, s → tr, v → b, z (stimmhaftes s) → j. Beispiele: tapaka + fe
→ tapa-pe (gebrochenes Bein), tapaka + hazo → tapa-kazo (Stück Holz) oder, wie im hier
thematisierten Sprichwort, atoraka + fody → atora-pody (auf den Fody geworfen). Vgl. dazu
Abinal; Malzac 1987. In Rasoloson 1997 sind diese Kontextregeln nur unvollständig aufgeführt.

B.-M. St.:   Kannst du die phraseologische Gesamtbedeutung des Sprichwort umschreiben?

R.O.F.:   Man soll keine Angst haben vor dem, was die anderen sagen werden, und tun, was tun zu müssen man glaubt.

B.-M. St.:   Könntest du eine typische Situation nennen, in der du das Sprichwort anwenden würdest?

R.O.F.:   Wenn ich z.B. einen Vortrag halte und von vornherein schon weiß, daß ich kritisiert werde, dann kann ich selbst auch einige kritische Formulierungen wagen, weil die Leute mich nachher sowieso kritisieren. Das heißt, ich habe gar keine Angst vor einem später entstehenden Schaden bzw. einer unangenehmen Situation.

B.-M. St.:   Bedeutet das so viel wie *man kann es ohnehin nicht jedem recht machen*? Wenn man eine bestimmte Handlung vollzieht, wird die bei irgend jemandem immer auf Kritik stoßen?

F.R.:   Ja, in der Situation würde ich gar keine Angst vor irgendwelchen Nachteilen oder Schäden haben.

B.-M. St.:   In welcher Situation wendet man das Sprichwort also an? In einer Situation, in der tatsächlich abzusehen ist, daß es zu einem Schaden kommen wird, oder ist das eher so etwas wie eine allgemeine Lebensregel?

F.R.:   Man wendet es an bei einer Handlung oder in einer alltäglichen oder auch nicht-alltäglichen Situation, wo man weiß, daß auf diese oder jene Weise immer noch etwas dazukommt.

B.-M. St.:   Ist dieses Sprichwort immer auf die Reaktion anderer Leute bezogen?

R.O.F.:   Ja, die Reaktion der anderen wird immer mit in Betracht gezogen. Aber das Sprichwort sagt: „Egal, was passiert, ich mache, was ich machen soll, und werde nicht darauf achten, wie die anderen reagieren."

B.-M. St.:   Du stimmst aber zu, daß die Meinung der anderen Leute bei der Anwendung des Sprichwortes eine Rolle spielt? Also das Sprich-

wort bestärkt darin, „tu, was richtig ist oder tu, wozu du dich ent-
schlossen hast, weil dich die anderen Leute ohnehin kritisieren werden".

R.O.F.: Genau.

B.-M. St.: Und deshalb meine ich, das Sprichwort bezieht sich durchaus auf
eine Handlung und die darauf folgende Reaktion anderer Leute,
nicht jedoch auf eine Handlung, die du im stillen Kämmerlein voll-
ziehst, ohne daß jemand anderes das mitbekommt und bei der du so
oder so eine negative Folge zu erwarten hättest.

R.O.F.: Ja, es geht um eine Handlung in Gegenwart anderer Leute.

B.-M. St.: Es schwingt also immer die Beurteilung der anderen mit?

R.O.F.: Ja, und daß man eben diese Beurteilungen, diese Verurteilungen der
anderen Leute nicht berücksichtigen soll.

B.-M. St.: Darf das Sprichwort nur mit Bezug auf Situationen angewendet
werden, in denen ein objektiver, also ein realer Schaden vorauszu-
sehen ist, oder geht es tatsächlich nur darum, daß bestimmte Handlungen ohnehin von Personen kritisiert werden?

R.O.F.: Der Schaden muß da sein, die Beurteilungen müssen da sein, also
man muß das schon von vornherein wissen.

B.-M. St.: Könntest du mal ein Beispiel dafür nennen, für einen Schaden, bei
dem man dieses Sprichwort anwenden würde?

R.O.F.: Ein solcher Schaden kann z.B. darin bestehen, daß ich mein Image
oder mein Gesicht verliere.

B.-M. St.: Du verlierst das Gesicht dann also durch die Beurteilung seitens
anderer Personen und dadurch entsteht dir ein Schaden?

R.O.F.: Ja. Ich mache etwas, was ich tun soll und achte dabei nicht darauf,
ob ich mein Image verliere oder nicht, weil mich die anderen nachher sowieso beurteilen.

B.-M. St.: Also der potentielle Schaden ist ein Image-Verlust oder ein Verlust
des Gesichts?

R.O.F.:   An erster Stelle, ja. – Ein passendes Beispiel ist der momentane
               Streik an der Uni. Der Streik ist so etwas wie ein Steinwurf nach
               den Fody, nach den Vögeln; die Politiker werden ihre Pläne zur
               Hochschulreform vielleicht nicht ändern, sondern weiter verfolgen,
               die Studenten können höchstens streiken, wobei sie nicht darauf
               achten, daß ihnen vielleicht ein materieller Schaden dadurch ent-
               steht, daß sie ein Semester verlieren, oder ein immaterieller dadurch,
               daß sie in der Öffentlichkeit ihr Gesicht verlieren und die Presse
               schreibt, daß Studenten nur faulenzen wollen und nichts anderes.

B.-M. St.:   Wichtig aber ist bei deinem Beispiel, daß es auch hier noch eine
               dritte Person gibt, die das Ganze von außen beurteilen.

R.O.F.:   Ja.

B.-M. St.:   Also die rein materielle Schadensabwägung wie „kann man das
               Hochschulrahmengesetz stoppen, verliert dadurch aber vielleicht ein
               Semester," das allein würde für die Anwendung des Sprichwortes
               nicht reichen?

R.O.F.:   Doch, das ist der Schaden, der für einen entstehen könnte. Dieser
               Streik z. B. ist der Steinwurf, es ist ja so eine ganz kleine Aktion ge-
               gen eine große Aktion der Politiker, deshalb mache ich das, egal
               was passiert, egal zu welchem Ergebnis das führt.

B.-M. St.:   Wichtig ist offenbar auch der Aspekt, du hast das vorher schon
               einmal angedeutet, daß man im Grunde keine andere Wahl hat, als
               eine Handlung durchzuführen, auch wenn Schäden abzusehen sind?

R.O.F.:   Ich komme noch einmal auf die Steinwürfe nach den Fody zurück.
               Der Besitzer des Reisfeldes hätte ein Netz über seine Plantage span-
               nen können. Da er das nicht gemacht hat, sieht er einfach nur diese
               Alternative, und so sehe ich auch dann diese Aktion der Studenten.
               Es ist vielleicht kein besonders passendes Beispiel.

B.-M. St.:   Doch, also ich denke, die Parallele zu dem Steinwurf auf die Fody
               leuchtet schon ein. – Worauf ich jetzt noch einmal hinaus möchte,
               ist dieses: Wenn man abwägt, „soll man streiken und einige Semina-
               re verlieren, oder soll man den Streik lassen", so hat man theoretisch
               zwar diese Wahl, praktisch jedoch spricht alles für den Streik.

R.O.F.:   Ein anderes Beispiel wäre das eines korrupten Vorgesetzten. Ich sehe meine moralische Verpflichtung, ihn anzuzeigen, ihm zu sagen, daß er korrupt ist, daß er von anderen Leuten Geld nimmt. Dabei weiß ich von vornherein, daß ich wahrscheinlich meine Stelle verliere, wenn ich das tue. Aber ich weiß auch: wenn ich das nicht mache, würde sich die Situation weiter verschlimmern, und meine Mitarbeiter würden mich kritisieren und fragen, warum ich das gemacht habe.

B.-M. St.: Warum du den Vorgesetzten angezeigt hast oder warum du ihn nicht angezeigt hast?

R.O.F.: Warum ich ihn angezeigt habe.

B.-M. St.: Warum du den Arbeitsplatz riskierst oder den Moralapostel spielst? Dann habe ich „die Kritik der anderen Leute" bislang nicht verstanden. Ich dachte, man müßte mit Kritik rechnen, wenn man nichts tut?

R.O.F.: Nein, das Sprichwort meint die Kritik, die nach der Tat einsetzt.

B.-M. St.: Das Beispiel mit dem Vorgesetzten weist darauf hin, daß die Handlung einen moralischen Aspekt hat.

R.O.F.: Ja, das ist eine moralische Verpflichtung, der ich nachkommen soll.

B.-M. St.: Diese Überlegung überwiegt die persönlichen Nachteile, die du davon hast.

R.O.F.: Ja. Es muß bei der Anwendung dieses Sprichwortes zum Ausdruck kommen, daß die moralische Verpflichtung etwas größer ist, einen höheren Stellenwert hat.

B.-M. St.: Man wendet dieses Sprichwort in einer Situation an, wo die Handlungsalternativen nicht wirklich gleichwertig sind.

R.O.F.: Ja, die Lösung, die ich dabei habe, soll einen geringeren Schaden verursachen, als den, der entstünde, wenn ich gar nichts täte.

B.-M. St.: Wichtig bei dem madagassischen Sprichwort ist, daß das Abwägen der beiden Handlungsalternativen nicht unter rein praktischen Gesichtspunkten getroffen wird?

R.O.F.:   Ja.

B.-M. St.:   Es gibt im Deutschen ein Sprichwort, das heißt *Wo gehobelt wird, da fallen Späne*. Das kann man im engen Kontext auf Arbeit und durch Arbeit entstehenden Schaden beziehen, man kann das Anwendungsspektrum aber auch ausweiten und es so interpretieren: *Wo etwas getan wird, da gibt es auch Schäden*. Ich denke, wichtig ist, daß die Schäden, also die Hobelspäne, im Vergleich zu dem Nutzen sehr viel geringer sind.

R.O.F.:   Ich meine, daß da noch zwei Aspekte herausfallen, und zwar die moralische Verpflichtung, die wir schon erwähnt haben, und dann der Aspekt, daß man auf Kritik einer dritten Person stoßen kann.

B.-M. St.:   Genau, die spielen bei der Anwendung des deutschen Sprichwortes eigentlich keine Rolle. Dieses Sprichwort würde man auch nicht anwenden auf die Situation mit dem korrupten Vorgesetzten, denn der Verlust des Arbeitsplatzes, den die Anzeige des Vorgesetzten nach sich ziehen wird, ist so groß, daß das einfach keine 'Späne' mehr sind. Zumindest dann, wenn es einen selbst betrifft. Bei dem Beispiel, das du vorher erwähnt hast mit dem Studentenstreik, denke ich, kann man das deutsche Sprichwort anwenden. Da würde das eben die Bedeutung haben: Wenn man etwas erreichen will, muß man ein paar ausgefallene Seminare auch in Kauf nehmen, weil der Schaden im Vergleich zum angestrebten Ergebnis oder zum angestrebten Nutzen geringer ist.

R.O.F.:   Ich denke, bei dem madagassischen Sprichwort spielt auch dieser Aspekt eine wichtige Rolle: die Lösung, die man hat, ist geringer im Vergleich zu dem Schaden.

B.-M. St.:   Also, du meinst, daß im Vergleich zu eurem Sprichwort der entstehende Nutzen beim deutschen Sprichwort sehr viel größer ist gegenüber dem entstehenden Schaden. Die Entscheidung zu handeln wird bei eurem Sprichwort vor allem unter moralischen Gesichtspunkten gefällt.

R.O.F.:   Ja.

B.-M. St.:   Du hast bei dem Beispiel mit dem Vorgesetzten auf die Beurteilung durch die Kollegen angespielt. Es ist also unabdingbar, daß eine Beurteilung von Dritten dazukommt. Es reicht nicht, dieses Sprichwort anzuwenden, wenn es nur um das persönliche Abwägen des Schadens geht und man sich eben für den geringeren Schaden entscheidet. Es muß noch eine Beurteilung, eine Kritik von anderen dazukommen.

R.O.F.: Der Anwender dieses Sprichwortes sagt es so vor sich hin, damit er das Mokieren der anderen nicht zu sehr hört. Aber auch wenn keine Kritik auftaucht, kann er es benutzen. Er sagt das für sich eigentlich.

B.-M. St.: Ja, um das gleich aufzugreifen und zur Funktion zu kommen: ist das Sprichwort eine Art Selbstbestärkung?

R.O.F.: Ja, so eine Selbstbestärkung, so eine Ausrede, auch ein Trost irgendwie.

B.-M. St.: Eine Ausrede würde aber bedeuten, daß der Handelnde nicht wirklich von seiner Wahl überzeugt ist?

R.O.F.: Das hat auch diesen Aspekt.

B.-M. St.: Er ist also im Grunde unsicher?

R.O.F.: Unsicher, weil es eigentlich eine Lösung ohne Verursachen eines Schadens sein soll.

B.-M. St.: Du hast gesagt, Anwender ist häufig oder meistens derjenige, der sich in einer Situation entscheiden muß?

R.O.F.: Ja, aber es könnte auch eine dritte Person sein, die den Betreffenden beobachtet.

B.-M. St.: Vorzugsweise wird das Sprichwort in der Entscheidungssituation selbst angewendet?

R.O.F.: Ja, während der Aktion.

B.-M. St.: Grundsätzlich ginge das auch nachher? D.h.: im Prinzip könnte man das Sprichwort auch rückblickend als Rechtfertigung einer zuvor gefällten Entscheidung benutzten?

R.O.F.: Ja, auch nach der Aktion oder aber unmittelbar davor.

B.-M. St.:   Also, im Grunde dann eben doch in der Situation, die die
              Entscheidung verlangt. Als allgemeine Lebensregel wird das
              Sprichwort aber nicht verwendet?

R.O.F.:   Nein, das nicht.

B.-M. St.:   Ich fasse noch einmal zusammen. Der Bildspendebereich des
              Sprichworts *Vato atora-pody ka tsy mataho-bary hiraraka* (*Wer
              Steine nach den Fody wirft, hat keine Angst vor dem Herausrieseln
              der Reiskörner*) ist der Reisanbau. In seiner denotativen Bedeutung
              referiert es auf einen endemischen madagassischen Vogel, den Fo-
              dy, der sich gern von Reis ernährt. Dabei entspricht der Schaden,
              den die Vögel u.U. anrichten dem Schaden, der dadurch entsteht,
              daß man mit Steinen nach ihnen wirft und dabei die reifen Ähren
              trifft, so daß die Reiskörner herunterfallen. Die phraseologische Ge-
              samtbedeutung könnte man folgendermaßen umschreiben: *Man soll
              tun, was tun zu müssen man glaubt, und keine Angst vor dem Urteil
              anderer Leute haben.* Man wendet das Sprichwort in einer kriti-
              schen Situation an, in welcher Handeln erforderlich ist, um weiteren
              Schaden zu verhindern. Dabei ist absehbar, daß auch das Handeln
              negative Folgen haben wird. Allerdings ist unter moralischen Ge-
              sichtspunkten das Handeln dem Unterlassen vorzuziehen und zwar
              auch dann, wenn ein Gesichtsverlust zu erwarten ist. Das bedeutet,
              daß das Sprichwort denjenigen bestärkt, der die Entscheidung zu
              handeln trifft. Das Sprichwort wird vorzugsweise vom Betroffenen
              selbst angewendet, kann aber auch von Außenstehenden benutzt
              werden und zwar sowohl unmittelbar vor, während oder nach der
              Situation, auf die man Bezug nimmt. Als allgemeine Lebensregel
              kann es nicht gelten. Stimmt das so?

R.O.F.:   Ja, so könnte man es umschreiben.

Literaturverzeichnis

Abinal, Malzac S.J. 1987: Dictionaire Malgache-Français. Fianarantsoa.

Houlder, J.A. 1960: Ohabolana ou Proverbes Malgaches. Tananarive: Imprimérie Luthérienne.

Knappert, Jan 1997: Swaheli Proverbs. Burlington: The University of Vermont.

Nyembezi, Sibusio C.L. 1990: Zulu Proverbs. Pietermaritzburg: Shuter & Shooter.

Raharintseheno Harison, Yolande 1989: Versuch einer komparatistischen Analyse der Hochzeitsbräuche in Westfalen und im Hochland Madagaskars. Universität Bielefeld, Université d'Antananarivo: Maitrîse-Arbeit.

Razafindramiandra, Moks N. 1983: Reichtum und Probleme der madagassischen Literatur. Einführung in die literarischen Gattungen Madagaskars. Bonn: Jackwerth & Welker.

Rasoloson, Janie N. 1997: Lehrbuch der madagassischen Sprache. Hamburg: Buske.

Hirpo, Tasgara 1996: Goldgrube. Oromo-Sprichwörter und -Redewendungen. Köln: Rüdiger Köppe.

Wirrer, Jan 1991: Anmerkungen zur Sprichwortkultur Madagaskars. In: Sabban, Annette/ Wirrer, Jan: Sprichwörter und Redensarten im interkulturellen Vergleich. Opladen: Westdeutscher Verlag. 175-186.

Wirrer, Jan 1995: Akukho mful' ungenathunzi, Kein Fluß ohne Schatten. Weltmodell und Sprichwörter der Zulus. In: Niederdeutsches Wort 35. 285-298.